Andreas Markusson

# In der Finsternis wohnen die Adler



BRUNNEN
VERLAG GIESSEN · BASEL

ABCteam-Bücher erscheinen in folgenden Verlagen:
Aussaat Verlag Neukirchen-Vluyn
R. Brockhaus Verlag Wuppertal
Brunnen Verlag Gießen und Basel
Christliches Verlagshaus Stuttgart
Oncken Verlag Wuppertal und Kassel

Titel der norwegischen Originalausgabe:
„Han som kjempet mot mörket"
Deutsche Übertragung: Konstantin Reichardt

Die Deutsche Bibliothek – CIP-Einheitsaufnahme

**Markusson, Andreas:**
In der Finsternis wohnen die Adler / Andreas Markusson.
[Dt. Übertr.: Konstantin Reichardt]. – 2. Taschenbuchaufl. –
Giessen; Basel: Brunnen-Verl., 1996
(ABC-Team)
ISBN 3-7655-3964-3

2. Taschenbuchauflage 1996


Lizenzausgabe mit freundlicher Genehmigung
Brunnen Verlag, Gießen
Umschlagillustration: Thomas Vogler
Umschlaggestaltung: Ralf Simon
Satz: Rücker und Schmidt, Langgöns
Herstellung: Ebner Ulm
ISBN 3-7655-3964-3

# Erster Teil

# 1.

Das Zimmer war ziemlich eng. Durch die kleinen Fenster an der Längswand schimmerte ein halbgraues Licht. In einer Ecke stand ein Schrank. Gegenüber ein Bett. Am Bett hingen einige kleine Bücherbretter. An der Wand ein zerschlissener Wolfspelz, etwas weiter ein paar Fellbündel. Dann drei Gewehre, Pulverhorn und Kugelbeutel und eine alte Jagdtasche. An dem Fenster, das auf den Hofplatz hinausging, stand ein viereckiger weißer Holztisch.

Der Mann, der am Tisch saß, war nicht groß, doch breitschultrig und kräftig. Aber so hager war er, daß man es seiner Friesjacke ansah. Das Gesicht war bleich, lang und scharf. Das dichte schwarze Haar wuchs tief in die breite Stirn, so daß sie niedriger erschien, als sie war. Die Augen klar und schwermütig. Die Nase gerade und scharf. Das Kinn groß und kräftig, aber um den Mund lag ein Zug von Schmerz und Sorge.

Er las. Neben dem Buch hatte er ein Stück trockenes, schwarzes, grobes Brot und eine Schüssel Milch. Ab und zu biß er in das trockene Brot und trank einen Schluck Milch. Manchmal nahm er die Feder, unterstrich etwas oder machte eine Randnotiz. Aber die ganze Zeit kaute er sein trockenes, grobes Brot und trank Milch dazu. Bald hatte er das ganze Brot aufgegessen, und vorsichtig sammelte er die letzten Krumen vom Tisch und leerte die Milchschüssel. Dann faltete er die Hände und dankte für das Essen.

Wieder beugte er sich über das Buch. Aber in dem dämmerigen Licht konnte er die Zeilen nicht recht unterscheiden.

Er legte die Hände über die Augen und saß so da. Sie brannten. Das kannte er von vielen halbdunklen Stunden über dem Buch. Mit den Jahren war es schlimmer geworden. Das Brennen selbst war ja nicht so schlimm. Es verging, wenn er die Augen ausruhte. Schlimmer war es, daß er jetzt schlechter sehen konnte. Selbst bei Tageslicht merkte er es.

Plötzlich krümmte er sich über den Tisch und hustete. Schwere Stöße schüttelten ihn. Unten in der Brust war etwas, das beengte und klemmte. Aber er bekam es nicht heraus. Es ballte sich nur noch fester zusammen. Jedesmal, wenn diese Hustenstöße kamen, fühlte er solch eine Unruhe in sich. Aber immer schob er es beiseite. Er war ja schon so oft erkältet gewesen und hatte so oft den Husten gehabt. Wenn er sich nur nicht so schwach gefühlt hätte. Mit den Augen ging es ja auch schlimmer. Das kam vielleicht von der Erkältung.

Jetzt im Herbst hatte er sie bekommen. Er hatte ein Katechismusverhör abgehalten in einer Kate weit draußen im Hochland. Auf dem Heimweg hatte es Unwetter und Regen gegeben. An einer Stelle hatte er einen Fluß durchwaten müssen, bis zum Gürtel im Wasser. Die Nacht hatte er in einer windrissigen Hütte zugebracht. Eine Feuerstelle hatte es nicht gegeben, und gefroren hatte er wie ein Hund. Als der Morgen kam, war er so ermattet gewesen, daß er den Heimweg nicht mehr zu schaffen glaubte. Und dann hatte er gehustet. War er wirklich krank? Unsinn! Er war nicht krank. Er schüttelte das Ganze ab und senkte die Augen auf das Buch hinab. Als er die kranken Augen zwang, Zeilen und Wörter in dem halbdunklen Licht zu unterscheiden, brannten sie, daß das Gesicht zuckte. Aber er las weiter. Bald würde das Buch seine Gedanken ergreifen, und dann würde er den Schmerz kaum noch merken.

Und er hatte keine Zeit, auf diesen Schmerz zu achten. Es

gab so vieles, was er nicht wußte. Es gab so vieles, das er lesen und worüber er einmal nachdenken mußte. Jeden Augenblick mußte er ausnutzen.

Und Lars Levi Lästadius, Pfarrer der Karesuandogemeinde, las weiter. Ab und zu, wenn er ein Blatt umschlug, legte er die Hand zur kurzen Linderung über die Augen. Oder er krümmte sich in einem Hustenanfall zusammen. Dann las er wieder.

Draußen begann der graue Adventstag. Bald hatte er den Höhepunkt erreicht. Lars Levi bemerkte ein paar Berglappen, die auf das Haus zu kamen. Sie wollten wohl den Zehnt bezahlen. Er schloß das Buch und erhob sich. Er war wie ein einfacher Bauer der Lappmark gekleidet. Die groben Frieskleider waren hier und da geflickt. An den Füßen trug er kniehohe Lappenstiefel.

Der Gang im Haus war lang und schmal. Neben der Eingangstür lag eine viereckige Luke. Wenn die Lappen im Herbst wiederkamen, stand hier seine Frau, nahm Geschenke entgegen und schenkte den Spendern einen Schnaps oder zwei. Ziemlich viele waren es in den letzten Tagen gewesen. Die Lappen waren gerade wieder zurückgekommen. Jetzt würden nicht mehr viele kommen.

Er öffnete nicht die Luke, sondern die Tür.

„Kommt herein!" Die Stimme war stark und mächtig. Die zwei glitten still in den Gang hinein.

„Guten Tag, Pfarrer." Sie kamen und legten ihm die Arme um die Schultern, wie es Sitte war.

„Guten Tag!" antwortete er und tat desgleichen. Wie eine Umarmung sah es aus, wie sie da die Arme einander um die Schultern legten und sich für einen Augenblick eng an den anderen drückten.

„Ihr seid zurück?" fragte der Pfarrer.

Sie seien vor einigen Tagen gekommen, antwortete Per Andersa. Er war ein echter Berglappe mit starkem und klarem Gesicht. Über dem ganzen Menschen lag etwas

Schmuckes und Feines. Man sah es ihm deutlich an, daß er zu den wenigen gehörte, denen es gut ging. Er übergab seinen Pflichtteil Rentierfleisch und Rentierkäse. Dann legte er noch einen Rentierbraten dazu. Karesuando war sein heimatliches Kirchspiel, und seitdem er eine eigene Zucht besaß, hatte er dem Pfarrer immer einen Rentierbraten geschickt, wenn er im Herbst heimkam.

„Dieses Jahr kann ich ihn nicht annehmen, Per", sagte der Pfarrer.

Per Andersa richtete sich auf. Es war, als wüchse die kleine Gestalt. Er sah dem Pfarrer gerade ins Gesicht. „Es ist von meinen eigenen Tieren. Ich stehle keine Rentiere."

„Das weiß ich, Per. Aber ich kann ihn trotzdem nicht annehmen. Ich kann dir keinen Trunk geben."

Ein schlaues Grinsen lief über Pers Gesicht.

„Hat der Pfarrer den anderen so viel zu trinken gegeben, daß er nichts mehr übrig hat!"

„Dieses Jahr habe ich keinen einzigen Trunk gegeben. Es ist verboten, Branntwein in Lappmark einzuführen."

„Das gilt nicht für Rum und Kognak."

„Doch, dieses Jahr ist ein Gesetz gekommen, das die Einfuhr allen Branntweins verbietet. Und ich will das Gesetz nicht brechen, Per."

„So ist es also wirklich wahr, was wir gehört haben?" Pers Gesicht wurde hart und ernst.

„Ja, es ist wahr."

„Und du, Pfarrer, glaubst wohl, daß es so recht ist?"

„Kann es dazu helfen, den Fluch zu nehmen, den der Branntwein für die Leute hier im Norden bedeutet, so ist das Verbot ein Segen."

„Will der Pfarrer etwa sagen, daß er für mich ein Fluch gewesen ist?"

„Noch nicht, Per. Aber der Tag kann kommen. Ich habe gesehen, wie größere Männer als du von diesem Laster gebeugt wurden."

„Gönnen sie einem armen Berglappen nicht einmal eine Kanne Branntwein mehr?“ sagte der andere. Es war Henrik Jonsa. Er war ärmlich gekleidet und hatte nicht viel abzuliefern. Einen Rentierkäse und ein paar Eichhornfelle. Der Pfarrer kannte ihn gut. Vor nicht gar zu langen Jahren hatte er eine der größten Rentierherden im Kirchspiel geerbt. Eine Weile war es gut gegangen. Dann nahm die Trunksucht überhand, und er ließ Knechte seine Herde betreuen. Jetzt schlug er sich mit den wenigen Tieren durch, die er übrig hatte, und stahl Rentiere, wenn sich die Gelegenheit ergab.

„Du solltest jedenfalls keinen Tropfen mehr haben“, sagte der Pfarrer zornig. Ein starker Gestank ging schon von Henrik aus.

„Wir werden schon Branntwein bekommen, wenn auch nicht beim Pfarrer“, sagte Henrik und schob sich der Tür zu.

„Leider. Das weiß ich wohl. Aber es lohnt sich also nicht mehr, dem Pfarrer Geschenke zu bringen.“

„Ich habe dem Pfarrer kein Geschenk angeboten“, sagte Henrik. Er stand in der Tür. In seinem Sack lag noch ein kleines Bündel. Das hatte er wohl dem Pfarrer geben wollen. Jetzt aber wollte er fort und Branntwein dagegen eintauschen.

„Aber den Braten soll der Pfarrer trotzdem haben“, sagte Per Andersa. Er ging auf die Tür zu. – „Es wird doch noch Branntwein genug zu bekommen sein.“

Der Pfarrer blieb stehen und dachte, daß Per nur allzu recht hatte. Es war gewiß genug Branntwein zu bekommen. All diese Verbote halfen nicht viel, wenn die Leute darauf bestanden, etwas zu bekommen. Und jetzt hatten die Branntweinbrenner Veranlassung, die Preise hochzutreiben und die armen Kerle noch schlimmer auszusaugen als vorher. Schlimmer konnte es übrigens kaum mehr werden. Er stand und starrte die Luke in der Wand an. Hunderte von Kannen hatte er durch sie als Bewirtung für Geschenke ausgeschenkt. Oft hatte er gedacht, er sei kaum besser als die

Branntweinhändler. Der Schnaps, den er ihnen gegeben hatte, war für viele der Anfang zu tagelangem Zechen gewesen.

Zu Anfang hatte er es als eine Sitte genommen, der er sich beugen mußte, auch wenn es seinen Widerwillen erregte. Dann aber war sein Abscheu größer und größer geworden. In den letzten Jahren war es für ihn ein reines Leiden gewesen. Als das Verbot kam, war es, als habe ihm jemand eine schwere Last von den Schultern genommen. Jetzt konnte er nein sagen. Und er hatte es getan. Er mußte beinahe lächeln, als er an alle die enttäuschten Gesichter dachte, die er in den letzten Tagen gesehen hatte. Heuer konnte niemand sagen, daß er den ersten Schnaps vom Pfarrer bekommen hatte. Dieses Mal trug er keine Schuld an der Trinkerei, die jetzt unten in den Zelten und Kirchenstuben in vollem Gange war.

*Und da nahm Pilatus Wasser und wusch seine Hände und sprach: „Ich bin unschuldig an dem Blut dieses Gerechten."*

Die Worte schwebten ihm deutlich vor. Er hielt den Atem an, und einen kurzen Augenblick schien er sie förmlich zu hören.

Hatte er nicht soeben dasselbe getan! Und gleich war es, als habe etwas die Entschuldigung hinweggefegt, die er in sich aufgehäuft hatte. Wie ein Schmerz durchfuhr es ihn, daß er selbst schuld daran hatte, daß das Volk der Berge im Branntwein verkam.

Heute stand es schlimmer damit als bei Beginn seiner Tätigkeit vor fünfzehn Jahren. Daher würde das Verbot wohl kaum viel helfen. Er aber hatte also seine Hände gewaschen, während die Leute ihm zusahen, und hatte gesagt: Ich bin unschuldig.

Ein kleines Mädchen kam hinein. Sie starrte den Vater einen Augenblick an. Dann huschte sie rasch über den Gang und durch die Küchentür.

Es war ihm, als erwache er. Aber er ließ den Gedanken nicht los. Es hatte ihn gleichsam gepackt und hielt ihn einen Augenblick fest.

Neu war er nicht. Ähnliches hatte er in der letzten Zeit recht oft gedacht. Er wußte deshalb, daß jetzt eine ganze Reihe von Gedanken kommen und ihn verteidigen würden: In seinem Amt hatte er sich abgearbeitet wie keiner vor ihm. Er verstand die Sprache des Bergvolks, er kannte ihre Gedanken und Verhältnisse. Er hatte aufklärend gewirkt und war ein strenger Pfarrer gewesen. Er hatte gegen den Branntwein gesprochen und war selbst äußerst nüchtern geblieben.

Er öffnete die Tür und trat in den grauen Wintertag hinaus. Ein wundes Lächeln zog über das magere Gesicht und ließ es noch schwermütiger werden.

Es war ja alles wahr. Er konnte noch mehr aufzählen. Für eine kurze Spanne war es ja wie ein magerer Trost. Der Sicherheit halber konnte er sein Amtsbuch nehmen und nachlesen, daß die Gemeinde Karesuando nicht schlimmer war als andere. Aber in einer späten Nachtstunde würde aus der Tiefe seiner Seele ein Heer von Gedanken emporsteigen und ihn anklagen, daß er nichts getan hatte für dieses arme Volk, dem zu helfen seit fünfzehn Jahren sein Amt war. Und je öfter diese Gedanken wiederkamen, halfen Entschuldigungen und Amtsbuch immer weniger.

Der Pfarrhof stand auf einer Anhöhe gegen den Fluß hin. Der war jetzt vereist. Eine stahlblanke Fahrstraße nordwestlich nah dem norwegischen Skibotten und südöstlich nach Bottenwik. Im Sommer floß er still vorüber, und in schmalen Flußbooten ruderten und stakten sich die Leute auf ihm vorwärts, meilenlang durch die Ödmark.

Ödmark. Sie umgab ihn zu allen Seiten – Moore und niedrige Höhen mit Krüppelholz, Weide und Bergbirke, soweit das Auge reichte. Eine oder zwei Meilen entfernt lag hier und da in einer Mulde versteckt ein kleiner Gebirgshof. Hier, wo die Kirche stand, hatte sich ein kleines Dörfchen gebildet. Vier, fünf kleine Bauernhöfe und die Wohnhäuser für Amtmann und Pfarrer. Katen und kleine Hütten, in denen die Berglappen im Winter wohnten, und die Kirchenstuben, die sich an jedem Feiertag, an dem Gottesdienst gehalten wurde, mit Gästen aus der Ferne füllten. Ein solch kleines Dorf stellte auch der finnische Teil auf der anderen Flußseite in etwa dar. Aber dort hatten sie keine Kirche. Die lag einige Meilen östlich der Grenze. So kam es, daß auch die von der finnischen Seite her seine Kirche besuchten. Sie stand auf einem eigenen Hügel dicht hinter dem Pfarrhof. Eine kleine, ungestrichene Holzkirche. Nein, ein hübsches Bauwerk war es nicht gerade. Auch der Pfarrhof war keine herrschaftliche Behausung. Ein überlanger einstöckiger Bau. Außer seinem eigenen Zimmer gab es nur noch eines, und dann Gang und Küche. Aber darüber ließ sich nichts sagen. Sein Haus war weder viel schlechter noch besser als die meisten Pfarrhäuser in der Ödmark. Und seine Pfarre soweit auch. Er hatte keinen Grund zum Klagen. Und er wußte, daß er es nie getan hatte. Er und die Seinen hatten ihr Auskommen und Platz genug gehabt.

Eine dünne Schneeschicht lag über dem hartgefrorenen Boden. Der Himmel war halb grau und wolkig. Vielleicht kommt mehr Schnee, dachte er, während er zum Nebenhaus ging.

Es stand einige wenige Schritte vom Pfarrhof entfernt für sich. Es war ein ziemlich großer, viereckiger Raum mit einem großen Ofen an der einen Querwand. Am Fenster der einen Längswand stand ein langer Tisch mit Bänken.

Die Kinder saßen am Tisch und bekamen Essen. Ein Mädchen im Konfirmationsalter sorgte für die Kleinsten. Sie war untersetzt und kräftig und so, wie sie mit der kleinsten Schwester auf dem Schoße dasaß, war sie schon eine kleine Frau. Es war Nora, die Älteste. Dann kam Kalle, ein langer, dünner Bengel von dreizehn Jahren. Sofia und Emma waren zehn Jahre alt. Alle hatten ein Stück grobes, schwarzes Brot, das sie zu einer Schüssel Milch verschlangen.

Ein kleiner Bursche kroch von der Bank und lief dem Vater entgegen. Das Mädchen wand sich vom Schoß der Schwester herunter. Mit kleinen, unsicheren Schritten stolperte es über den Boden und streckte dem Vater die Arme entgegen.

Er setzte sich auf eine Bank neben dem Ofen und nahm die beiden auf die Knie. Die kleinen Mäuler redeten um die Wette. Lorenz war drei Jahre alt und hatte ein ordentliches Mundwerk, aber die kleine Fredrikka, die erst zwei Jahre alt war, brachte kaum mehr zustande als eine lange Reihe seltsamer Laute und hier und da ein verständliches Wort zwischendurch.

„Kommt jetzt und eßt euer Essen auf!" sagte Nora. Sie war streng und gebieterisch.

„Geht jetzt und eßt, Kinder!" sagte der Vater und stellte sie auf den Boden. Sie liefen zum Tisch und aßen weiter.

„Wo ist Elisabeth?" fragte der Vater.

„Bei Mutter", antwortete Sofia.

Jetzt erinnerte er sich. Sie war ja im Gang an ihm vorbeigegangen.

Er saß und schwatzte mit ihnen, während sie aßen. Jedes einzelne hatte eine Menge wichtiger Dinge zu fragen und viele merkwürdige Begebenheiten zu berichten. Der Vater war ja so oft fort, und war er zu Hause, so saß er meist in seinem Zimmer, las und schrieb. Und da war er gleichsam weit weg und schwer zu erreichen.

Die Kinder hatten gegessen. Es wurde etwas getuschelt, wer an der Reihe sei, das Gebet zu sprechen. Schließlich erhob sich Kalle, faltete die Hände und leierte mit heiser schreiender Stimme das Tischgebet herunter. Dann packten sie Mützen und Handschuhe und stürmten auf die Tür zu; nur die Größte deckte ab und wusch auf, und die Kleinste spielte.

Auch Lars erhob sich und ging hinaus. Er trat in die Küche. Es war ein mittelgroßer Raum, und Betten standen an allen Wänden. Vor dem Herd saß Brita und gab dem Kleinsten die Brust. Sie war nicht groß, aber die Gestalt war gedrungen und kräftig. Die Brust quoll groß und voll über den Rand ihres Kleides, und das Kleinste trank in raschen Zügen. Ihr Gesicht war nicht schön, doch klar und stark. Die Augen waren klein und braun, hatten einen wachen und lebendigen Blick. Das Haar war glänzendschwarz, in der Mitte gescheitelt und im Nacken zu einem flachen Knoten geschlungen.

„Es geht ihr gut?" sagte er und sah das Kleine an.

„Daran fehlt's nicht", antwortete sie.

Da überkam ihn wieder der Husten.

„Ich glaube, du bist krank!" sagte sie, als der Anfall vorüber war. – „Dein Husten wird schlimmer und schlimmer. Heute nacht hast du wirklich böse gehustet."

„Es ist nur eine Erkältung" – so tat er es ab. – „Das geht rasch vorüber." Gerade jetzt fühlte er sich so todmüde, daß er bebte, aber er sagte es nicht.

„Eine Erkältung kann schlimm genug sein. Du solltest dich hinlegen, bis du wieder ganz gesund bist, und nicht so herumlaufen und dich quälen." Die Stimme war voller Sorge und Ärger.

„Das geht nicht. Ich habe meine Arbeit. Zu dieser Jahreszeit hab' ich am meisten zu tun, du weißt."

„Wenn du aber ernstlich krank wirst? Wer soll dann deine Arbeit tun?" kam die rasche Antwort. „Es ist doch wohl nicht gar so nötig, bis tief in die Nacht hinein in dem kalten Zimmer zu sitzen."

„Ich hatte daran gedacht, im Sommer mein Pastoralexamen zu machen. Da muß ich eine Arbeit abliefern. Und darüber denke ich jetzt so allmählich nach."

„Erst sollst du gesund sein! Mit diesem Examen eilt es wohl nicht so." Die Worte fielen trocken und scharf. Das

Kind war eingeschlafen. Sie legte es in die Wiege am Herd. Dann räumte sie die Windeln weg. Sie bewegte sich rasch und leicht.

„Doch, Brita, es beginnt jetzt zu eilen. Einmal muß ich mir doch eine andere Pfarre suchen. Es ist bald an der Zeit. Ich werde ja dreiundvierzig. Erst aber muß ich mein Pastoralexamen haben, wenn ich mir etwas außerhalb der Lappmark suchen soll." Er stand auf.

Sie blieb vor ihm stehen.

„Erst mußt du gesund werden", sagte sie und sah ihm ernst in die Augen. Und jetzt war ihre Stimme nicht mehr laut oder gereizt. Nur tief und warm. Dann drehte sie sich rasch um und ging hinaus.

Er blieb etwas stehen und sah ihr nach. Der Schatten eines Lächelns leuchtete in seinem Gesicht auf. Gesegnete Brita, sagte er in Gedanken.

## 2.

Kurz danach schritt er zur Zeltstadt hinab. Der Tag ging schon zur Neige. Bald würde es dämmern. Es war bewölkt und schneite recht stark. Aber die Luft war mild. Wenn nur kein Regen kam. Regenwetter zu dieser Jahreszeit bedeutete Mißjahr für die Berglappen. Eine Eisschicht legte sich dann über den Bergboden. Die Rentiere konnten sich dann nicht bis zum Moos durchgraben. Tausende von Tieren starben vor Hunger, und wenn der Frühling kam, konnte auch der Reichste alles eingebüßt haben, was sein eigen war.

Der Marktplatz lag ein Stück weiter weg am Fluß. Geschrei und Lärm drangen ihm wie ein Windstoß entgegen.

Ein Mann kam ihm auf dem Weg entgegengeschwankt. Er sang und lärmte. Auf weiten Abstand erkannte ihn der Pfarrer. Es war Johan, der Lehrer. Er hatte ihn selbst angelernt. Vielleicht der beste Kopf in der ganzen Lappmark und der tüchtigste Lehrer, den er je getroffen. Aber was half das. Wenn er an den Branntwein kam, war es aus mit ihm. Da gab es Trunkenheit, Streit und Schlägerei. Immer und immer wieder hatte er mit ihm geredet. Und Johan wollte so gern und nahm sich dann eine Weile zusammen. Aber eines Tages schaffte er es nicht mehr. Dann wurde es schlimmer als zuvor. Lars mußte ihn für lange Zeit von der Arbeit befreien. Da trieb er sich dann als Tagelöhner umher und vertrank jeden Schilling, den er verdiente. So war es jetzt wieder.

„Hei, Pfarrer!“ schrie Johan. Er war viel jünger als Lars. Die Gestalt war breit und kräftig. Das Gesicht klar und hübsch. Und sogar jetzt in der Trunkenheit waren die Augen springlebendig und munter.

„Steht es wieder einmal so mit dir, Johan?“ sagte Lars. Er wußte, daß Reden nichts nützte, am allerwenigsten jetzt, aber er konnte es nicht bleiben lassen. – „Du bist zu gut dazu, dich so aufzuführen.“

„Nein, Pfarrer! Ich bin nicht zu gut dazu. Sonst hätte ich Schule gehalten.“ Wie ein Funke von Vernunft schlug es durch den Rausch. Er wurde ernst. – „Ich habe es wieder versucht“, sagte er leise. – „Aber es nützte nichts. Und dann war ich mir nicht mehr sicher, ob du noch an mich glauben würdest“, kam es etwas später. – „Nein, aus mir wird doch nichts anderes als ein verdammter Säufer.“ Der Rausch nahm wieder Oberhand.

„Und das ist auch zum Teufel einerlei! Jetzt wird getrunken!“ Er holte eine Flasche aus der Tasche und setzte sie an den Mund. Im selben Augenblick schwankte er und stürzte. Aber die Flasche lag an seinem Mund. Der Branntwein strömte ihm übers Gesicht. Er fluchte, daß es nur so schallte, und brachte sich wieder auf die Beine.

„Jetzt sollst du gehen und dich zu Bett legen", sagte der Pfarrer.

„Ja, das werde ich", grinste Johan schlau und vergnügt. – „Ich kenne eine Stelle, wo es gut zu liegen ist." Er wollte flüstern, aber man konnte es weithin hören.

Lars ertrug es nicht länger und ging weiter. Bald darauf drehte er sich um. Johan sang und schwankte weiter, zu der Stelle, von der er wußte. Ja, es gab genug solche, die ihn bei sich aufnehmen würden. Er war ja nicht schlimmer als die meisten anderen. So gingen die besten Fähigkeiten und Kräfte in der Lappmark zugrunde, dachte Lars, während er weitereilte.

Etwas weiter unten kam er an einer Erdhütte vorbei. Ein Kind weinte und schrie dort drinnen. Einen Augenblick lang wollte er haltmachen, hineingehen und nachsehen. Dann aber schien es ihm, daß Kindergeschrei nichts zu bedeuten brauche, und er ging weiter. Das Geschrei klang jetzt noch herzzerreißender als bisher. Vielleicht schlug da ein rasender Mensch in seiner Trunkenheit das Kind. Er mußte nachsehen. Die Schreie würden ihm in den Ohren gellen und ihm niemals Frieden geben, wenn er es nicht tat.

Als er die Tür öffnete, brach die Stimme dort im Dunkel plötzlich ab. Einen Augenblick lang war nur das Wimmern eines Säuglings zu hören. Dann aber schnitt ein Schreckensschrei durch die Finsternis, und er hörte, wie sich etwas im dunkelsten Winkel zu verbergen suchte.

„Hab keine Angst, Kind! Ich bin ein freundlicher Mann. Wo ist deine Mutter?"

Keine Antwort. Das Kind dort im Winkel schrie nicht mehr. Wie ein gejagtes Tier saß es da und lauschte. Aber der Säugling weinte immer noch irgendwo im Dunkel.

Die Tür schlug hinter ihm zu, und alles wurde rabenschwarz. Auf dem Herd glühten ein paar Kohlen. Er fand einige Birkenrinden und blies eine kleine Flamme auf, so daß er sehen konnte.

Auf dem Boden lag eine Lappin. Ihr Pelz war offen, und die eine Brust hing heraus. Sie selbst und der Boden waren besudelt. Auf dem Erdboden neben ihr lag ein Säugling und weinte.

„Steh auf, du Schwein!“ Er trat nach ihr. Aber kein Lebenszeichen war zu merken. Sie hatte sich bis zur Bewußtlosigkeit betrunken.

Ihm wurde klar, wie es zugegangen war. Sie hatte heute die Kinder in der Hütte gelassen und war ausgegangen, um mit Leuten zu schwatzen. Vielleicht hatte sie auch etwas kaufen wollen. Oder sie wollte nach ihrem Mann sehen. Es war nicht gesagt, daß sie an Branntwein gedacht hatte, als sie ging. Dann hatte sie Bekannte getroffen. Sie brachten Flaschen und schenkten ein. Ehe sie es merkte, war sie betrunken. Da erst erinnerte sie sich der beiden Kinder in der Hütte. Sie mußte heim. Sie versuchte den Mann zu finden, aber er war nirgends zu erblicken. Da schleppte sie sich allein nach Hause. In der Hütte war es dunkel, das Feuer war ausgegangen. Mit unendlicher Mühe brachte sie ein kleines Feuer fertig, nahm das Kleinste und wollte ihm die Brust geben. Dann schaffte sie es nicht mehr und brach auf dem Boden zusammen.

Sie konnte nichts dafür. Sie tat ihm so bitter leid, wie sie dalag. Sie war so jung. Vor nicht langer Zeit war sie von ihm konfirmiert worden. So ein gutes, freundliches, kleines Mädchen war sie gewesen. Er erinnerte sich noch, wie bitterlich sie an ihrem Konfirmationstag geweint hatte.

„Armes Kind, du! Was haben sie aus dir gemacht“, flüsterte er. Dann nahm er den Säugling, trocknete ihn ab und legte ihn in die Wiege. Das Kind weinte immer noch, aber da half nichts. Es würde wohl bald einschlafen. Dann zog er die Frau zum Bett hinüber und bedeckte sie. Als er sich mit dem Kind zu schaffen machte, kam ein kleines Mädchen aus dem Winkel heraus. Die ganze Zeit hatte es ihn mit großen, weit geöffneten Augen angestarrt. Ein paarmal hatte er es zum

Reden bringen wollen, hatte es aber nicht zuwege gebracht. Er war etwas unsicher, was er mit ihm tun sollte.

„Soll ich dich zu Bett legen?"

Eine kleine Weile stand das Kind da, als ob es nachdächte. Dann ging es zum Bett und kroch zu den Füßen der Mutter unter das Fell.

Lars ging und schloß die Tür gut hinter sich. Der Säugling weinte immer noch. Wie eine Bitte um Hilfe spürte er es in seiner Seele.

„Armer Wurm", sagte er immer und immer wieder. Und jetzt dachte er nicht nur an die beiden Kinder, sondern auch an die Frau, die da wie ein Luder lag. Und das waren ja nur drei Menschen . . . Wie in einer Vision sammelte sich alles, was er von seinen ersten Kindheitserinnerungen an bis zu diesem Abend an Elend gesehen hatte. Eine Menge von Zelten und armseligen Hütten, und die Männer lagen vor Trunkenheit bewußtlos und wälzten sich in ihrem eigenen Unrat, während die Kinder in den Winkeln vor Todesangst schrien und die Säuglinge auf dem kalten Erdboden lagen und weinten.

Und auf jedem Marktplatz, in jedem kleinen Dorf gab es Branntweinhändler, die Überfluß hatten für alle, die es bezahlen konnten. Und sie waren reich geworden, diese Schatzmeister des Teufels. Geld und Besitz hatten sie sich gesammelt. Mochte sich ihr Herr doch jeden einzelnen von ihnen holen. Das Volk aber sank immer tiefer in Armut und Elend. Es war nicht zu verwundern, daß es ausstarb. Man sagte, daß die meisten Kinder im Laufe der ersten zehn Lebensjahre starben und jedes zehnte ums Leben kam, ehe es ein Jahr alt war. Eines Tages würde wohl ein kleines, lebloses Bündel in der Hütte dort unten liegen.

*

Es war dunkel geworden. Er ging zu den Kirchenhäusern hinunter. Draußen auf dem Feld flammte ein Scheiterhaufen. Eine Schar hatte sich dort um ein Branntweinfäßchen gesammelt. Wie Wasser tranken sie ihn aus großen, eisernen Bechern, die sie rundgehen ließen. Sie sangen und brüllten. Die Luft hallte wider von Flüchen und rohen Worten. Zwei alte Lappen standen da, umhalsten sich und weinten. Ein alter Bursche suchte ein junges Mädel gefügig zu machen. Sie stieß und schlug um sich, aber er war stark. Da griff sie nach einer gefährlichen Stelle und drückte aus Herzenslust.

„Töte mich nicht, du Hexe"! brüllte er auf und ließ sie los. Im gleichen Augenblick war sie davon. Einige betrunkene Burschen sammelten sich um ihn und schmückten das Geschehnis mit den saftigsten Ausdrücken aus.

Es wurde etwas leiser, als sie den Pfarrer gewahr wurden. Eine Weile stand er da und schwatzte mit ihnen. Dann ging er. Es hatte ja keinen Zweck, jetzt ernstlich mit ihnen zu reden. Und im übrigen war es nur ein Fest ihrer Wiederkehr und bot weiter kein Ärgernis. In einem der Kirchenhäuser hielt sich der Küster auf. Er war der Branntweingroßhändler. Er war Bauer und wohnte eine Meile entfernt, aber zu jedem Predigttag und auch sonst, wenn sich viele Leute ansammelten, kam er zum Kirchplatz und verkaufte Branntwein und anderes mehr.

Ein halbtrunkener Mann bettelte um eine Kanne Branntwein auf Kredit. Er würde es so bald wie möglich bezahlen, das sei sicher und gewiß. Es war Henrik Jonsa.

„Nein, du bekommst keinen Branntwein ohne Bezahlung."

„Aber ich habe nichts, um zu bezahlen."

„Doch, du hast."

„Ich habe nur das Zugrentier."

„Dafür kannst du eine Kanne haben."

„Für das Zugrentier? Bist du verrückt? Es ist doch das letzte, was ich habe."

„Dann mach, daß du hinauskommst.“

Henrik ging zu ein paar anderen, die da standen und tranken. Aber niemand schenkte ihm ein. Niemand hatte Lust, gegen jemand freigebig zu sein, der schmarotzte.

„Du treibst es immer noch weiter?“ sagte der Pfarrer.

„Es ist mein gesetzliches Gewerbe.“

„Es ist verboten, Branntwein nach der Lappmark einzuführen.“

„Das weiß ich. Aber es ist nicht verboten, den Branntwein zu verkaufen, den man noch hat.“

„Am Sonntag kündige ich das Verbot in der Kirche ab.“

Der Küster war klein und in mittleren Jahren. Die Augen waren klein und schlau, das ganze Gesicht häßlich und böse. Er bleckte seine gelben Zahnstümpfe, als er sagte:

„Das wird der Pfarrer kaum tun, wenn er es sich überlegt hat.“

„Das wirst du zu hören bekommen.“

„Ja, ja, dann werde ich es eben zu hören bekommen“, höhnte der Küster. Einige grinsten und freuten sich. Henrik Jonsa kam dahergeschwankt.

„Laß mich eine Kanne für das Rentier haben.“

Er bekam die Kanne und entfernte sich.

Auch Lars ging. Draußen vor der Tür war ein Zugrentier angebunden. Das gehörte wohl Henrik. Es war seine fünf bis sechs Taler wert. Und jetzt hatte er es für eine Kanne Branntwein verkauft.

Mit schweren Schritten ging er auf das Pfarrhaus zu. Hier und da krümmte er sich zusammen und hustete. In der Brust schnitt es wie mit Messern. Es ging ihm wieder schlechter. Brita hatte recht. Er sollte sich hinlegen, bis er gesund würde. Er brauchte auch nicht herumzugehen, um Zeuge dieses Elends zu sein. Von vielen früheren Wanderungen her kannte er es bis auf den Grund. Trotzdem mußte er gehen. Jahr für Jahr. Tag um Tag. Auch heute war er gegangen.

Oftmals hatte er gedacht, daß er sich daran gewöhnen würde, wenn er es nur oft genug sah. In seiner ersten Zeit hatte er auch gedacht, daß es besser werden würde, wenn er hier einige Jahre gewirkt hätte. Und er hatte seinen guten Willen darangesetzt. Jahr um Jahr hatte er sich abgemüht und hatte gehofft. Jahr um Jahr hatte er sehen müssen, daß das Elend immer schwerer auf diesem armen Volk lastete. Und er hatte sich nicht daran gewöhnt, wie er es einmal gehofft hatte. Mit jedem Jahr waren Sorge, Gram und Ohnmacht immer schwerer über ihn selbst gesunken. Zu einer Bürde war es gewachsen, unter der er zusammenzusinken drohte. Er hatte es so deutlich gespürt, als er über dem jungen Weibe dort in der Hütte gestanden hatte: Jetzt hielt er es nicht mehr länger aus. Er mußte sich eine andere Pfarre suchen. Vielleicht stand er jemandem im Wege, der größere Kraft zu helfen hatte als er selbst.

Das Verbot war wie ein Lichtblick gekommen. Aber es würde nicht viel Hilfe bringen können, wenn die Leute selbst nicht erwachten. Gab es einen gnädigen Gott, so mußte er jetzt bald jemand senden, der sie befreien konnte, ehe es zu spät war. Zu solch einem Erlöser war er wohl nicht geschaffen! Der Gedanke traf ihn, daß er plötzlich stehenblieb. Erlöser! Fünfzehn Jahre lang war er Pfarrer und Seelsorger gewesen, und nicht eine einzige Seele hatte er erlöst. Nicht einen einzigen irregeleiteten Menschen hatte er auf bessere Gedanken gebracht. Er krümmte sich förmlich unter diesem Gedanken.

Eine Weile mußte er stehen, um die Kräfte zu sammeln, es von sich abzuschütteln. Er erhob nicht den Anspruch, jemand erlöst zu haben. Seine Tätigkeit als Pfarrer hatte er so gut vollführt wie jeder andere, und das mußte genügen. Und es war ja nicht seine Schuld, daß die Leute tranken. Das hatten sie schon vor ihm getan und das würden sie wohl auch weiter tun, wenn er nicht mehr da wäre.

Wenn er über den Branntwein strenger urteilte als alle

anderen, so kam es wohl daher, daß er die Trunkenheit von frühester Kindheit an verabscheut hatte. Vielleicht hatten die Leute recht, die in einem Rausch nichts Unrechtes sahen. Er kannte ja Pfarrer, die sich einen kleinen Schwips antranken, ehe sie sich in die Kirche begaben. In vollem Ernst behaupteten sie, daß der Geist dann leichter über sie käme. Und da war es ja nicht zu verwundern, wenn das Volk trank. Monat über Monat streiften sie in Einsamkeit und Mühe draußen in der Wildnis umher. Ihre einzige Anregung war der Branntwein. Es war wohl nicht erstaunlich, daß es zu viel wurde, wenn sie ihn einmal zu fassen bekamen. Und waren sie erst auf den Geschmack gekommen, so mußten sie mehr haben. Es wurde eine Leidenschaft, die sie zu Sklaven machte. Und die Branntweinhändler wußten sie auszunutzen. Könnte man erst die zu fassen bekommen, so wäre vieles gewonnen. Ob das Verbot vielleicht doch half! Er wollte es am Sonntag in der Kirche ankündigen. Und dann würde er ihnen versprechen, daß jeder, der dagegen verstieße und gegen den er Beweise schaffen könnte, die vorgeschriebenen fünfzig Taler Strafe zahlen müßte. Fünfzig Taler! Der Pelz würde den gierigen Teufeln brennen! Er freute sich förmlich darüber.

Trotzdem. Er sollte Ernst damit machen, sich eine andere Pfarre zu suchen. Am besten wäre es, sich ernstlich an die Abhandlung zu setzen.

*

Er zündete ein Talglicht an und nahm sich das Buch vor, in dem er gelesen hatte, ehe er ausgegangen war. Stunde um Stunde las er. Ab und zu legte er die Hand über die Augen, um ihnen etwas Ruhe zu geben. Immer wieder kamen die Hustenanfälle. Der Ofen brannte aus. Er merkte es nicht. Er fror jämmerlich. Da erhob er sich und wanderte eine Weile auf und ab. Dann setzte er sich wieder vor das Buch. Das

Licht brannte herunter. Er holte sich ein neues aus dem Schrank und zündete es an.

Leise ging die Tür auf. Er sah kurz vom Buch auf. Es war Brita. Sie war im Nachthemd.

„Legst du dich nicht hin, Lasse?"

„Doch, ich werde mich jetzt hinlegen", antwortete er und las weiter.

Sie kam zu ihm und legte ihm die Hand auf die Schulter.

„Leg dich jetzt hin, Lasse! Es ist kalt hier. Du frierst!" Sie sprach wie zu einem Kinde.

„Du sollst nicht hier stehen und frieren", sagte er. Seine Gedanken waren weit fort.

Sie sah ihn kurz an. Dann ging sie leise hinaus.

Er las weiter. Draußen kam ein Sturm auf. Vom Fenster zog es so, daß das Licht flackerte. Die Hustenanfälle kamen öfter. Er klapperte mit den Zähnen.

Nein, jetzt mußte er zu Bett. Er warf die Kleider ab und kroch unter die Pelzdecke. Sie war kalt wie Eis. Er bebte und hustete, lange und schwer.

Da ging die Tür wieder auf. Sie kam barfuß über den Fußboden.

„Bist du sehr krank?" flüsterte sie.

„Nein, es friert mich nur so", sagte er mit zitternden Lippen.

„Ich werde dich wärmen." Sie schmiegte sich an ihn an. Er klammerte sich an sie. Und so gut sie es konnte, suchte sie ihn mit ihrem weichen Körper zu wärmen. Endlich kam er zur Ruhe. Dann aber kam ein Hustenanfall, der ihn zu zerreißen schien. Schließlich schlief er ein. Erst als der Morgen graute, konnte Brita in ihr Zimmer und zu den Kindern gehen.

## 3.

Als er erwachte, graute der Tag vor dem vorhanglosen Fenster. Draußen in der Küche lärmten die Kinder. Es gab etwas Streit und Lärm wegen der Kleider, die sie nicht finden konnten. Eines weinte ein wenig. Dann kam Nora, wollte ihnen helfen und suchte sie zur Ruhe zu bringen.

„Vater ist krank!"

Für eine kleine Weile wurde es still. Dann aber war das gleiche Unwesen wieder da.

Er lag und freute sich über das Leben da drinnen, versuchte die einzelnen Stimmen zu unterscheiden. Einer begann laut zu brüllen. Das war Lorenz. Der arme Kerl, hatte ihm wieder jemand etwas zuleide getan … Ein Hustenanfall kam. Das hohle Geräusch hieb förmlich durch den Raum. Und gleich war es still geworden dort drinnen. Er konnte nur das Flüstern hören: „Vater ist krank."

Etwas lag über der Brust und drückte. Zuweilen konnte er fast nicht mehr atmen.

Wenn man das nur entfernen könnte. Er hustete wieder. Als es vorüber war, atmete er rasch und ermattet. Der Ofen brannte, und im Zimmer war es schön warm. Es war sicher spät. Schon lange hätte er auf sein und an seiner Predigt für morgen schreiben sollen. Es wurde ja heller Tag. Er stellte sich auf den Fußboden, doch die Füße wollten ihn nicht tragen. Die Knie zitterten, und er schwankte wie ein Trunkener. Nur ein paar Schritte tat er und sank dann wieder auf die Bettkante. Plötzlich war Brita da. Ohne ein Wort legte sie ihn ins Bett und deckte ihn zu.

„Du darfst nicht aufstehen! Du bist krank."

„Aber die Predigt morgen?" klagte er.

„Du kannst dich auch ohne Predigt behelfen. Wenn es dir soweit gut geht, daß du überhaupt in die Kirche kannst. Du kannst auch eine von den alten benutzen. Du hast doch genug davon."

„Nein, Brita. Das geht nicht. Morgen habe ich etwas anderes zu sagen."

„Da hilft nichts. Das hat Zeit bis zu einem andern Mal. Heute sollst du liegen."

Er fühlte, daß es keinen Zweck hatte, ihr zu widersprechen. Vielleicht war es auch am besten so. Brita ging. Zwischen den Hustenanfällen fiel er in einen Halbschlummer.

Sie brachte ihm siedendheiße Milch und hatte ihm Essen gekocht aus dem feinsten Mehl. Dann zwang sie ihn zu ein paar Gläschen Kampferbranntwein. Und als der Tag zur Neige ging, brachte sie mit Terpentin und Talg befeuchtetes Wollzeug und legte es ihm auf die Brust. Es wurde etwas besser, als der Tag verging. Er fühlte sich wohler und wollte aufstehen. Aber Brita sagte nein. Sie wurde zornig. So ließ er es bleiben und blieb liegen. Er brachte es einfach nicht fertig, sie zu kränken.

Aber am Sonntagmorgen, ehe sich die ersten Lebenszeichen im Gebirgsdorf gezeigt hatten, saß er über dem Text dieses Tages und arbeitete an seiner Predigt. Die Gedanken drehten und wendeten und zerdachten den Text, bekamen aber keine feste Gestalt. Mißmut überkam ihn. Er war sich so sicher gewesen, gerade heute etwas Neues sagen zu können. Gestern, als er lag, hatte er es vor sich gesehen. Der Gedanke war so klar gewesen. Und jetzt, wo er ihn hervorholen und niederschreiben sollte, schrumpfte er in sich zusammen und wurde bloß zu leeren Worten.

Plötzlich erhob er sich und begann auf und ab zu gehen. „Schale! Schale!" sagte er immer und immer wieder. „Nur Schale! Keine Spur vom Kern."

Aber da half nichts. Die Predigt mußte er fertig haben, ehe es hell war.

Da setzte er sich wieder hin und flickte mit großer Mühe eine Predigt aus alten Fetzen eigener und fremder Gedanken zusammen.

Über Nacht waren ein paar Zoll Neuschnee gefallen. Jetzt hatte sich der Himmel aufgeklärt. Die Leute begannen sich schon zu versammeln, als er zur Kirche hinaufkam. Der Küster stand auf der Treppe vor dem Haupteingang. Eine alte Pfeife hing zwischen den gelben Zahnstümpfen.

Der Pfarrer blieb stehen und grüßte. Da holte der Küster seine Flasche aus der Tasche hervor und tat einen ordentlichen Zug.

„Das tat gut", sagte er und grinste boshaft in die Runde. Einige kicherten leise oder lächelten verlegen. Doch niemand antwortete. Und niemand folgte dem Beispiel des Küsters, obschon die meisten ihre Flasche bei sich hatten. Sie wußten anscheinend nicht, was sie tun sollten. Das war denn doch zu viel. Daß der Küster einen hob, ehe er in die Kirche ging, war nichts Neues. Daß er es aber jemals so offensichtlich getan hätte, war ihnen nicht erinnerlich. Er tat es wohl nur, um den Pfarrer zu verhöhnen und zu ärgern. Und dann wollte er wohl zeigen, daß er keine Angst hatte. Der Pfarrer hatte ja gesagt, daß er das Verbot in der Kirche verkünden würde. Trotzdem fanden die meisten, daß er es nicht hätte tun sollen.

Der Pfarrer blieb stehen und sah den Küster an. Zorn flammte in ihm auf, aber er bezwang sich, und ohne ein Wort ging er in die Sakristei. Der Branntweinteufel hatte schon begonnen, seine Zähne zu zeigen, dachte er.

Er warf sich auf die Bank vor dem kleinen Tisch. Der Atem ging schwer, und Schweiß trat auf die Stirn. Der kurze Weg zur Kirche hinauf hatte ihn angegriffen. Auch heute war er wohl nicht ganz auf der Höhe. Aber der Husten war nicht so schwer. Wenn er ihn nur während des Gottesdienstes in Ruhe ließ.

Er hörte, wie die Leute in die Kirche kamen und Platz nahmen. Bald war es Zeit. Er erhob sich. Die Glocken begannen zu läuten. Leise ließ er sich auf die Bank sinken und faltete die Hände zum Gebet. Aber die Worte kamen ihm nicht.

Wie ein tiefer, schwarzer Abgrund öffnete es sich vor ihm. Er sank über den gefalteten Händen zusammen, und wie ein Stöhnen voller Angst drang es über seine Lippen:

„Herrgott!"

Die Glocken schwiegen still. Mit einem Ruck erhob er sich. Sein Gesicht war weiß, und wie im Schlaf griff er nach dem Buch auf dem Tisch und ging hinein.

Bald darauf erfüllte Gesang die kleine, niedrige Holzkirche in der Einöde. Wie immer zu dieser Jahreszeit war viel Volk in der Kirche. Die Berglappen waren wieder von den Sommerweiden zurückgekehrt. Und jetzt saßen sie hier in ihrem besten Staat. Kleider, Quasten und Bänder flammten in allen Farben. Unter ihnen saßen die Bergbauern in ihrem Fries und hoben sich wie graue Flecken ab.

Der Gottesdienst nahm seinen Gang, aber viele dachten, der Pfarrer sei noch nicht wieder richtig in Ordnung. Er sprach leise und suchte nach Worten. Dann hustete er und war bleich wie eine Leiche. Sie saßen da und bedauerten ihn. Streng war er zwar immer, aber ein tüchtiger Pfarrer und gern zur Hilfe bereit.

Der erste Teil des Gottesdienstes war beendet, und der Pfarrer stieg auf die Kanzel. Kaum war der letzte Ton des Predigtliedes verklungen, da ging der Küster hinaus. Das war so gewöhnlich, daß die meisten es nicht einmal merkten. Während der Pfarrer predigte, saß er auf der Kirchentreppe und rauchte. Und dann hob er seine Flasche an den Mund und tat einen Zug. Dem Gesang war das gut anzumerken, als er wiederkam. Alle Jahre hindurch war dies seine Art gewesen, den Gottesdienst zu halten. Und er war nicht allein. Manchmal leistete ihm dieser und jener Gesellschaft. Und andere lagen dicht am Kirchenweg und tranken. Man konnte Flüche und rohe Reden angetrunkener Leute hören. Als der Gottesdienst beendet war, trat der Pfarrer in die Chortür. Alle waren gespannt. Jetzt kam das, was sie erwartet hatten.

Und jetzt suchte der Pfarrer nicht mehr nach Worten. Die Stimme war laut und kräftig.

Zuerst sagte er, der Branntwein sei ein Gift, das auf alle zerstörend wirke. Aber weil das Bergvolk in größerer Einsamkeit und härterer Arbeit lebe, habe es geringere Widerstandskraft. Deshalb sei der Branntwein für sie zu einem teuflischen Fluch geworden. Und die Branntweinhändler seien die treuesten Helfer des Teufels. Sie benutzten die Schwäche der Leute, um sie auszusaugen und sich selbst Reichtum zu verschaffen. Die Männer, welche diese Dinge untersucht hätten, wären sich lange darüber im klaren gewesen, daß das Volk hier im Norden zugrunde ginge, wenn es sich nicht ändere. Deshalb sei heuer ein Gesetz gekommen, welches die Einfuhr von Branntwein nach der Lappmark verbiete. Wer das Gesetz breche, solle fünfzig Reichstaler Strafe zahlen. Von diesem Gesetz aus bitte er sie alle, daran mitzuhelfen, daß die Obrigkeit die Gesetzesbrecher ergreifen könne. Und das verspreche er ihnen – seine Stimme zitterte vor Harm –, daß er selbst keine Mühe sparen werde, so viele von diesen Handlangern Satans zu fassen wie nur möglich.

Einen Augenblick war es totenstill. Dann erklang ein kurzes, trockenes Lachen. Als habe ein Frosch im Dunkeln aufgequakt. Der Küster hatte gelacht, als er hinausging.

Der Pfarrer blieb stehen und sah auf die Leute, die dem Ausgang zuströmten. Dann taumelte er todmüde in die Sakristei.

## 4.

Die Krankheit wollte nicht nachlassen. An einigen Tagen fühlte er sich besser und glaubte, daß sie jetzt vorüber sei. Dann aber ging es wieder schlechter, und er mußte zu Bett. Mit jedem Tag fühlte er sich armseliger und schwächer. Es war, als versiegten ihm seine Kräfte. Manchmal legte es sich über seine Brust und drückte so stark, daß er den Atem zu verlieren schien. Und je mehr Tage vergingen und seine Kräfte abnahmen, fühlte er, daß ihm etwas Ernstes fehlen mußte. Noch sammelte er seine letzten Kräfte und schob es von sich. Aber mit jedem Tag wuchs die Angst. Wie ein Unwetter, gegen welches er keinen Schutz hatte, näherte es sich. Oder wie ein Unglück, dem er nicht zu entgehen vermochte.

Eines Nachts lag er da, warf sich hin und her und konnte nicht schlafen. Da kam es so stark über ihn, daß er zu ersticken meinte. Er richtete sich auf und rang nach Atem. Und dann kam der Husten, schlimmer denn je. Plötzlich stand es ihm vor Augen, daß er viele Leute in der Lappmark gesehen hatte, die so krank waren wie er. Und wenn die Krankheit einmal da war, gab es kein Pardon mehr. Wochen konnte es dauern und Monate, ja vielleicht auch Jahre. Geduld konnte man haben und warten. Aber das Ende war immer gewiß. Einen Augenblick war es, als blieben die Gedanken stehen. Wie wenn er es nicht zu fassen vermöchte. Wie ein Luftzug streifte ihn ein fremder, süßlicher Geruch. Jetzt wurde er von einem namenlosen Schrecken erfüllt. Er wußte, daß er diesen Geruch kannte, und wie im Fieber suchten die Gedanken herauszukriegen, was für ein Geruch das war. Da brach es wie ein Wasserfall über ihn herein:

Du sollst sterben! – Jetzt bald, in einigen Tagen – vielleicht morgen – vielleicht sollst du vor Morgengrauen sterben!

Ihm war, als versinke er. Und unwillkürlich öffnete er die Augen, obgleich tiefe Finsternis im Zimmer war. Er wollte schreien und brachte keinen Ton hervor. Er hatte mit beiden Händen um die Bettkante gegriffen und hielt sich krampfhaft fest. Kalter Schweiß rann in großen Tropfen über sein Gesicht.

Immer wieder suchte er sich zu sammeln und es abzuschütteln.

Aber wie eine Drohung stand es über ihm:

Du sollst sterben! Vielleicht heute nacht!

Wie Flammen loderte die Angst in ihm. Und immer, wenn sie etwas nachlassen wollte, war die Drohung wieder da. Die Gedanken jagten herum wie aufgescheuchte Tiere. Und schließlich brachte er ein paar einfache Fragen zustande, Fragen wie zu einem Kinde:

Hast du Furcht? – Warum hast du Furcht? – Hast du Furcht vor dem Tod?

Zugleich aber wußte er: Er hatte Furcht vor dem Tod!

Wie ein Traum glitt es von ihm hinweg. Schließlich wurde er ruhig und klar. Er hielt sich noch immer an der Bettkante fest und war schweißüberströmt.

Was geschehen war, stand jetzt noch deutlicher vor ihm. Er hatte die Auszehrung! Es traf ihn so, daß es ihm nicht einfiel, daran zu zweifeln. Vielleicht hatte er es schon lange gedacht, ohne es zu wissen. Und hatte er die Auszehrung, so hatte er wohl nicht so lange Zeit mehr vor sich.

Wieder fühlte er die Angst wie einen rasenden Waldbrand auf sich zukommen. Im selben Augenblick durchfuhr es ihn, daß er sie jetzt nicht heranlassen durfte. Er mußte ruhig denken! – Es ging ums Leben. Wie mit einem Griff sammelte er die ganze Kraft seiner Gedanken und setzte sich zur Wehr. Wie Schlangen und Flammenzungen schoben sie sich vor, wollten vorüberschleichen und ihn umringen. Einen Augenblick lang fühlte er, als hätten sie ihn wieder in der brennenden Hölle des Entsetzens, die er gerade durchlebt hatte. Aber er konnte nicht aufgeben. Endlich verließ es ihn wie ein Alptraum.

Er hatte Angst vor dem Tod. Die nackte Angst war über ihm.

Weshalb aber hatte er Angst vor dem Tod? Brauchte man vor dem Tod Angst zu haben? Alle mußten doch einmal sterben. Und er, der Pfarrer, der so vielen den letzten Trost erteilt hatte, hatte wohl keinen Grund, den Tod zu fürchten.

Da war die Angst wieder. Nein, nein, – er war an den Kreuzweg gekommen! – Jetzt half es nicht länger, sich zu entziehen. Er war nicht fertig. Wenn er diese Nacht starb, würde er verdammt sein. In den Abgrund würde er stürzen und Höllenpein erdulden in Ewigkeit. Und jetzt hatte er nicht die Kraft, sich der Angst zu erwehren. Er wagte nicht liegenzubleiben, sprang auf und begann barfuß und in Unterkleidern auf dem kalten Fußboden auf und ab zu wandern. Da spürte er wieder den scharfen, süßlichen Geruch. Einen Augenblick war er so deutlich, daß er ihn einziehen konnte. Und dann war er plötzlich verschwunden.

Jetzt wußte er, was für ein Geruch es war. Zu oft war er ihm in die Nase gestiegen, bei all den Bahren, über die er sich gebeugt hatte, als daß er sich hätte irren können. Leichengeruch! – So deutlich, wie er ihn früher in seinem Leben nie gespürt hatte.

Plötzlich wußte er, wann er diesen Geruch zum erstenmal wahrgenommen hatte. Als sei es gestern gewesen, erlebte er aufs neue, was damals geschehen war. Er war ein kleiner Knabe, und Petrus und er lagen bei der Mutter im Bett. Da träumte ihm eines Nachts, er stünde auf einem Kirchhof. Die Gräber waren nur lange Hügel, und es gab weder Kreuze noch Grabsteine. Hier und dort ragte ein modriger Holzstab auf. Auf den Gräbern wuchsen lange, dürre Halme. Ein herbstkalter Wind heulte, und die Halme knirschten wie Zähne, die aufeinander bissen. Es war kalt, daß es durch

Mark und Bein schnitt. Nacht war es, aber fast hell von gelbem Mondschein. Er war ganz allein und gepeinigt von Angst. Rundum suchte er jemanden, der ihn beschützen konnte. Aber alles war wie ausgestorben. Plötzlich begann die Erde um ihn herum aufzuleben. Alle die langen Hügel öffneten sich wie Sargdeckel, und er starrte in schwarze Abgründe hinab. Nur einen Augenblick währte es. Dann wurde es lebendig dort unten, und die Toten kamen aus den Abgründen herauf. Irrlichter leuchteten aus Leichengewändern und gelben Knochen. Wie eine Heerschar quollen sie hervor. Sie drangen auf ihn ein und griffen mit krummen Klauen nach ihm. Er wollte laufen, kam aber nicht vom Fleck. Er wollte um Hilfe rufen, bekam aber keinen Laut hervor. Sie wollten ihn in den Abgrund zu sich hinabziehen. Schon fühlte er, wie er sank, und wie zum letzten Atemzug hob er seine Arme gen Himmel.

Da war es ihm, als würde er mit einer wunderbaren Kraft erfüllt. Wie von unsichtbaren Händen wurde er emporgehoben. Er stieg. Jetzt verließen die Füße die Erde. Unter sich sah er die Toten tausend gelbe Hände nach ihm strecken. Aber sie konnten ihn nicht erreichen. Höher und höher hinauf schwebte er. Lichte Gestalten sah er, und Gesang erklang in der Luft.

Als er am Morgen erwachte, stand der Traum vor ihm, wie er ihm später immer in der Erinnerung erschien. Er bekam entsetzliche Angst und versteckte sich weinend unter der Decke. Die Mutter kam und fragte, was ihm fehlte, aber er brachte es nicht fertig zu erzählen, wie es gewesen war. Nur das sagte er, daß er so furchtbar von den Toten geträumt habe. Die Mutter tröstete ihn und sagte, die Toten seien in ihren Gräbern und täten niemandem etwas Böses; wenn er nur an Gott glaube und dessen Wille tue, könnten ihm weder Tote noch Lebende Böses zufügen. Schließlich brachte sie ihn zur Ruhe. Aber die Angst blieb haften. Ehe er sich besann, konnte der Traum vor ihm stehen und ihn bis zur

Besinnungslosigkeit erschrecken. Als er einmal im Wald war, spürte er plötzlich einen scharfen Geruch, den er vorher nicht gekannt hatte. Und gleich war der Traum da. In späteren Kindesjahren träumte er oft von Toten, die ihn holen wollten. Und als er zur Schule ging, spürte er oft den gleichen Geruch. Der Traum und der Geruch kamen immer zusammen und erfüllten ihn mit namenloser Angst und mit namenlosem Grauen.

Später begleitete er einmal seine Mutter zum Begräbnis eines alten Mannes. Es war Sommer, und der Alte hatte lange gelegen. Der Gestank erfüllte die Nase. Da wußte er, was für einen Geruch er im Wald gespürt hatte.

Als er erwachsen war, hatte er oft darüber nachgedacht und war darauf gekommen, daß es eine natürliche Erklärung geben mußte. So dachte er auch jetzt. Er hatte zwar Geschichten von Wiedergängern gehört. Der Geruch aber stammte wohl von Tieren, die irgendwo im Wald lagen und moderten, oder von starkriechenden Pflanzen. Doch von der Angst hatte er sich nie ganz befreien können. Als wenn sie immer in der Tiefe seiner Seele gelegen und geglommen hätte.

Und in dieser Nacht war sie zu zehrenden Flammen aufgelodert. Keine natürliche Erklärung der Welt konnte ihn erlösen. Er sah das Grab offen vor sich, und er hatte Furcht davor, in die ewige Finsternis da drunten hinabzusteigen.

In dieser Nacht tat er kein Auge zu. Immer wieder sagte er sich, er werde noch den Verstand verlieren, wenn er sich nicht beruhige. Er legte sich unter die Decke und versuchte sich zum Schlafen zu zwingen. Aber bald wanderte er wieder ruhelos in dem pechfinsteren Zimmer auf und ab. Er ging leise. Brita sollte nicht erwachen. Als sagte ihm etwas, daß sie hier nicht zu helfen vermochte. Diese Nacht mußte er selber durchkämpfen.

*

Er lag, als sie am Morgen hineinkam.

„Wie steht es heute mit dir?“ fragte sie. – „Du gingst viel herum heute nacht.“

„ Ja, das tat ich wohl.“

Sie kam herzu und setzte sich auf den Bettrand. Sie nahm seine Hand und strich ihm das dichte, schwarze Haar aus der Stirn.

„Wie mager du geworden bist! Und so furchtbar blaß.“

Er fühlte die zarte Wärme in ihren Worten. Vielleicht ist sie doch stark genug, mit dir eine Stunde zu wachen, dachte er, und Tränen traten ihm in die Augen.

„Ich glaube, es geht dir schlechter“, sagte sie.

Es wäre wohl besser, wenn sie es erführe, dachte er.

„Ja, es ist so.“ Er dachte etwas nach. – „Es geht rasch abwärts“, kam es leise. Und dann: – „Ich werde bald sterben, Brita.“ Jetzt war die Stimme voller Angst.

„Du sollst nicht so reden! Du wirst schon bald gesund, wenn du nur vorsichtig bist.“ Sie sagte es vertrauensvoll wie ein Kind.

„Nein, ich werde wohl nicht mehr gesund. – Es ist die Auszehrung.“

Das Wort allein genügte, sie erblassen zu lassen. Tief drinnen hatte sie die schleichende Krankheit, durch die sie Lasse verlieren würde, wie ein Unglück vorausgeahnt. Plötzlich warf sie sich über ihn und klammerte sich an ihn.

„Nein, nein, du hast keine Auszehrung!“ flüsterte sie. „Du sollst nicht von mir gehen, Lasse! – Du sollst nicht so sprechen! Ich bekomme solche Angst.“

Sie blieb so liegen und hielt sich nur an ihm fest. Dann nahm sie sich zusammen, und sie versuchten, ruhig darüber zu sprechen. Sie wollte es nicht glauben, daß es so schlimm stünde, und versuchte sich zu widersetzen. Aber sie merkte bald, daß es nichts nützte. Er nannte andere, denen es so ging, und die husteten und sich quälten. Eines Tages mußten sie zu Bett und standen nie wieder auf.

„Wir müssen alle sterben", sagte er schließlich. – „Das ist nicht das Schlimmste."

„Ist es nicht das Schlimmste?" Sie verstand nicht.

„Ich bin nicht fertig, Brita!– Ich gehe in die Verdammnis!" Es kam wie eine Wehklage.

*

Einige seltene Augenblicke in der ersten Nacht hatte er gedacht, es sei eine Art von Anfall, der ihn verfolgte. Ein schlimmer Wachtraum, der sich verflüchtigen würde, wenn es tage. Auch Brita hatte das gesagt, und er hatte sich daran geklammert wie an eine letzte Hoffnung. Aber erst, als es heller Tag war und das Leben um ihn herum zu erwachen und sich zu rühren begann, schien es ihm in vollem Ernst aufzugehen, welch wahnwitzige Angst er hatte. Das Entsetzen war jetzt gleichsam klarer und bewußter. Ganz so, als habe das Leben seine Hand von ihm genommen.

Wenn er Brita und die Kinder ansah, konnte er von einer wehmütigen Sorge darüber ergriffen werden, daß er sie bald für immer verlassen würde. Immer wieder suchte er sich an den Gedanken zu klammern, daß er für sie arbeiten müsse und die Verantwortung für sie habe. Aber auch das nützte nichts. Wie einen Schmerz fühlte er, daß er sie so unendlich liebhatte. Niemals wohl hatte er es so stark gespürt wie jetzt, daß sie mit tausend unsichtbaren Banden mit dem Besten verbunden waren, was ihm gehörte. Er suchte es sich auszumalen, wie es für sie werden würde, wenn er fort wäre. Wovon sollten sie leben? Eine Mutter mit acht Kindern mitten in der Einöde. Nichts besaßen sie, niemanden, der ihnen hätte helfen können. Hungern würden sie und frieren und Not leiden.

Aber es half ihnen ja nicht im geringsten, daß er dalag und sich ausmalte, wie schlecht sie es haben würden. Das konnte ihn ja nicht vor dem Tod retten. Auch erlösen konnte ihn das nicht.

Und die Gedanken suchten und suchten nach einer Erklärung, einem Ausweg, der ihn von dieser wahnwitzigen Furcht befreien konnte. Wenn er nur für wenige Augenblicke Ruhe finden würde, so daß er die Kräfte sammeln konnte, es zu vergessen. Aber die Kraft verzehrte sich in der Angst, die ihn erfüllte. Und schließlich stand es mit Flammenschrift in seiner Seele geschrieben:

Du wirst sterben! – Jetzt wirst du sterben! – Und du bist nicht erlöst! Du bist verdammt!

Und wie aus weiter Ferne hörte er:

*Es kommt die Stunde, in welcher alle, die in den Gräbern sind, werden seine Stimme hören, und werden hervorgehen, die da Gutes getan haben zur Auferstehung des Lebens, die aber Übles getan haben, zur Auferstehung des Gerichts. Und zu denen auf seiner rechten Seite wird er sagen: Kommt her, ihr Gesegneten meines Vaters, und ererbt das Reich, das euch bereitet ist, von Anbeginn der Welt! Und dann wird er zu denen auf seiner linken Seite sagen:*

*Gehet hin von mir, ihr Verfluchten, in das ewige Feuer! – das euch vom Teufel bereitet ist und seinen Engeln!*

Er war daheim in dem kleinen Haus zu Arjeplog. Der Vater saß auf einem Schemel beim Ofen. Zu seinen Füßen saßen er und Petrus in ein altes Rentierfell gewickelt. Der Vater hielt einen Katechismus in der Hand. Aber er wußte es auswendig, was darin stand, und warf nur hier und da einen Blick hinein. Er lehrte sie die Hauptstücke des christlichen Glaubens und sprach über das Gericht und die ewige Pein.

Es stand so lebendig vor seinen Augen. Der Kirchhof, von dem er als Kind träumte. Der Geruch, der ihm in die Nase drang. Die langen Erdhügel, die sich öffneten, und die weißgelben Gestalten, die aus ihren Höhlen stiegen und sich zum Gericht schleppten.

Weicht von mir, ihr Verdammten!

Mit herzzerreißendem Schrei stürzten sie in den Abgrund. Und dort drunten in der Tiefe war ein kochender Feuersee. Dort sollten sie braten in alle Ewigkeit!

Schleudere ihn in die tiefste Finsternis. Da wird sein Heulen und Zähneklappen!

Tag und Nacht peinigte ihn die Angst. Am Tage wanderte er ruhelos umher. Zur Nacht würde er vielleicht einen Augenblick Frieden finden. Aber als die Nacht kam, wanderte er wieder wie vorher in dem kalten Zimmer auf und ab.

Die Krankheit verschlimmerte sich nicht. Aber er achtete kaum mehr darauf. Das hatte ja nichts zu sagen. Es stand fest, daß er die Auszehrung hatte und sterben sollte. Keinen Augenblick dachte er daran zu zweifeln, daß es wirklich so sei. Gewohnheitsgemäß verwaltete er sein Pfarramt. Auch das hatte nichts mehr zu bedeuten. Er sah das Elend um sich herum, merkte es aber nicht mehr. Alles, was bisher seine Gedanken und Sinne erfüllt hatte, war gleichsam verschwunden. Was hatte das jetzt zu sagen? Nichts konnte die Angst vor der Nacht lindern, in die er gelangen sollte. Keine einzige Tat hatte er vollbracht, auf die er verweisen konnte. Keinen Menschen kannte er, der ihm hätte helfen können.

In seiner Not fragte er sich immer und immer wieder selbst: Ist denn mein ganzes Leben vergebens gewesen? Waren alle die vielen Dinge, um die ich mich bemüht habe, vergeblich?

Wie zur Selbstverteidigung begann er sein Leben aufs neue durchzuleben. Er wußte es: Es war vielleicht nicht alles gerade so gewesen. Vielleicht vermischte er Dinge, die er später gelebt und gedacht hatte, mit dem, was früher geschehen war. Vieles hatte er auch vergessen. Und das Bild seiner frühesten Kindheit hatte sich wohl nach dem geformt, was er von seinem Vater, seiner Mutter und anderen gehört hatte. Das war schon so. So aber sah er es jetzt vor sich:

## 5.

Karl ging auf seinen Schneeschuhen und trieb die beiden Rentiere vor sich her durch den tiefen Schnee. Der war so locker, daß sie bis tief an die Flanken einsanken. Ab und zu gab er dem Leitrentier die Peitsche. Es machte ein paar Sprünge. Das andere aber, das an den Schlitten gebunden war, ließ sich nur mitziehen und war zu nichts gut. Ehe er dem anderen einen Hieb gegeben hatte, ließ das erste schon wieder nach. Mit offenen Mäulern schleppten sich die Tiere vorwärts und mühten sich mit den zwei Schlitten ab. Karl fluchte und schrie, aber es half nichts. Schließlich legten sie sich einfach in den Schnee und nahmen die Hiebe entgegen, ohne sich zu rühren. Sie waren erledigt. Es nutzte nichts. Er hörte mit dem Schlagen auf und ließ sie liegen. Dann suchte er in dem einen Schlitten herum, fand etwas Moos und warf es ihnen zu. Sie nahmen es kaum. Bald waren sie wohl völlig am Ende. Vielleicht nutzte es gar nichts mehr, daß er sie ruhen ließ. Er warf die Schneeschuhe ab und setzte sich auf den ersten Schlitten.

Ja, da saß es sich schön. Wer hätte geglaubt, daß der Schnee so tief und locker sei. Als er heute früh aufbrach, hatte man ihm zwar unten am Kirchplatz gesagt, daß es schwerlich gelingen werde, bei solchem Boden nach Jäkvik hinaufzukommen. Er hätte lieber noch einen Tag warten sollen. Vielleicht wäre der Sturm gekommen und hätte den Schnee weggeweht. Aber in halber Wut hatte er sich auf den Weg gemacht, obschon er es selbst gewußt hatte, daß es ziemlich hoffnungslos war.

Er hätte es sich wohl überlegt, wenn er richtig nüchtern gewesen wäre. Aber der Rausch vom vorigen Abend saß noch in ihm. Dieser verruchte Branntweinhändler. Tagelang hatte er da unten gelegen und getrunken. Der Herrgott wußte, wieviel er dem Lumpen schuldete. Und gestern abend hatte er ihm einfach ins Gesicht gehöhnt. In der

Trunkenheit war Karl eine unbändige Lust überkommen zu zeigen, daß er ein anderer sei als diese elenden Siedler und Lappen. Ihm war es eingefallen, daß er noch Chef des Näsafjellwerks war.

„Schenk diesen armen Teufeln ein!" hatte er dem Branntweinhändler zugerufen. – „Ich zahle!"

Heika hatte ihm nur ins Gesicht gegrinst.

„Hörst du nicht, du Hund! Ich, der Chef des Näsafjellwerks, bezahle!"

Sie hatten sich auf die Schenkel geschlagen und offen gegrinst. Einer hatte Heika einen Wink gegeben, und der hatte ihm einen Humpen eingeschenkt. Erst als er ihn in der Hand hielt und ihn leeren sollte, war es ihm klar geworden, daß sie einen Kreis um ihn bildeten und grinsten. Plötzlich war er fast nüchtern geworden. Er sah deutlich, daß diese elenden Siedler und Lappen vor ihm standen und ihn zum Narren hielten.

Ehe er sich besonnen hatte, hatte er den Humpen Heika ins Gesicht geschleudert. Mit geballten Fäusten stand er da und wartete. Totenstill war es im Raum geworden. Auch die anderen standen nur da und warteten. Ein Wink von Heika, und sie hätten sich über ihn geworfen und ihn durchgewalkt.

Aber Heika trocknete nur ruhig den Branntwein ab. Aus einem Riß an der Schläfe sickerte Blut.

„Dieser Schnaps wird dich teuer zu stehen kommen! Wäre nicht dein armes Weib, das in den Bergen liegt und verkommt, so würde ich dir beide Rentiere und die Last nehmen. Wenn du dich nur endlich einmal auf den Heimweg machen würdest."

Das brannte so, daß er es bis ins Mark fühlte. Einen Augenblick lang hatte er das Gefühl, als müßte er auf den Burschen zuspringen und ihn erdrosseln. Aber dann war es, als verließen ihn alle Kräfte. Die Gesichter um ihn herum waren hohnerfüllt. Der Rausch verstärkte sich. Er stand da, fühlte Übelkeit und hatte Lust zu weinen.

Weinen? Nein, er wollte es ihnen schon zeigen. Er riß sich zusammen und wankte hinaus. Er würde es ihnen zeigen, daß er Manns genug war, nach Jäkvik zu gehen.

Das schwebte ihm noch am Morgen vor, als er erwachte. Und als er darüber nachgedacht hatte, was geschehen war, schwor er, daß er sich auf den Weg machen würde. Daß die Leute, bei denen er schlief, ihm davon abgeraten hatten, hatte nichts geholfen. Lange ehe es hell wurde, zog er davon.

Zuerst sah es aus, als würde es gut gehen. Lange folgte er einer Rentierspur. Dann verlor diese sich, und er bog auf den See ab. Das Eis war hart und schön. Die Tiere waren gut ausgeruht und die Lasten leicht. In gestrecktem Lauf ging es Meile um Meile.

Erst als er unterwegs war, begann er an die Frau zu denken, die da allein in der Schnee-Einöde in ihrer Erdhütte saß. Vielleicht war ihre Stunde gekommen?

Ja, wahrscheinlich. Und keine lebende Seele konnte ihr helfen. Ging es so weiter, so konnte er vor dem Abend da sein. Vielleicht war es noch nicht zu spät. Er besann sich nicht und trieb die Tiere noch härter vorwärts. Hätte er es nur nicht getan. Kaum hatte er den halben Weg zurückgelegt, als sich Wasser auf dem Eis zeigte und er an Land mußte. Dort aber lag der Schnee tief und locker. Er nahm die Schneeschuhe, um die Last zu erleichtern. Aber er hatte die Rentiere zu hart angetrieben. Sie waren völlig ermattet. Es half wenig, daß er sie oft ruhen ließ. Aber er durfte nicht nachlassen. Vielleicht war das Eis weiter vorn wieder befahrbar. Den ganzen Tag über hatte er es gehofft und sich vorwärts gemüht.

Jetzt war es Abend. Bald Nacht. Der Himmel spannte sich wie ein gewaltiges blaues Dach über die Schneewüste. Er war von Sternen übersät. Über dem Nordhimmel stand ein Nordlichtband und flackerte und bebte. Die Rentierrücken standen voller Reif. Der Frost biß in die Nase. Er strich mit der Hand übers Gesicht. Es war vereist.

Noch waren es mindestens zwei Meilen bis nach Hause. Und sie war allein. Vielleicht hatte sie das Kind geboren und hatte nicht die Kräfte, für sich selbst oder das Neugeborene zu sorgen. Er sah es vor sich, wie sie daliegen und mit ansehen mußte, wie das Leben in dem Kind, das sie geboren hatte, verlosch, während ihr eigenes langsam abebbte.

Er erhob sich und blieb stehen. Die Worte Heikas brannten jetzt schlimmer noch, denn erst jetzt sah er, wie wahr sie gewesen waren. Vor sechs Tagen war er fertig zur Abfahrt gewesen. Und das wäre gut gewesen. Er aber war zu Heika gegangen, um sich eine Kanne für den Weg zu kaufen. Dann kam es dazu, daß er trank. Weshalb sollte er es nicht? Er kam ja früh genug in seine Hütte in Jäkvik zurück. Aber an jenem Tage kam es nicht zur Abfahrt. Am nächsten ging es nicht besser. Und am dritten war Unwetter, so daß er nicht fortkonnte. Da trank er, um zu vergessen.

Wenn er endlich heimkam, fand er vielleicht zwei erfrorene, blutige Körper. Er konnte nicht mehr sitzenbleiben, stand auf und trottete neben den Lasten auf und ab. Die Rentiere hatten zu fressen begonnen. Wenn er wartete, erholten sie sich vielleicht. Aber er hatte keinen Augenblick zu verlieren. Es ging ja um ein Leben. Ja, das spürte er. Sie war in Not. Einen Augenblick dachte er daran, die Rentiere und Lasten zurückzulassen. In einer guten Stunde würde er daheim sein. Aber dann war es ungewiß, ob er Rentiere und Lasten je wiedersehen würde. Und es war so nötig, daß er mit dem Wenigen heimkam, das er zusammengebracht hatte. Und die Rentiere waren ja das einzige, was er besaß. Sie konnten sich ohne die Tiere nicht durch den Winter bringen. Nein, er mußte schon Tiere und Lasten mitnehmen. Er mußte warten und sie sich ordentlich erholen lassen. Sie fraßen jetzt tüchtig. Er holte mehr Moos und legte es ihnen vor.

Er versuchte sich zu setzen, doch die Gedanken gaben ihm keinen Frieden: So deutlich sah er es vor sich, wie sie dalag und umkam. Sie hatte sich etwas geängstigt. Es war ja nicht so leicht. Ihr erstes Kind, und sie war schon bei Jahren. Und so allein in der Einöde. Er würde ihr schon helfen, hatte er sie getröstet, wenn sie darüber sprach. Als er Bergchef war, hatte er in solchen Fällen oft geholfen. Es würde schon gut gehen, sie würde sehen. Und so hatte sie sich beruhigt und sich nur darauf gefreut, das Kind zu bekommen.

„Du bleibst doch nicht lange fort?" hatte sie gesagt, als er davonzog. Er hatte die Angst in ihrem Blick gesehen.

„Nein, ich komme bald zurück."

„Wenn man dich nicht festhält ..."

Er hatte nichts erwidert. Sie hatte an den Branntwein gedacht. Er hatte es gefühlt und hatte sich gelobt, daß es diesmal nicht so gehen sollte wie sonst, wo er tagelang liegenblieb. Nur Lüge war es gewesen. Die ganze Zeit über hatte er gewußt, daß er nicht eher auf den Heimweg kommen würde, ehe er sich ein paar kräftige Räusche angetrunken hatte. Auch daß er einige Tage lang nichts getrunken hatte, war nur Unsinn und Lüge. Jetzt gestand er sich ein, daß er an jenem Abend nicht nur deshalb zu Heika gegangen war, um sich ein paar Kannen für den Heimweg zu kaufen. Nur um zu trinken, war er gegangen! Um zu trinken – nur um zu trinken! Gleichgültig war es, was er trank, wenn es nur trunken machte. Gleichgültig war es auch, mit wem er trank, wenn es überhaupt jemand war. Und während er dies tat, lag sein Weib und verging in Kindesnot in einer Erdhütte oben in den Bergen.

Was, zum Teufel, hatte er in dieser gottverlassenen Hölle zu suchen? Siedeln? Ha! Das klang so verdammt schön. Ein Kolonist in der Einöde! Die Hauptsache war wohl gewesen, daß da eine Erdhütte fertig stand und daß Anna eine Kuh hatte. Er war ja nicht der erste, der das versucht hatte. Vielleicht konnte er das andere wieder in Ordnung bringen, was er hatte aufgeben müssen! Was sollte aus Anna und ihm werden? Was wollte er mit ihr überhaupt?

Gleich sprang er auf. War es wirklich so weit gekommen mit ihm? Im selben Augenblick erhob sich etwas in ihm und widersprach. Nein, so war es nicht. Er wünschte ihr nicht den Tod. Noch etwas anderes steckte in ihm. Er mußte zur Hütte, und zwar sofort. Er mußte sich eine Last auf die Schultern laden und die Rentiere und das übrige zurücklassen.

Sollte er es noch einmal versuchen? Er legte die Peitsche weg, nahm die Zügel und führte. Die Rentiere liefen in der Schneeschuhspur. Es ging unglaublich. Die Tiere hielten besser durch, wenn es gleichmäßiger ging. Ab und zu trug der Boden, und dann ging es im Trab. Hier und da machte er Halt, hielt den Atem an und lauschte. Nein, kein Laut. Vielleicht hatte er Glück und bekam es nicht mit den Wölfen zu tun. Die Stunden verrannen. Zuweilen blickte er nach den Sternen. Es war weit über Mitternacht. Aber der Weg begann kürzer zu werden. Jetzt war es nur noch die letzte große Bucht über den See. Wenn er nur den Mut aufbrachte, sich hinauszuwagen. Viel Zeit würde er sparen, wenn er den Umweg nicht zu machen brauchte. Einen kurzen Augenblick stand er da und überlegte. Dann fuhr er aufs Eis hinaus. Es trug! Er warf sich auf den Schlitten, und die Rentiere setzten zum Trab an.

*

Anna ging auf ihren Schneeschuhen und schnitt Zweige. Die Bergbirke war so verschneit, daß nur der Wipfel und die längsten Äste über dem Schneemeer hervorstanden. Sie schnitt und schnitt und legte es zu kleinen Bündeln zusammen. Hier und da warf sie einen Blick in die Runde. Der Tag ging zur Neige. Am besten war es, hinunterzutragen, was sie hatte. Sie spürte auch, daß sie es nicht länger schaffte. Sie hatte noch Holz zu hauen und Wasser aus dem Eisloch zu holen. Na ja, soweit war es noch nicht. Sie steckte das

Messer in die Scheide und lauschte gespannt. Sie stand wohl nur da und schreckte sich selbst? Jetzt gab es keine Wölfe in der Gegend. Sie waren doch nordwärts den Rentieren nachgezogen. Sie schritt mit Mühe aus und sammelte die Reiser zu einem Bündel zusammen. Dann mußte sie sich für eine Weile aufrichten und stehen. Das Kind in ihr war so unruhig heute. Es würde wohl nicht mehr lange dauern, bis es käme. Sie lächelte. Sie war ja ordentlich bei Jahren. Über vierzig. Man sagte, daß es dann schlimmer sei. Trotzdem hatte sie nicht die Spur Angst. War nur froh. Wenn nur der Kalle bald käme. Er hätte jetzt daheim sein müssen. Aber vielleicht hatte er weiter hinab gemußt, um das Wild gegen Mehl und Salz einzutauschen. Gott gebe, daß er bald kam. Sie wartete so sehr auf ihn. Heute war der 10. Januar.

Sie band das Reisigbündel zusammen und warf es sich auf den Rücken. Machte ein paar Schritte. Blieb plötzlich stehen.

Wolfsgeheul? – Da hörte sie es wieder, westlich am Fuße des Berges. Wie ein fernes Echo drang es an ihre Ohren. Noch war es eine einzelne Stimme, bald ein ganzer Chor. Einen Augenblick stand sie da und lauschte. Dann ging sie auf die Erdhütte zu.

Sie war fast verschneit. Gerade noch das Dach ragte hervor. Sie warf das Reisigbündel in die große Grube vor der Eingangstür und löste die Weidenbänder von den Lappenschuhen.

Im Gang war es ganz finster. An der einen Wand drüben brüllte eine Kuh. Anna teilte das Reisig in zwei Teile und warf die eine Hälfte der Kuh zu. Die Luft war lau und roch scharf nach Tieren und altem Mist.

Mitten in der Querwand ging die Tür zum Wohnraum. Ein mattes Licht fiel durch das kleine Giebelfenster hinein. In der einen Ecke stand ein Herd. Sie holte zwei Holzbütten und eilte hinaus. Draußen packten sie wieder die Wehen, so daß sie stehenbleiben und sich an die Schneewand lehnen mußte. Sie fühlte es. Jetzt kam das Kind bald. Aber sie mußte Wasser haben. Sie legte sich die Schneeschuhe an und glitt zu dem Wasserloch hinab, das mit Pfählen gekennzeichnet war.

Und Kalle kam nicht! Unwillkürlich spähte sie nach Osten. Nein, kein Lebenszeichen war zu sehen. Und andere gab es nicht, bei denen sie Hilfe bekommen konnte. Sieben lange Meilen waren es bis zur nächsten Siedlung. Und kein Rentierweg führte vorbei. Sie war der einzige Mensch in dieser gewaltigen Wüste aus Schnee und Eis.

Sie fühlte sich plötzlich so furchtbar allein. Und wenn etwas schief ging? Es war doch das erstemal. Die Angst durchfuhr sie. Und in diesem Augenblick schnitt das Wolfsgeheul durch die Luft. Es war jetzt näher. Und wenn Kalle sie auf dem Wege traf? Jetzt spürte sie nur Angst um ihn. Wie ohne es zu wissen, stellte sie die Bütten hin und legte die Hände gegen die Brust.

„Herrgott, bewahr uns und hilf uns beiden!" flüsterte sie. Sie fühlte förmlich, wie die Angst sie verließ. Wovor hatte sie sich zu fürchten? Gottes Wille würde doch geschehen.

Die Wehen nahmen zu. Als sie mit dem Wasser hinaufkam, wagte sie nichts mehr. Sie trug das Holz hinein, das sie hatte, und heizte an. Aus einer kleinen Truhe holte sie reines Zeug für sich und das Kind. Die Wiege hängte sie in die Nähe des Herdes. Sie war neu und mit Hasenfell gefüttert. Dann legte sie sich zu Bett und wartete.

Sie war ganz ruhig. Es konnte wohl nicht solange dauern. Es wurde dunkel. Sie stand auf und zündete einen Kienspan an.

Zwischen den Wehen versank sie in Halbschlaf. Einmal wurde sie plötzlich wach. Hatte jemand gerufen? Sie hatte so deutlich gehört, daß jemand Lars rief. Sie hatte wohl nur geträumt. Oder wollte jemand diesen Namen haben? Sollte er auch Lars heißen? Als Kalle einmal im Herbst fort war, hatte sie geträumt, er käme und ein kleiner Junge laufe hinter ihm her. Sie hatte gefragt, wie der Knabe heiße. Levi, war die Antwort, aber es war nicht der Mann, der sie gegeben hatte. Seitdem hatte sie das Leben, das sie trug, Levi genannt. Sollte es also auch Lars heißen. Lars Levi, sprach sie vor sich hin. Ab und zu lauschte sie. Aber kein Laut war zu hören. Und das Wolfsgeheul war verschwunden. Nur die Kuh bewegte sich und brummte, wenn sie besonders laut jammerte.

Zwischendurch wurde sie sich dessen bewußt, daß sie allein und hilflos war. Und dann überfiel sie wieder das Entsetzen. Aber sie erinnerte sich, daß sie ja doch nicht allein war. Er, der stärker war als alle Menschen, er war bei ihr, und er würde ihr beistehen.

Es dauerte nicht lange. Es war ein Junge. Sie sah, daß er wohlgebildet und schön war. Und das gab ihr neue Kraft. Sie sorgte für das Kind und sich selbst. Trank eine Schüssel Milch und aß ein paar Scheiben Dörrfleisch. Dann kroch sie mit dem Kind in den Armen unter die Pelzdecke. Aber ehe sie einschlief, dankte sie Gott für das Kind.

*

Anna erwachte. Sie konnte sich nicht gleich besinnen. Dann aber spürte sie das kleine Bündel in ihrem Arm. Gleich mußte sie nachsehen, ob es lebte. Sie schlug die Decke auf. Die helle Winternacht drang durch das Fenster. In ihrem Schein konnte sie gerade das kleine, rote Gesicht erkennen. So hübsch war er. Sie tastete ihn ab. Groß und stark war er wohl auch. Und er sollte genug zu essen bekommen, um noch viel größer und stärker zu werden. Ob sie wohl etwas hatte? Sie entblößte die Brust und drückte sie etwas. Ein kleiner Strahl drang hervor. Es tat schneidend weh, und doch war sie so froh, daß sie lächeln mußte. Wenn er erwachte, sollte er genug zu essen bekommen. Dann brauchte er wenigstens die erste Zeit über nicht zu hungern. Und jetzt spürte sie selbst saugenden Hunger. Und durstig war sie. Das Feuer war erloschen. So kalt war es im Raum, daß sie ihren Atem sehen konnte. Sie mußte heizen. Vielleicht kam Kalle bald. Vorsichtig legte sie die Decke um das Kind und schwankte zum Herd. Ein paar Kohlen glimmten noch.

Plötzlich blieb sie stehen und lauschte. Das mußte Kalle sein. Er ließ die Rentiere stehen. Jetzt war er im Gang.

Vielleicht war er betrunken? durchfuhr es sie.

„Wie steht es mit dir?“ Er schwankte.

„Gut steht es. Und mit dem Jungen auch.“ Sie mußte das sagen, auch wenn sie sich noch nicht sicher war, ob er betrunken war.

„Mit dem Jungen? Wann?“

„Heute abend.“

Er sank auf die Bank nieder. Gott sei gelobt, es war ohne ihn gut gegangen. Es stach in ihm, so froh er auch war.

„Geh zu Bett!“ sagte er und nahm sie um beide Schultern und führte sie ans Bett und legte sie hin. – „Ich werde Essen machen, wenn ich für die Tiere gesorgt habe. Hatte Angst um dich.“

Und als sie jetzt merkte, daß er nicht betrunken war, ließ sie die Schwäche wie ein Glück über sich sinken. Er nahm den Knaben und hielt ihn gegen das Herdfeuer. Ein tüchtiger Kerl. Er legte ihr das Kind in den Arm und ging zu den Tieren hinaus.

Der Junge erwachte und schrie. Sie freute sich erst an seiner Stimme, ehe sie ihn an die Brust legte. Und jetzt versank sie in einen lichten Glückstraum. Ein Kind hatte sie geboren, und Kalle war nüchtern heimgekommen. Gott war wirklich gut gewesen gegen sie, die arme Unwürdige. Und aus tiefster Seele dankte sie ihm.

# 6.

Anna kam rasch zu Kräften. Schon am Tag darauf war sie auf und melkte die Kuh. Und der Junge wuchs und gedieh. Es war, als hätte auch Kalle neuen Mut bekommen. Jeden Tag war er mit Schlinge und Büchse draußen, und oft kam er mit schwerer Bürde heim. Bald hatte er volle Last. Anna war froh und ängstlich zugleich. Man brauchte so sehr etwas zum Verkaufen. Das Mehl, welches er zuletzt gebracht hatte, war bald verbraucht. Und die Kuh begann abzumagern. Im Frühjahr sollte sie kalben, und sie hatten nur Reisig und Moos für sie. Anna wußte sich keinen Rat, wie sie das Leben der Kuh erhalten sollte, bis der Hügel wieder grün war. Zog er aber ins Tal, so war es unsicher, in welchem Zustand er wieder heimkam. Es sah übrigens nicht so aus, als ob er sich beeilte, das Haus zu verlassen. Aber als er eines Abends mit einer Last heimkam, sagte er, daß er sich jetzt auf den Weg machen müßte mit dem, was er hatte.

Ja, das wäre wohl das beste, stimmte Anna ein. Sie seufzte, ohne es zu bemerken.

Er würde morgen fahren, sagte er etwas später. Wollte er weiter als bis zum Kirchort?

„Wenn Heika nicht anständig ist, ja."

War etwas vorgefallen zwischen Heika und ihm?

„Nein", wich er aus. Er hatte zwar einige Schulden. Aber wenn er diese schöne Beute brachte, würde der Zigeuner wohl vorsichtig sein.

Ach so, er hatte Schulden bei Heika. Sie brauchte nicht zu fragen. Sie wußte so gut, woher die Schulden kamen. Es war wohl auch beim letztenmal doch nicht so ganz ohne Trinken abgegangen.

„Du sollst aber nicht lange fortbleiben", sagte sie.

„So eilig ist es jetzt wohl nicht. Mit dir ist ja alles in Ordnung. Zu essen hast du, und ihr seid beide gesund."

„Aber du hast doch da unten nicht viel zu tun."

Er dehnte die Worte. Viele Dinge wollte er diesmal ordnen. Er hatte die Absicht, sich ein Boot zu erstehen und sich nach einer zweiten Kuh und ein paar Rentieren umzusehen. Vielleicht konnte er etwas mehr Mehl bekommen. Jetzt im Winter war es leichter heimzuschaffen. Sollten sie länger hierbleiben, so müßten sie sich anders einrichten als bisher. Er redete und machte Pläne.

Anna antwortete nicht. All das hörte sich gut an. Sie konnte es nur nicht über sich bringen, daran zu glauben. Gleich nachdem sie geheiratet hatten, hatte er oft genug so dagesessen und ihr seine Pläne über ein schönes, neues Haus und sicheren Wohlstand vorgeredet. Wenn er nur in die Siedlung hinunter und sich dort einrichten könnte ... Dann zog er fort und blieb wochenlang weg. Und wenn er heimkam, war die Last nicht gerade groß. An den Zustand, in dem er sich dann befand, wollte sie lieber nicht denken. Nicht jetzt. Sie hatte es jetzt viele Wochen so gut gehabt.

Am Tag darauf machte er sich auf den Weg. Sie stand auf dem Schneehügel und sah ihm nach. Wenn nur keine Raubtiere in der Gegend wären. Die Wölfe waren schlimm zum Frühling hin, und mit dem Fuchs war auch nicht zu spaßen. In ewiger Angst sollte sie hier jetzt herumgehen, bis er wiederkam. Herrgott, wenn er nur nicht solange fortblieb. Sie lächelte traurig. Wenn er daheim war, ging sie herum und graute sich vor seiner Abfahrt, und wenn er fort war, zehrte die Unruhe über ihn wieder an ihr.

Er war jetzt ein gutes Stück aufs Eis hinabgekommen. Da richtete er sich halb auf und schwang die Mütze. Ja, er blieb immer derselbe. Über fünfzig war er jetzt, und doch konnte er sein wie ein Junge. Seine Jahre trug er gut. Ein starker und hübscher Kerl war er noch und klug und kenntnisreich. Aber in allem, was er begann, hatte er Unglück. In den letzten Jahren war es kaum etwas anderes gewesen als Armut und Trunkenheit.

Jetzt war er bald nur noch ein kleiner, schwarzer Punkt,

der in der endlosen, weißen Fläche verschwand. Ein ganzer Kerl war er, wenn er losfuhr und sich mehr Tiere und Vorräte für den neuen Platz beschaffen wollte. Aber wenn er zu Heika kam, sank er wohl ordentlich zusammen in seinem Pelz. Wenn er da mal vorübergehen würde ..., aber das kam nicht vor. Wo Branntwein verkauft wurde, da machte er gleich halt. Ja, ja so mußte es schon sein, wenn er bloß zurückkam. Er hatte versprochen, Stoff zu kaufen für das Taufkleid des Jungen.

Jetzt war der Punkt fast verschwunden. So öde wurde es um sie herum. Sie zuckte zusammen, als sie den Jungen weinen hörte. Was für sündige Gedanken dachte sie hier! War sie denn einsam und verlassen? Sie, die einen großen und tüchtigen Jungen hatte? Nein, sie war nicht allein, und sie wollte es nie mehr werden. Selbst wenn der Herrgott ihr den Jungen nicht ließe, so würde er doch bei ihr sein. Aber der Herrgott war wohl so gnädig, daß er ihn ihr nicht nahm.

Der Junge schrie ungeduldig.

„Ja, du, ich komme schon“, sagte sie zu sich selbst und lief ins Haus.

Die Tage vergingen. Anna schnitt Zweige und grobes Moos auf den Hügeln, wo der Schnee nicht gar zu tief war. Dann sah sie nach den Schlingen, die Kalle ausgelegt hatte, und machte gute Beute. Ab und zu stob der Schneesturm heran, so daß es Tag und Nacht um den Berg nur so kochte. Dann traute sie sich eben noch, Wasser zu holen. Abends saß sie und nähte für den Jungen. Einen kleinen Pelz und eine Hose aus schneeweißem Hasenfell. Eine Mütze, wie die Lappen sie trugen, mit roten und gelben und blauen Kanten, und ein paar winzige Schuhchen aus weichstem Renkalbfell. Und der Junge lag in der Wiege neben ihr. Sie gab ihr einen Stoß, daß sie wie ein Pendel hin und her schwang, und sang.

Ab und zu sprach sie zu dem Kind.

Wartet der Junge auf seinen Vater? Nein, der kommt noch nicht. Er muß weit ins Tal und Wild und Pelzwerk verkaufen und Kuh und Boot einhandeln und einen ganzen Sack Mehl. Und dann wird er feinen Stoff kaufen für den Jungen. Ja, das wird er tun.

Als sie ihn jeden Augenblick erwarten konnte, war sie doch etwas überrascht, als er kam. Es war noch ganz hell. Sie stand draußen und hackte Holz, als sie ihn draußen auf dem Eis gewahr wurde. Er fuhr wie ein Rasender. Und zuweilen schrie er mit brüllender Stimme. Das Entsetzen packte sie, daß sie bebte. Sie eilte ins Haus, fachte das Feuer an und brachte alles in Ordnung. Wenn er so war, durfte ihn nichts ärgern.

Als sie hinausging, kam er vorgefahren.

„Hei, Frau! Wünschst du mir Willkommen daheim?" Er taumelte vom Schlitten. Konnte gerade noch gehen. Die Tiere schäumten und zitterten.

„Willkommen daheim, Kalle!" sagte sie und versuchte ein Lächeln.

„Bist du nicht froh?" Er kam auf sie zu. Erst jetzt sah sie, wie er ausschaute. Er hatte einen großen Riß über der einen Wange, und das eine Auge war grünblau und geschlossen.

Sie wich einen Schritt zurück.

„Bist nicht froh, mich daheim zu haben?"

„Ja, das kannst du dir doch denken."

„Nein, du machst wieder ein saures Gesicht. Pfui Teufel!"

„Nein, das mache ich nicht."

„Doch, das machst du. Etwa nicht? – Darauf müssen wir eins trinken."

Er zog die Flasche hervor, setzte sie an und trank in großen Zügen.

„Jetzt du!" Er reichte ihr die Flasche.

„Nein, Kalle, ich kann nicht."

„Weshalb kannst du nicht?"

„Wegen des Jungen."

„Unsinn! Und die anderen Weiber? Nein, du bist nicht bei Laune." Er wurde böse. – „Ein scheinheiliges Weib bist du! Du findest, daß ich nicht gut genug bin für dich. Stier nur her! – Ja, ich habe getrunken. Wie der Teufel habe ich mich herumgeschlagen. Wein doch! Warum, zum Teufel, heulst du eigentlich nicht? Reiche Mädels hätte ich haben können. Bergchef bin ich. Und du bist nur ein elendes Bauernmädchen.“ Mit geballter Faust kam er auf sie zu. Dann trat er fehl und stürzte.

Sie ging ins Haus und stellte das Essen hin. Bald kam auch er. Ohne ein Wort riß er das Fleischstück an sich und setzte sich an den Herd. Er hielt es zwischen den Händen und nagte daran wie ein Tier. Sie lief hinaus. Die Rentiere standen immer noch da. Nachdem sie sie abgeschirrt hatte, wollte sie die Lasten in Verwahrung nehmen. Der erste Schlitten war leer, und im zweiten lag ein Beutel Mehl. Im Ranzen fand sie nur eine leere Branntweinflasche. Nichts hatte er von den Kleinigkeiten gekauft, um die sie ihn gebeten hatte. Nicht einmal an die kleinen Stoffstückchen für das Kind hatte er gedacht.

Die Tränen wollten kommen. Nein, sie durfte jetzt nicht weinen. Er wurde außer sich, wenn er das merkte. Sie nahm den Mehlbeutel und den leeren Ranzen und ging ins Haus.

Er hatte fast das ganze Fleisch verschlungen. Jetzt war er wieder freundlich. Als sie an ihm vorüberkam, griff er nach ihr. Aber sie hatte einen so großen Bogen gemacht, daß er sie nicht erreichte.

„Willst du nicht auf meinen Schoß?“

Er grinste häßlich und stand auf. Und jetzt konnte sie ihm nicht mehr entkommen.

*

Etwas später saß Anna vor dem Herd und gab dem Kind die Brust. Sie bebte am ganzen Leib. Er lag in Kleidern auf der Decke. War eingeschlafen. Was für ein Vieh er war. Und wollte so fein sein. Immer protzte er mit dem Pfarrerssohn und Bergchef. So sehr schämte sie sich noch, daß sie rote Flecken hatte auf den Wangen. Das war also die Heimkehr, auf die sie so gewartet und auf die sie sich so gefreut hatte. Und nicht einen Faden und kein Stückchen Stoff hatte er mitgebracht. Wenn er schon nicht an sie dachte, so hätte er doch wenigstens an das Kind denken können. Und ihr dann in der Trunkenheit beinahe Gewalt antun …

Vielleicht hätte er es nicht getan, wenn sie sich nicht gewehrt hätte. Aber sie konnte doch nichts dafür. Enttäuscht war sie gewesen und zornig. Hatte das Gefühl, als sei etwas in ihr, was sie verteidigen müßte. Oder es war nur Enttäuschung gewesen. Sie hatte es vor sich gesehen, wie er mit voller Last wiederkommen würde. Sie säßen mit dem Jungen zwischen sich vor dem Herd, und er packte all die Kleinigkeiten aus dem Sack, um die sie ihn gebeten hatte, und vieles andere, worauf er selbst verfallen war. Und dann wollte sie in seinen Armen liegen und er sollte sie mit Liebkosungen überschütten und all den schönen Worten, die er zu brauchen wußte …

Und dann kam es so! Zu häßlich war es. Anna weinte. Unaufhörlich rannen ihr die Tränen über die Wangen. In ihrem Schoß lag der Junge und trank in gierigen Zügen. Die eine Hand schwang in der Luft. Sie faßte nach ihr, als brauche sie einen Halt. Und nach und nach kam etwas Ruhe über sie.

Vielleicht war es nicht so schlimm. Etwas Mehl hatte er ja gebracht. Und im Grunde war es wohl nicht so häßlich, was er getan hatte. Sie hatte wohl ihren Teil an der Schuld. Er konnte es nicht vertragen, daß sie still und schwermütig war. Wenn er nüchtern war, zwang er es hinab und ließ es sich nicht anmerken. Aber in der Trunkenheit brach es aus.

Sie erhob sich und legte das Kind in die Wiege. Dann ging sie ans Bett und entkleidete ihn. Sie untersuchte den Riß an seiner Wange. Er stammte von einem Messer, war aber nicht tief. Er tat ihr so leid. Sie konnte nicht anders. Pfarrer in

Arjeplog hätte er werden sollen wie sein Vater und wie der Großvater. Dann starb der Vater, und niemand war da, der ihm hätte helfen können, weder um in der Welt vorwärts zu kommen, noch um sein schwieriges Wesen zu steuern.

Sie strich ihm behutsam über die Wange. In ein paar Tagen würde er wieder nüchtern sein und freundlich und froh. Dann würden sie über den Jungen reden. Sie warf den Pelz und die Schuhe ab und legte sich an seine Seite.

## 7.

Eines Tages sagte Anna, daß sie mit dem Jungen zum Kirchplatz zur Taufe wolle, ehe das Eis bräche. Kalle sah sie eine Weile an. Als er spürte, daß es ihr ernst war, sagte er:

„Nein, das kannst du nicht. Du mußt doch verstehen, daß das nicht geht. Du kannst nicht sieben Meilen gehen, ohne dich auszuruhen." Er sprach ernst und eindringlich. – „Und was willst du tun, wenn ein Unwetter kommt? Ein Mann mit Tieren und Schlitten kann sich immer für ein, zwei Tage einschneien lassen. Aber ein Frauenzimmer mit einem Wickelkind? Nein, das geht nicht, Anna."

Sie fand keine Antwort. Sie war hier umhergegangen und hatte sich heimgesehnt. Seitdem sie im vorigen Jahr hinaufgezogen waren, hatte sie keinen Menschen gesehen. Und nachdem sie den Jungen bekommen hatte, war die Sehnsucht nur noch größer geworden. Sie wollte ihn Eltern und Geschwistern zeigen. Und sie mußte in die Kirche. Er sollte getauft werden und sie wollte wieder Gottes Wort hören und ein Kirchenlied. Sie wollte den Geist des Herrn wieder wie einen starken und lebendigen Trost in ihrer Seele spüren. Gott hatte sich in der letzten Zeit von ihr entfernt, schien es ihr. Und ihre Schwermut hatte zugenommen. Mit dem Reisigbündel auf dem Rücken war sie über die Ebene gelaufen und meinte nun, es könne nicht so schlimm sein, die sieben Meilen bis zum Kirchplatz zu gehen. Wenn die Sonne nur etwas höher stand, würde sie sich aufmachen. An ein Unwetter hatte sie nicht gedacht. Jetzt fühlte sie, daß es nicht ging. Sie mußte warten, bis der Schnee fort war, oder noch länger vielleicht. Das Hochwasser mußte abnehmen und der Boden warm und trocken werden, so daß sie sich in einen Busch legen und schlafen konnte. Und das war noch so lange, so lange. Hoffnungslosigkeit fühlte sie in sich aufsteigen, und ein schwarzer Abgrund von Mißmut verschlang sie. Sie legte den Kopf in die Hände und stöhnte. Kalle sah sie an, sagte aber nichts. Er nähte an einem Rentiergeschirr. Nach und nach wurden die Seufzer zu Tränen.

„Du mußt es nicht so nehmen", sagte er still. – „Du weißt doch, daß du dich nicht allein auf den Weg machen kannst, ehe es Sommer wird. Und ich kann dich doch nicht fahren. Es würde mehrere Tage kosten. Und so lange kann die Kuh nicht ohne Heu und Wasser bleiben."

„Ich weiß es", schluchzte sie.

„Dann gibt es aber doch nichts zu weinen."

„Ich habe solches Heimweh", kam es wie eine Klage.

„Das ist sicher nicht schön. Aber der Frühling kommt doch bald."

„Es ist noch so lange hin."

„Die Zeit geht schnell, du wirst es sehen", sagte er, kam und strich ihr über das Haar.

*

Die Zeit ging schnell. Er konnte es leicht sagen. Immer wieder machte er Fahrten ins Tal hinab und blieb wochenlang fort.

Für sie aber, die in dieser Einöde allein in der Erdhütte

saß, wurden die Tage lang. Hier und da packte die Schwermut sie so sehr, daß sie sich von Gott und Menschen verlassen fühlte. Dann holte sie ihr Neues Testament hervor und las, aber es war, als hätten die Worte keine Macht mehr. Sie kam sich wie eine Ungläubige vor und hielt sich für verdammt. Sie warf sich auf die Knie und bettelte in ihrer Angst den Herrn an, er möge sie nicht verstoßen. Als die Qualen am schlimmsten waren, wußte sie nicht recht, ob sie bei vollem Verstand war.

Der Junge erlöste sie. Wenn es ganz schlimm war, schrie er und wollte gefüttert und versorgt sein. Gleichsam als riefe er sie ins Leben zurück. Gott konnte sie nicht verstoßen haben, wenn er ihr diesen hübschen Jungen gegeben hatte. Lange konnte sie das Kind an sich gedrückt halten und es hin und her wiegen. Lachend und weinend erzählte sie dem Kind, was ihre gequälte Seele erfüllte.

Und die Tage gingen. Sonne, Regen und Südwind lagen über der Hochebene und machten den Schnee zu Schaum. Meterhoch stand das Wasser über Seen und Flüssen. Darunter aber lag das alte Eis, so daß man das Boot nicht benutzen konnte. Auch wenn es ums Leben gegangen wäre, wäre Kalle keine halbe Meile von der Hütte weggekommen.

Man mußte ruhig sein und warten. Bei gutem Wetter ging das ja an. Da konnte man förmlich stillstehen und zusehen, wie es auf den Frühling zuging. Dann aber konnten Frost und Schneegestöber einsetzen wie im dunkelsten Winter. Und die zwei waren in der Einöde und warteten.

An einem Maitag wurde es aber ernst. Die Sonne strömte Tag und Nacht über das Land. Der Schnee schob sich höher und höher die Berge hinauf, und das Grün sproß am Schneerand auf. Die Flüsse traten weit über die Ufer, mit grünweißem Eiswasser, und an die Bäche konnte man nicht herankommen, geschweige denn über sie hinweg.

Wochenlang stand das Hochwasser. Dann aber war es vorbei mit der Schneeschmelze, und das Wasser sank. – Und eines Tages lag die steinige, moosgraue Ebene trocken und rein da. In Schluchten und Tälern wuchs das Berggras zwischen Weidengestrüpp und krüppliger Bergbirke. Und über den Hügeln leuchtete das Gelb des Mooses noch giftiger. Jetzt war es nicht mehr gefährlich, in die Ebene hinauszuziehen.

Eines Morgens stand Anna fertig da. Die Sonne hatte gerade zu steigen begonnen. Auf dem Rücken trug sie einen Ranzen mit Wegzehrung und Kleidungsstücken. Über der einen Schulter hing die Trage mit dem Kind. Es war erwacht und hatte die eine Hand freibekommen, es schwenkte sie in der Sonne. In der Hand hielt sie einen Stab mit eiserner Spitze, und ein großes Messer steckte in ihrem Gürtel.

Kalle erklärte ihr, wie sie gehen solle, um die besten Furten über die Flüsse zu finden. Und sie solle vorsichtig sein. Die Flüsse seien noch tief.

Er solle keine Angst haben, sagte sie. Sie würde sich schon in acht nehmen. Dann umarmte sie ihn und wünschte ihm Lebewohl.

Auch er sagte Lebewohl, und eine gute Reise solle sie haben.

Ehe der Weg im Gestrüpp verschwand, sah sie sich um. Er stand immer noch da.

Der Weg war deutlich. Alle die Menschen hatten ihn ausgetreten, die in vielen Hunderten von Jahren bei dem großen Bergsee etwas zu bestellen gehabt hatten. Und die großen Rentierherden. Schließlich auch diejenigen, die es gelockt hatte, sich dort oben als Siedler niederzulassen. Voller Hoffnung waren sie diesen Weg gewandert. Ein oder zwei Jahre später waren sie ihn wieder zurückgekommen, und Hoffnungslosigkeit und Mißmut hingen ihnen wie Gebirgsnebel an.

An einer Stelle waren die Spuren so deutlich im Boden, daß Anna stehenbleiben und sie betrachten mußte. Ein Mann, eine Frau und eine Kuh. Das waren die Spuren der letzten, die ins Land gezogen waren und sich ein Heim in der Einöde schaffen wollten. Wie lange würde es dauern, bis die gleichen Spuren wieder zurückgingen?

Mit einem Ruck schob sie die Trage weiter auf die Schulter hinauf und schritt wieder aus. Fast schwermütig war sie geworden von diesem Starren auf ihre eigene Spur.

Der Junge erwachte und begann hinter ihrem Rücken zu babbeln. Sie ging, hörte seinen Lauten zu und lächelte.

Soll auch er mit einer Frau und einer Kuh über die Hochebene ziehen und Siedler werden? Nein, das soll er nicht. Er soll Pfarrer in Arjeplog werden, wie es Großvater und Urgroßvater waren. Ein großer Prediger soll er werden, und vielen armen Siedlern und Berglappen hier in der Einöde soll er Trost bringen. Und die Mutter soll dann im vordersten Kirchstuhl sitzen und Gott bitten, das Wort in seinem Mund zu segnen, damit es die Kraft des Geistes habe, Erlösung zu bringen.

Und Anna ging mit ihren Gedanken und in ihren Träumen über endlose Moore und lange Bergrücken. Sie trug die Trage über der einen Schulter, bis es unter dem Riemen brannte. Dann wechselte sie die Last auf die andere über. Und die Sonne stieg und sengte so, daß es in den Augen brannte und salzig in den Mundwinkeln schmeckte. Der Junge wurde unruhiger und unruhiger. Schließlich schrie er. Er war hungrig. Da nahm sie einen von den Lutschbeuteln, die sie daheim zurechtgemacht hatte, und steckte ihn in seinen Mund. Es war ein winziger Lederbeutel mit Grütze.

Bei der ersten Furt wollte sie rasten. Sie mußte jetzt wohl bald da sein. Vom nächsten Hügel mußte sie den Fluß sehen. Aber als sie oben stand, sah sie nur neue Bergrücken und keinen Fluß. Erst als die Sonne hoch am Himmel stand, war sie an der Furt. Der Fluß ging breit und reißend. Ich komme nicht hinüber, durchfuhr es sie. Einen Augenblick stand sie da. Dann entkleidete sie sich und band das Kleid unter den Armen fest. Mit dem Stab in beiden Händen stieg sie in den

Fluß. Die Strömung schnitt ihr durch den Leib, und der Fluß wurde immer tiefer. Plötzlich glitt sie auf einem Stein aus und wäre fast vom Strom mitgerissen worden. Das Wasser stand ihr bis an die Hüften, und sie hatte noch nicht den halben Weg hinter sich. Nein, es nützte nichts. Sie mußte umkehren. Nur noch ein paar Schritte. Da spürte sie, daß es seichter wurde. Ganz hinüber watete sie, ehe sie wieder zurückging. Erst holte sie das Kind und dann Ranzen und Kleider.

Sie setzte sich an das Flußufer und gab dem Jungen zu essen, während sie sich von der Sonne trocknen ließ. Dann aß sie selbst. Dörrfleisch und Schwarzbrot. Sie versorgte den Jungen und legte sich mit dem Ranzen unter dem Kopf hin, während das Kind noch etwas zu trinken bekam. Die Sonne schien warm und gut. Sie war satt und schläfrig. Die Augenlider wurden so schwer. Und bald danach lag Anna auf der öden Fläche und schlief mit dem Kind an ihrer Brust.

Die Sonne begann bereits zu sinken, als sie erwachte. Hatte sie so lange geschlafen? Rasch machte sie sich fertig. Sie fühlte sich frisch und ausgeruht und legte lange Strecken über den Moosboden in leichtem Lauf zurück. Aber sieben Meilen sind lang. Ab und zu hielt sie kurze Rast. Lehnte sich an einen Grashügel und legte den Jungen an die Brust. Es ging auf den Abend zu. Noch war sie recht frisch. Vielleicht schaffte sie die ganze Strecke in einem Zug. Die Sonne sank. Es wurde Nacht. Sonnenhelle, warme Nacht. Immer noch ging sie. Sie kleidete sich aus und watete durch das Eiswasser der Flüsse. Unter dem Wiegenriemen brannte es wie Feuer, und die Füße schmerzten. Sie stolperte über Unebenheiten und Steine. Sie sprang nicht mehr über die kleinen Wasserlachen. Sie durchwatete sie. Plötzlich machte sie halt. Nein, es ging nicht mehr weiter. Sie mußte ruhen. In einem Gebüsch neben einem Bach machte sie sich ein Lager von Gras und Moos zurecht und legte sich hin.

Gegen Mittag des anderen Tages sah sie den Kirchort.

Einige wenige armselige Siedlerhäuser, einen Pfarrhof, ein Amtmannshaus und eine Kirche. Eine armselige Siedlung in der Einöde. Für sie aber war es die Welt. Dort unten im Wald lag der kleine Bauernhof, der das Heim ihrer Kindheit gewesen war. Sie umfing das Ganze mit ihrem Blick.

Und morgen sollte ihr Junge mit der heiligen Taufe des Herrn gesegnet werden. Sie hatte Tränen in den Augen, aber sie lächelte, während sie in die Siedlung hinabging.

Und wie sie ihn sieben lange Meilen über Moore und öde Hochebene getragen hatte, trug sie am Tag darauf den Jungen die wenigen Schritte zum Altar. Laut und klar sagte sie den Namen, der sich ihr offenbart hatte: Lars Levi.

## 8.

Erst als es Sommer geworden war, wurden Karl und Anna richtig gewahr, in welch kargem Land sie sich niedergelassen hatten. Mageres Geröll und Steinplatten und große Moorebenen. Zuerst trösteten sie sich gegenseitig, daß das Gras schon wachsen würde, wenn es erst richtig Sommer geworden wäre. Woche über Woche gingen sie umher, warteten und schauten. Aber an den trockenen Stellen kam nur Moos und Heidekraut hervor, und ein paar karge Grasbüschel, die verbrannten, als die Sommerhitze ernstlich einsetzte. In den tiefsten Schluchten konnten sie sich einen Armvoll oder zwei zusammenscharren.

Aber der See war voller Fische. Mit einem Netz fing Kalle so viele Fische, wie sie verzehren konnten, und außerdem hingen sie eine Menge als Dörrfisch für den Winter auf. Und Mücken gab es – ganze Armeen. In großen dichten Wolken, welche die Sonne verdunkelten, kamen sie und stürzten sich über Menschen und Tiere. Auf Gesicht und Hals und Händen und wo sie nur hinkommen konnten, saugten sie sich fest und verursachten eine Höllenpein, die auch den Geduldigsten um Sinn und Verstand bringen konnte.

Sie begannen Futter für die Kuh zusammenzugraben. In Schluchten und Talsenken mähten und schnitten sie, brachten es auf die Hügel hinauf und ließen es trocknen. Wie sie aber auch scharrten und schnitten, es wurde wenig daraus. So gab es keinen anderen Rat, als das Riedgras zu verwenden. Wie auf großen Äckern wuchs es in Mooren und an den Ufern der Gewässer. Und wenn es auch mageres Futter war, so war es doch eine Hilfe in der Not.

Den ganzen Sommer über mühten sie sich ab, aber als der Herbst kam, hatten sie kaum mehr als das Kuhfutter. Und sie hatten geglaubt, daß es wohl nicht so schwer sein würde, das Futter für ein Paar zu sammeln! Es sah ziemlich hoffnungslos aus.

Karl sprach es eines Abends aus.

„Hier können wir uns nicht durchschlagen. Wir können es ebensogut gleich aufgeben."

Anna dachte etwas nach, ehe sie sagte:

„Was sollen wir denn dann machen?"

„Ja, wenn ich das wüßte."

Beide schwiegen eine Weile.

„Wir müssen es wohl versuchen, uns noch einen Winter durchzuschlagen", sagte sie. „Wir haben ja das Futter für die Kuh. Und es gibt viel Wild hier."

„Fast etwas zu viel", sagte er. „Ich habe gestern Bärenspuren gesehen."

Und sie bekamen es bald zu spüren, daß es Bären gab. Die Kuh ging weiter und weiter nach ihrem Futter. Am Tag darauf kam sie am Abend nicht heim wie gewöhnlich. Anna lockte und rief, aber es war kein Laut und kein Lebenszeichen zu hören. Da begann sie zu suchen. Überall war sie, wo die Kuh zu weiden pflegte, aber es war keine Spur von ihr zu finden. Sie mußte heimgehen und Kalle holen, damit er suchen solle. In der Dämmerung kam er heim. Er warf sich auf die Bank neben dem Herd und sagte kein Wort.

Anna wagte kaum zu fragen.

„Hast du sie nicht gesehen?"

„Doch. Es waren noch ein paar Hautfetzen übrig."

Sie konnte es nicht glauben.

„Hat er die Kuh geholt?"

„Du hast es ja gehört", sagte er still.

Sie schien es nicht gleich fassen zu können. Nach und nach aber ging ihr auf, was dies zu bedeuten habe. Vielleicht erkannte sie es noch besser als er, der jetzt dasaß und vor sich hinstarrte. Die Kuh, ja das war die letzte Hilfe gegen die Not. Gegen diesen furchtbaren Gast, der die Mütter aushöhlte, so daß ihre Brust keinen Tropfen für die Kinder hergab, die vor Hunger schrien. Deshalb hatte sie sich den ganzen Sommer über so sehr abgemüht. Und jetzt hatten die Raubtiere die Kuh genommen. Nur das Fleisch und der Fisch und das mit Baumrindenmehl vermischte Brot waren noch übrig. Sie konnte sich nicht mehr beherrschen, sank über dem Jungen zusammen und weinte.

Am Tag darauf zog Karl ins Tal hinab und wollte sich eine Kuh verschaffen. Anna wartete gespannt. Jeder neue Tag ließ ihren Mut mehr und mehr sinken. Eines Tages kam er. Ohne Kuh.

Sie brachte es nicht über sich zu fragen. Und dann erzählte er.

Es gab genug Kühe zu kaufen. Aber niemand konnte auf das Geld warten. Es wäre wohl am besten, das Wenige, was sie an Eigentum hatten, in das Boot zu legen und hinunterzurudern, ehe der See zufror. Hatte er sich nach einer Bleibe erkundigt?

Nein, aber irgendwo würden sie schon wohnen dürfen. Trotzdem kam es dahin, daß sie es noch diesen Winter über versuchen wollten. Und es mußte ja einigermaßen gehen.

Sie hatten reichlich Geflügel und Fisch. Das bißchen Mehl, das Karl von der Siedlung mitbrachte, sparte sie meist für den Jungen. Als der Schnee kam und man den Schlitten benutzen konnte, wurde es etwas besser. Aber es war nicht ganz leicht, sich hinauszubegeben. Die Wölfe streiften in großen Rudeln umher, und des Nachts heulten sie dicht an der Hüttenwand. Karl mußte die Rentiere ins Haus nehmen, um sie zu schützen. Einmal wagte er es, sie auf die Weide zu schicken. In der Nacht kam ein Unwetter. Am nächsten Tag fand er die Geweihe und Haut- und Knochenreste, eine halbe Meile entfernt.

Allmählich wurde es ernst. Karl schleppte Pelz und Wild ins Tal und brachte Mehl und Salz zurück. Und Anna grub nach Rentiermoos, zerrieb Rinde und mischte es dem Mehl zu. Den größten Teil davon brauchte ja der Junge. Sie ließ es durch das Sieb und kochte Grütze für ihn; sie selbst hatten Wild und Fisch. Das Fleisch kaute sie für ihn, den Fisch aber riß sie nur mit den Fingern zu kleinen Stücken. Und er war gierig nach dem Essen. Wenn sie nur einen Tropfen Milch für ihn gehabt hätte ... Aber die Kuh war fort, und sie selbst war vor langem versiegt. Übrigens sah es nicht so aus, als ob ihm etwas fehle. Er wuchs und gedieh wie ein ganzer Kerl. Und so brachten sie sich durch von Tag zu Tag, und auch dieser Winter nahm allmählich sein Ende.

Als der See eisfrei wurde, trugen sie ins Boot, was sie an Hausgerät und Kleidung hatten. Viel war es nicht.

Dann ruderten sie den langen Bergsee hinab. Öde und verlassen stand die Hütte im Land. Anna war betrübt um sie. Es kam ihr schlecht vor, sie zu verlassen. Es war ja ihr erstes eigenes Heim gewesen.

*

Alle Jahre hindurch hatte sich Lars diese Zeit ausgemalt und von ihr geträumt, konnte sich aber nicht daran erinnern, weil er noch zu klein gewesen war. So oft kehrten seine Gedanken zu der Erdhütte am Bergsee zurück, die sein erstes Heim gewesen war. Sie stand immer noch da. Im Winter und im Sommer hatte er sie besucht, und immer wieder trieb es ihn zu ihr hin. Das war wohl nicht weiter verwunderlich. Hier lag ja seine Wurzel. Ein unbewußter Drang war es wohl, der ihn zu seinem Ausgangspunkt zurückzwang. Vielleicht war etwas in ihm, das sehen wollte, ob es nicht einen geraderen Weg gäbe von der Hütte bei Hornävan als den, den er gewandert war. – Oder suchte er das verlorene Paradies, die Zeit, als er noch im Schoß der Mutter lag, weder Sünde noch Sorge, weder Krankheit noch Tod kannte?

## 9.

Sie fanden bei einem Siedler Unterkunft, der eine Meile vom Kirchplatz entfernt wohnte. Auch eine Kuh verschafften sie sich endlich, und Karl betrieb Fischfang und Leimsiederei. So schlugen sie sich recht und schlecht durch. Den Winter über blieben sie dort.

Im Laufe des Winters bekam Lars Levi einen kleinen Bruder. Der Vater war fort. Der Siedler nahm die Tragwiege mit dem Neugeborenen und trug ihn zur Taufe. Das Kind wurde Petrus genannt.

Die Siedler waren freundliche Leute. Sie teilten ihr armseliges Haus mit Karl und Anna und den zwei Kindern. Aber beide fühlten, daß sie sich ein anderes Heim schaffen mußten. Karl erkundigte sich hier und dort. Am liebsten suchte er etwas in größerer Nähe weiter unten in der

Siedlung. Und es gab schon Plätze mit guten Möglichkeiten, aber Geld war nötig, und das hatte er nicht.

Eines Abends kam er heim. Er hatte etwas getrunken, aber nur so viel, daß er sich gut in der Hand hatte. Er ging gleich auf Anna zu, die in einiger Entfernung am Waschplatz stand und Wäsche spülte.

„Jetzt ziehen wir um", sagte er geradezu.

„Wir ziehen um? – Wohin?"

„Auf den Kirchplatz." Er nannte das Haus, und sie kannte es gut. Es hatte das letzte Jahr leergestanden.

„Nur für eine Zeitlang?"

Nein, er habe die Absicht, es zu kaufen. Sie müßten jetzt irgendwo zur Ruhe kommen. Karl-Erik würde ihm wohl mit ein paar Talern aushelfen, und an anderen Stellen sei es ja nicht viel besser. Das Haus liege nahe am See, und es gebe viel Knochen nach den Schlachttagen zur Marktzeit. Und Futter für ein paar Tiere könne man sich wohl immer draussen zusammenscharren. Das Haus habe er mehrfach untersucht. Es sei gar nicht so übel. Er stotterte das alles hervor.

„Nein, gewiß kann man dort wohnen", brach es aus Anna aus. Sie konnte es nicht verbergen, daß sie sich freute.

„Glaubst du, daß man es versuchen kann?"

„Aber natürlich! Es wird ja so viel besser werden."

Und das meinte sie wirklich. Das Jahr hier war schlimmer gewesen als alle, die sie erlebt hatte. Erst jetzt sah sie die Möglichkeit einer Befreiung, war es ihr wirklich klar, wie erniedrigend es gewesen war. Tatsächlich war es eine Pein, diesen armen Schluckern zur Last zu sein, die gerade genug mit sich selbst zu tun hatten. Als sie hergekommen waren, hatte es ja geheißen, daß sie für sich zahlen würden. Aber mit dem Bezahlen war es leider nicht gerade gutgegangen. Es war vorgekommen, daß die Frau ihr Brot mit ihnen geteilt hatte. Und niemals hatten sie für sich allein sein können. Weder in den guten Stunden noch in den bösen, wenn Kalle betrunken heimkam und roh war. Jetzt nahm das ein

Ende. Sie sollten wieder für sich allein sein. Da war es einerlei, ob es auch noch so ärmlich zugehen würde.

„Können wir bald einziehen?"

„Morgen, wenn du willst. – Jetzt aber werde ich Per einen Schnaps einschenken. Gott weiß, ob wir jemals wieder bessere Menschen treffen als Per und seine Frau." Er ging ins Haus.

Sie sah ihm nach, und jetzt gönnte sie ihm den Schnaps. Einige Tage später trugen sie des Morgens ihre Siebensachen wieder ins Boot und ruderten zu dem neuen Platz.

*

Klein-Lars saß auf dem Tisch und sah zum Fenster hinaus. Da ging die Mutter. Sie mußte in den Wald, um Heu zu sammeln für die Kühe und Ziegen. Jetzt war sie schon fast an der Schule. Das war ein großes, weißes Haus. Noch lange konnte er sie sehen. So vieles konnte er sehen, wenn er hier auf dem Tisch saß. Wenn die Mutter zu Hause war, durfte er das nie. Er konnte ja herunterfallen und sich wehtun. So etwas sagten sie nur, um ihn zu erschrecken. Er war schon ein paarmal heruntergefallen, hatte sich aber gar nicht so sehr verletzt.

Die Mutter konnte er immer noch sehen. Jetzt war sie weit von der Schule entfernt. Fast im Wald draußen. Dann verschwand sie.

Lars blieb sitzen und schaute weiter. Drüben konnte er den Kirchturm durchschimmern sehen. Und dort etwas weiter unten – war ein großes, weißes Gebäude mit vielen großen Fenstern und so vielen Fensterscheiben, daß er sie nicht zählen konnte. Die Fensterscheiben in ihrem eigenen Fenster konnte er zählen. Er setzte den Finger auf jede Scheibe und zählte: Eins – zwei – drei – vier. Genauso viele Scheiben hatten die Fenster bei Sjur und Nils. Er konnte sie von hier aus sehen. Sie waren nicht weit entfernt. Sjurs

Haus lag zunächst und Nils' lag ein Stück weiter entfernt. Und ihre Häuser waren grau, ganz so wie ihr eigenes. Und nur einen Schornstein hatten sie auf dem Dach. So sah auch das Haus von Olof aus. Aber das konnte er nicht sehen, denn es stand auf der anderen Seite.

Und dann gab es noch viele, viele Häuser. Ställe gab es und Schuppen und zahlreiche Kirchenstuben. Jetzt waren keine Leute darin. Aber des Sonntags, wenn gepredigt wurde, oder wenn Markt war, waren alle Häuser voll. Pferde und Rentiere und Leute und Handelsvolk.

Bei Sjur und bei Nils war niemand zu sehen. Sie waren wohl im Wald und arbeiteten an dem Heu, genau wie die Mutter. Ob es wohl weit zu gehen war bis dorthin ...?

Ein dumpfer Schlag und ein Schrei ließen ihn sich umwenden. Der kleine Petrus lag auf dem Boden und der große Schemel über ihm. Schnell kroch Lars vom Tisch herunter und half dem Bruder. Erst nahm er den Schemel weg. Dann half er dem Bruder auf.

„Hat sich der Kleine wehgetan?" tröstete er ihn und versuchte, so zu sprechen wie die Mutter. – „Der böse Schemel, der über den Jungen gefallen ist. Aber er soll den Schemel nicht anrühren, wenn Lasse auf dem Tisch sitzt." Er setzte sich auf den Boden und zog sich den Bruder halb auf den Schoß hinauf.

„Ruhig, ruhig, nicht mehr weinen", sagte er, und mit seiner kleinen, schwarzen Faust suchte er die Tränen auf den Wangen des Bruders zu trocknen.

„Ja, der Petrus ist klein, der arme. Aber Lasse, der ist groß und soll auf den kleinen Bruder aufpassen. Aber der Kleine muß dann artig sein und den Schemel nicht umwerfen, wenn Lasse auf dem Tisch sitzt."

Petrus beruhigte sich bald. Er riß sich vom Bruder los und begann mit unsicheren Schritten umherzustolpern. Lasse hätte jetzt gut wieder auf den Tisch klettern können. Aber er hatte keine Lust mehr. Und dann konnte Petrus den Schemel wieder umwerfen. Wenn der ihm auf den Kopf fiel ... Er konnte sich ja zu Tode schlagen. Und er hatte doch der Mutter versprochen, daß er auf Petrus gut aufpassen würde. Sie wußte nicht, daß er auf dem Tisch gesessen hatte. Er blieb auf dem Boden sitzen und folgte dem Bruder mit den Augen. Petrus versuchte, auf die Bank am Tisch zu klettern. Es war nicht schwer zu verstehen, worauf er aus war. Er wollte auch auf den Tisch hinauf. Immer wieder griff er mit seinen kleinen Händen zu, zog sich mit der äußersten Spitze des einen Fußes hinauf. Aber alle Mühe half nichts. Er bekam das andere Bein nicht hinüber. Lars saß ruhig da und sah zu. Nein, nein, es würde noch lange, lange dauern, bis Petrus so groß war, daß er auf den Tisch klettern konnte.

Schließlich gab er es auf und hüpfte zu den Betten hinüber. Sie waren in der Ecke an der anderen Wand festgenagelt. Im äußeren lag er und Petrus bei der Mutter, im inneren lag nur der Vater. Als Unterlage hatten sie Birkenzweige und ein Rentierfell und über sich die große Decke. Die war aus Schaffellen und hatte so lange Wolle, die Hals und Gesicht so angenehm kitzelte, wenn man darunterkroch. Der Vater hatte nur die alte Decke. Die war klein und fast ohne Wolle. Wenn es kalt war, legte er sich in seinen Oberkleidern hin. Übrigens geschah es auch, daß er sich in Kleidern hinlegte, auch wenn es nicht kalt war. Aber dann war er betrunken und fiel gerade wie Petrus, als er gehen lernte. Und Lars bekam dann immer Angst und versteckte sich in der Ofenecke. Und die Mutter weinte. Aber erst, nachdem der Vater eingeschlafen war.

Petrus rumorte und wollte aufs Bett hinauf. Plötzlich stand er still. Dann strömte es auf den Fußboden.

„Du Ferkel", sagte Lars.

Aber Petrus sah sich nur die Pfütze an, die er gemacht hatte, und trabte wieder los.

Lars wußte, daß er jetzt den Lappen aus dem Winkel holen und aufwischen mußte. Aber er kümmerte sich nicht darum. Es lief rasch durch die Bodenritzen ab. Jetzt war Petrus am Schrank. Er rüttelte an der Tür und schrie. Da drinnen hatte die Mutter das Essen versteckt. Aber er konnte soviel rütteln, wie er wollte. Die Tür ging nicht auf. Es hatte auch gar keinen Zweck, wußte Lars, denn die Tür war verschlossen. Trotzdem stand er auf, ging hin und versuchte es. Da war Milch und Brot und kalter Fisch drinnen und auch Dörrfleisch, an dem man kauen konnte. Aber die Tür war auch heute verschlossen.

Er ging vom Schrank weg und setzte sich an den Tisch, den Kopf auf die Hand gestützt. Petrus stand an der Schranktür und weinte. Aber nur Lars hörte ihn, und helfen konnte er ihm nicht. Schließlich schwieg Petrus, setzte sich neben den Ofen und begann mit den Holzklötzen zu spielen. Lars setzte sich neben ihn und half ihm. Sie bauten Häuser und fuhren mit Rentieren. Aber Petrus wurde müde und schlief auf dem Fußboden ein, den Kopf auf dem einen Arm. Lars spielte allein weiter. Petrus war der Vater, der betrunken heimkam. Lars war die Mutter, die ihn zudeckte. Er riß kleine Rindenstückchen vom Holz los und legte sie auf den Bruder. Und dann mußte er die Stube warmhalten, denn das pflegte die Mutter zu tun. Er begann in der Asche zu stochern.

„Schlaf nur, Lars“, sagte er. – „Ich komme bald.“ Genau wie die Mutter. So warm und gut war die Asche. Er ließ sie durch die Finger rinnen. Tiefer und tiefer grub er. Es wurde heißer. Aber er mußte ja auch Petrus wärmen. Vorsichtig nahm er eine Handvoll warmer Asche und streute sie ihm auf Wange und Hals. Nein, das war bestimmt zu wenig. Viel mußte er haben, damit es richtig warm wurde. Er nahm ein großes Stück Rinde, steckte es tief in die Asche und schichtete einen hohen Hügel darüber. Wie warm und gut der war. Rauch stieg von ihm auf. Er schüttete das Ganze über Hals und Wange des Bruders. Eine Weile verging. Dann brüllte Petrus wild auf und griff sich nach dem Hals. Zwei große glühende Kohlen glitten über den Hals und blieben auf dem

Boden liegen. Lars griff gleich zu und räumte Asche und Glut fort. Petrus schrie so wild wie bisher und hielt die Hand am Hals. Da sah Lars, daß der Bruder zwei große Brandwunden am Hals hatte. Die Haut war versengt, so daß das rohe Fleisch hervorsah.

Ehe er etwas denken konnte, fuhr ihm der Schrecken durch die Glieder.

„Mutter – Mutter! Petrus hat sich verbrannt!" Er schrie es heraus. Dann aber fiel ihm ein, daß die Mutter ihn ja nicht hören konnte. Er lief zum Fenster. Nein, sie kam nicht. Er lief wieder zum Bruder zurück und weinte. Ach – Petrus hat sich verbrannt, und die Mutter ist fort. Wenn sie nur rasch wiederkäme …

Wenn aber die Mutter kam! Er war es doch gewesen, der Petrus verbrannt hatte. Er würde die Rute bekommen!

Erst jetzt bekam Lars wirkliche Angst. Er dachte nicht mehr an den Bruder. Wieder lief er zum Fenster, in Todesangst. Kam sie vielleicht jetzt? Er mußte sich verstecken, ehe sie kam.

Er machte die Tür auf und trat hinaus. Nein, sie war nicht zu sehen. Wie ein Pfeil lief er durch die Gäßchen zwischen Ställen und Schuppen. In einem Weidengebüsch hinter einem Zaun blieb er stehen, hielt den Atem an und lauschte. Nein, es war totenstill. Er kroch tief in das Gebüsch hinein. Hier konnte ihn niemand finden. Er bog einige Zweige hinab. Ja, jetzt konnte er das Haus sehen und den Weg weit hinauf.

Schrie Petrus noch? Er hielt den Atem an und lauschte. Er hörte nur das Pochen in seinem Kopf. Vielleicht starb Petrus, ehe die Mutter heimgekommen war? Wieder begann er zu weinen. – „Lieber Gott, laß die Mutter kommen!" sagte er. Aber dann bekam er ja die Rute. Er fühlte, wie die Rute in die Haut brannte, und Schrecken durchfuhr ihn. Fast ohne es zu wissen, sank er auf die Knie und streckte die gefalteten Hände zum Himmel hinauf.

„Lieber, lieber Gott, laß die Mutter nicht nach Hause kommen!“ brachte er hervor.

Dann würde aber Petrus doch sterben müssen? Nein, Petrus durfte nicht sterben. Er spannte seine kleinen Gedanken bis zum Äußersten an, um einen Ausweg zu finden. – Sie finden dich nicht, dachte er. Wieder richtete er die gefalteten Hände zum Himmel hinauf.

„Lieber, lieber Gott, du mußt die Mutter trotzdem heimkommen lassen!“

Er konnte ja weiter in den Wald hineingehen, fiel ihm ein. Erst aber wollte er sehen, wann die Mutter kam. So setzte er sich hin und wartete.

Es ging auf den Abend zu. Schwere, schwarze Wolken jagten über den Himmel. Es begann zu wehen. Ein paar Regentropfen kamen. Vielleicht kamen Regen und Sturm. Er spürte die Tränen im Hals. Das tat doch nichts, ermannte er sich selbst. Er saß hier geschützt und gut. Und tiefer im Wald war es noch geschützter. Wenn nur die Mutter gekommen war, würde er sich auf den Weg machen. Seine Augen hingen an der Waldkante, woher sie kommen mußte. Und Klein-Lars saß im Gebüsch und wartete und wartete. Immer wieder ergriff ihn das Entsetzen. Und er weinte, daß es ihn nur so schüttelte.

Endlich wurde er sie gewahr. Und gleich hinterher kamen die anderen Nachbarn.

„Mutter!“ rief er und lief an den Zaun. Da besann er sich, und wie ein Pfeil war er wieder im Gebüsch. Sie hatte es wohl nicht gehört.

Er saß im Gebüsch und sah die Mutter hineingehen. Gleich darauf lief sie zu Nils hinüber. Und Nils' Frau kam mit ihr zurückgelaufen, und Nils lief zu Sjur, und gleich darauf gingen er und Sjur und Ellen zur Mutter hinein. Sie sollten wohl dem Petrus helfen. Dann kam Nils heraus.

„Lasse! – Lasse!“ Immer und immer wieder rief er. Dann begann er in der Umgebung des Hauses zu suchen. Als er aber nichts fand, ging er wieder ins Haus. Gleich darauf kam die Mutter und rief. Da kamen auch die anderen heraus. Sie liefen nach allen Seiten, suchten und riefen. Die Mutter weinte. Da war er drauf und dran hervorzutreten. Aber er dachte wieder an die Rute. Die Furcht durchfuhr ihn, und er wagte sich noch weiter in den Wald hinein. Er brachte es aber nicht fertig, weiter zu gehen, als er die Häuser sehen konnte. Da kam der Vater. Er hatte eine große Last vom Krämer dabei. Vielleicht brachte er etwas Gutes mit. Wäre er jetzt zu Hause, so würde die Mutter Essen machen. Plötzlich fühlte er sich so furchtbar hungrig. Und es fror ihn, daß die Zähne klapperten. Er sank im Buschwerk zusammen und weinte bittere Tränen.

Er zuckte zusammen und richtete sich auf. Gleich hinter dem Zaun stand der Vater. Lars brachte es nicht fertig, nachzudenken, ob der Vater ihn gesehen hatte. Er weinte nur noch stärker als zuvor. In ein paar Sätzen war der Vater da und hielt ihn in seinen Armen.

Der Vater sagte nichts, als er ihn heimtrug. Fühlte ihn nur ab. Erst als sie fast bei den anderen waren, fragte er: „Hast du dir etwas getan?"

„Nein", stieß Lars hervor, legte beide Arme dem Vater um den Hals und drückte sich an ihn.

„Hab keine Angst!" flüsterte der Vater. – „Hab keine Angst."

*

Petrus hatte zwei große Brandwunden am Hals. Sie wuchsen gut zu, aber die beiden Narben waren sein Leben lang deutlich zu sehen. Lars bekam dieses Mal die Rute nicht.

Einige Tage später war er wieder mit Petrus allein. Jetzt aber waren sie beide festgebunden. Der eine am Bettpfosten und der andere an der Ofenstange. Sie konnten sich nicht erreichen. Lars hatte sich den Knoten angesehen und wußte, daß es keine Hexerei wäre, sich zu befreien, aber er ließ es bleiben. Und die Mutter achtete immer darauf, daß das Feuer ausgemacht war, ehe sie ging.

## 10.

Es war etwas später. Petrus war so groß geworden, daß er gehen und sprechen konnte. Eines Tages sah Lars, daß ein paar Kinder am Schulhaus spielten. Er lief zur Mutter und fragte, ob er nicht mit Petrus hingehen dürfe.

„Ja", antwortete die Mutter, aber sie sollten artig sein und nicht zu lange fortbleiben.

Er nahm Petrus bei der Hand und lief so schnell los, daß der Bruder stolperte und fiel. Die anderen Kinder stutzten etwas und sahen sie an. Dann spielten sie weiter. Niemand redete mit ihnen oder kam zu ihnen und wollte sie dabeihaben. Ganz armselig blieb er mit Petrus stehen und sah zu. Mehrere von den Kindern hatte er schon früher gesehen. Sie gehörten zur Nachbarschaft. Hier und da hatte er mit dem einen und anderen von ihnen gespielt. Jetzt aber schien ihn niemand mehr zu kennen. Da kam ein kleines Mädchen auf sie zu. Sie war hübscher gekleidet als die anderen. Sie blieb etwas stehen und sah sie an. Dann sagte sie:

„Seid ihr die Jungens von Karl und Anna?"

„Ja", antwortete er.

„Ist es wahr, daß ihr so arm seid, daß ihr Rinde im Brot habt?"

Er wußte keine Antwort.

„Doch, das ist wahr", antwortete einer von den anderen. – „Und ihre Mutter näht ihnen Kleider aus alten Lumpen, die die Leute ihr geben."

Das Spiel hatte plötzlich aufgehört. Alle standen sie um die beiden herum und starrten sie an. Ein paar hatten den Mut, sie anzufassen. Dann spielten sie wieder weiter. Und er hielt Petrus bei der Hand und sah zu.

Da spürte er einen furchtbaren Schmerz, der tief drinnen in ihm zu wachsen begann. Die Tränen wollten kommen, aber er biß die Zähne zusammen und zwang das Weinen hinab. Dann wandte er sich ab und ging. Sie sollten nicht sehen, daß er weinte.

Oftmals hat er sich von der Armut gedemütigt und in den Staub getreten gefühlt. Aber so unsäglich arm wie damals, als er mit Petrus den Weg hinabging, war er sich nie wieder vorgekommen.

Er konnte jetzt nicht zur Mutter heimgehen. Sie würde fragen, weshalb sie so rasch wiederkämen, und dann würden ihn die Tränen übermannen und er würde erzählen müssen, weshalb. Und das würde der Mutter weh tun.

Es fiel ihm ein, daß draußen am Waldrand hübsche Blumen wuchsen. Er wollte hingehen und ein paar davon heimbringen und sie vor der Hauswand einpflanzen. Aber als sie hinkamen, war keine einzige Blume mehr da. Alle waren sie verwelkt. Er setzte sich auf einen Grashügel und riß Halme aus. Als die anderen Kinder mit dem Spielen aufgehört hatten, nahm er Petrus bei der Hand und ging heim.

Später lernte er verstehen, daß sie sehr arm waren. Ja, schließlich wußte er, daß Vater und Mutter die ärmsten aller armen Siedler im Arjeplog-Kirchspiel waren. Kein armes Kind gab es, welches nicht auf Petrus und ihn herabsehen konnte, weil sie so arm waren. Seine ganze Kindheit hindurch hatte er es wie ein Unrecht empfunden, und oft hatte er geweint in seinem Harm und den Herrgott gefragt, was denn Petrus und die Mutter und er an Bösem getan hätten, daß er sie so strafen müsse. Den Vater nannte er niemals mit. Vater und Mutter mühten sich ab. Daran fehlte es nicht. Der Vater fischte und sammelte Knochen und siedete Leim.

Und die Mutter suchte, so sehr sie konnte, den beiden Kühen und den Schafen das Leben zu erhalten. Tief im Wald, auf steinigem und unwegsamem Boden, wo die anderen kaum etwas zu finden glaubten, kroch sie auf den Knien umher, rupfte und schnitt mit der Sichel. Sobald er und Petrus groß genug waren, gingen sie mit. Sie schnitten und rupften, bis die Hände schmerzten. Wenn der Vater Zeit hatte, war er dabei, half ihnen und schleppte. Meist aber mußte es die Mutter allein nach Hause tragen.

Aber es schien nichts zu nützen, so sehr sie sich plagten. Nie war es etwas anderes als ein bitterer Kampf, ihrem Leben die Not fernzuhalten. Oft genug schafften sie es nicht. Am schlimmsten war es, wenn ein Mißjahr kam und die Mehlhändler den Preis erhöhten. Die Leute kauften, solange sie Geld oder Werte hatten. Dann nahmen sie auf Pump, solange sie etwas bekamen. Aber Vater und Mutter hatten weder viel Geld noch andere Werte zur Verfügung. Und auch auf Pump bekamen sie nicht viel. Ihr Weg war bestimmt. Sie mußten den Sack auf den Rücken nehmen und in den Birkenwald gehen. Das Brot schmeckte schärfer und schärfer, je mehr die Zeit verlief und je mehr Rindenmehl beigemischt war. Gott wußte, wie oft er im kleinen Haus daheim in Arjeplog hungrig zu Bett gegangen war.

Trotzdem. So schlimm war das alles noch nicht, wenn nur die Trunksucht nicht gewesen wäre.

Er konnte sich deutlich an einen Abend erinnern. Das kleine Haus war gewaschen und geputzt. Im Kamin brannte ein großer Holzstoß, daß es bis tief in die Winkel leuchtete. Er und Petrus saßen auf einem Rentierfell vor dem Feuer. Die Mutter hatte sie gewaschen, zog ihnen reine Kleider an und kämmte ihr Haar. Er stand ihr zwischen den Knien, und sie hielt die linke Hand unter sein Kinn, während sie mit der rechten den alten Messingkamm durch sein Haar zog und drückte, daß es brannte. Nach jedem Mal suchte sie sorgfältig nach Läusen. Ab und zu fand sie eine und tötete sie mit dem Daumennagel gegen den Kamm. Er konnte noch den leisen Knacklaut hören. Dann waren sie fertig. Die Mutter räumte alles auf. Sie warteten auf den Vater. Petrus bat um Essen.

„Warte, bis der Vater kommt", antwortete die Mutter, „dann koche ich Grütze aus reinem, ordentlichen Mehl."

„Wann kommt der Vater?" fragte er ungeduldig.

„Er wird bald kommen." Sie war fertig und nahm Petrus auf den Schoß. Eine Schüssel Wasser hing über dem Feuer. Man brauchte nur etwas zu rühren, wenn der Vater mit dem Mehl gekommen war.

So saßen sie und warteten. Die Herbstkälte stand schwarz und schwer gegen die Scheiben. Ab und zu legte die Mutter neues Holz auf.

Petrus fragte, ob der Vater jetzt bald käme.

Doch, jetzt würde er gleich kommen, antwortete die Mutter. Und sie begann zu singen. Es waren Kirchenlieder mit wehmütigen Melodien und vielen Strophen, von Sünde und Gnade, Mühe und Not, und von der Seligkeit auf der anderen Seite des „Großen Flusses", wo alle Erlösten den Preis des Herrn vor dem Thron des Lammes sangen.

Da kam er. Schwere Schritte näherten sich dem Haus. Dann gab es einen Schlag gegen die Wand. Die Mutter erhob sich. Sie war weiß im Gesicht. Er tastete draußen nach der Türklinke.

„Am besten legt ihr euch hin", flüsterte sie.

„Aber wir sollten doch schöne Grütze haben", klagte Petrus.

Sie nahm jeden unter einen Arm und brachte sie unter die Decke.

Da stolperte er herein. Er war betrunken und häßlich anzusehen. Den Ranzen warf er in die Ecke. Der sah ziemlich leicht aus. „Essen!" grunzte er.

„Wenn du Mehl hast, koche ich Grütze!" versuchte sie.

Es war, als hätte sie ihn gestochen. Rasend erhob er sich und warf die Arme in die Luft.

„Mehl! Mehl!" brüllte er. „Mach dich mal selbst auf den Weg nach Mehl, dann wirst du schon zu sehen kriegen!"

„Aber du wolltest doch verkaufen?" wagte sie zu sagen.

„Wollte verkaufen! – Wollte verkaufen!" schrie er heiser. – „Da haben wir's! Ich soll mir nicht mal eine Kanne Branntwein kaufen! Aber ich werde es dir zeigen!"

Er stürzte auf sie zu. Sie wollte ihm entkommen, aber er packte sie mit beiden Händen und schüttelte sie wie rasend. Dann warf er sie zu Boden.

„Schrei jetzt! – Brüll jetzt!" Er trat nach ihr. – „Was heulst du jetzt nicht?"

Kein Laut war von ihr zu hören.

„Willst du mehr kriegen, damit du heulst?" Er wollte noch einmal nach ihr treten, aber dann war es, als besänne er sich. Eine Weile stand er und schwankte, dann torkelte er über den Boden und wälzte sich, wie er ging und stand, aufs Bett.

Und er und Petrus hatten wahnsinnig vor Angst in ihrem Bett gesessen und alles mit angesehen.

Die Mutter lag still auf dem Fußboden. Erst als der Vater zu schnarchen begann, erhob sie sich. Sie holte Rindenbrot und Milch, und sie aßen im Bett. Sie weinte nicht. Nur hier und da schluchzte sie leise auf.

Aber als Lars in der Nacht erwachte, lag sie da und weinte. Da schmiegte er sich an sie und weinte mit ihr.

*

Vieler solcher Abende entsann er sich. Wie schrecklich muß es für die Mutter gewesen sein. Vielleicht war es nicht das Schlimmste, daß der Vater gegen sie brutal war in seiner Trunkenheit. Es war wohl eher das, daß ihre Mühe so nutzlos war. Je mehr sie sich mühte und abarbeitete, um so mehr wuchsen Armut und Häßlichkeit. Wenn aber jemand sein Kreuz mit Geduld trug, so war sie es. Niemals hat sie geklagt.

Es war nicht zu erwarten, daß sie und der Vater glücklich werden würden, so verschieden wie sie waren. Er war eine muntere sorglose Seele, der es in einer lustigen Gesellschaft gefiel. In der Trunkenheit aber machte er Krakeel. Die Mutter war schwermütig und immer voller Sorge und Kummer. Ihr sorgenvolles Gesicht wirkte wohl wie eine stetige Anklage auf ihn. Im allgemeinen fand er sich damit ab. Aber in der Trunkenheit brach es los.

Damals haßte er den Vater aus tiefster Seele. Er vertrank das Geld, kam ohne Mehl nach Hause und schlug in seiner Trunkenheit die Mutter. Er wollte größer werden, dann würde er dem Vater dasselbe antun. Später hatte er es gelernt, ein milderes Urteil zu fällen. Er hatte genug von ihnen geerbt, um sie beide zu verstehen.

*

Den ersten Unterricht hatte ihm die Mutter gegeben. So weit er sich nur zurückerinnern konnte, saß er auf ihrem Schoß und lernte den Katechismus. Dann übernahm es der Vater. Er lehrte Petrus und ihn zugleich. An den langen Winterabenden saß er mit ihnen im Licht der brennenden Rinde am Herd. Sie lernten rasch, schon im Alter von fünf Jahren konnten sie jedes Buch lesen. Und sie konnten schreiben und rechnen. Sie bekamen Stunden im Katechismus, und lange konnte der Vater sitzen und sie abfragen.

Dann erzählte er ihnen von fernen Ländern und Städten. Meist aber erzählte er ihnen über ihr eigenes Land, wie er es auf seinen Wanderungen kennengelernt hatte. Besonders gern erzählte er von den Erdschichten und von den vielen Erzen und den seltenen Steinschichten, die es in den Bergen Norrlands gab. Sie lernten die Namen der Pflanzen, Vögel und Tiere, die es in der Gegend gab.

Wenn der Vater so dasaß, wurde er wie zu einem anderen Menschen. Er war ein ganz anderer als der, der da betrunken heimkam und roh war. Das kam wohl daher, weil er seine Fähigkeiten zu wenig brauchen konnte. Es war wohl ein armseliger Abglanz dessen, was eigentlich aus ihm hätte werden sollen.

*

Als sie in die Schule kamen, merkte Lars bald, daß er und Petrus im Lesen und Schreiben viel tüchtiger waren als die anderen Kinder. Sie wußten viele Dinge, von denen nicht einmal der Lehrer etwas gehört hatte. Und niemand lernte so rasch wie sie.

Von jetzt ab war es nicht mehr so schlimm wie früher, arm zu sein. Hier gab es jedenfalls einen Platz, wo sie die Armut nicht erreichen und sie nicht niederdrücken konnte. Allmählich wuchs in ihm eine Art Verachtung gegen die anderen auf. Worauf durften sie eigentlich so stolz sein? Etwas mehr Essen und etwas bessere Kleidung konnte sich jeder Dummkopf erstehen, wenn er nur Geld hatte. Fähigkeiten aber konnten sie sich auch um Geld und Gut der ganzen Welt nicht schaffen. Und einmal würde er es ihnen schon zeigen, daß er sich sowohl gutes Essen wie feine Kleider verschaffen konnte. Wenn er es wollte. Aber es lockte ihn gar nicht so sehr. Schon damals hatte er eine Art kindlicher Verachtung für alles, was nach Luxus und Müßiggang schmeckte.

Schon jetzt begann er allein in den Wald zu gehen. Am liebsten suchte er sich Stellen, wo er noch nicht gewesen war. Und der Wald war voll von allerlei merkwürdigen Vögeln und Tieren und von einer Vielfalt an Pflanzen und Gewürm. Immer tiefer und tiefer hinein wagte er sich. Er war der Entdecker eines unbekannten Landes. Und wäre nicht die Angst gewesen, so wäre er auf diesen seinen

Streifzügen vollkommen glücklich geworden. Aber sie schien immer auf der Lauer zu liegen. In irgendeinem Augenblick fuhr er zusammen und glaubte den Geruch zu spüren, der die Geister der Gräber und der Hölle an den Tag rief.

⁂

Als er und Petrus an einem Abend mit der Mutter allein zu Hause waren, erzählte sie vom Geschlecht des Vaters. Vieles davon hatte er vorher gehört, aber erst jetzt fand er einen Zusammenhang darin. Im siebzehnten Jahrhundert lebte in Lästad, im Ytterlennäs Kirchspiel, ein Bauer namens Nils Olafson. Er hatte einen Sohn, der Johannes hieß. Dieser Sohn wurde Pfarrer in Arjeplog und nahm den Namen Lästadius an.

Auch er hatte einen Sohn, der Johan hieß und Pfarrer in Arjeplog wurde. Das war der Großvater von Lars und Petrus. Vierzehn Kinder hatte er. Ihr Vater war das neunte. Auch er sollte Pfarrer werden, aber sein Vater starb, als er erst neun Jahre alt war. Niemand war da, der ihm hätte mit Rat oder Geld helfen können. Statt dessen wurde er Lehrling in einer Goldschmiede der Hauptstadt. Später trat er ins Bergfach über und wurde Leiter des Silberwerks zu Näsafjell. Aber das Werk hielt sich nicht und wurde stillgelegt, und er hatte keine Stellung mehr. Als sie ihn kennenlernte, war er Witwer ohne Auskommen. Seine erste Frau war die Mutter ihres Halbbruders Karl-Erik. Karl-Erik war sehr gelehrt und hatte den Titel Magister. Jetzt hatte er wohl die Absicht, Pfarrer in der Lappmark zu werden.

Ja, das Geschlecht Lästadius war ein großes Geschlecht, sagte die Mutter. Es war mit den großen Geschlechtern Boström und Fjellström verschwägert. Aus allen diesen Geschlechtern waren große Männer hervorgegangen. Und viele Pfarrer, die große Prediger waren. Und Pfarrer sollten auch sie werden. Vielleicht würde dann die Mutter auf der ersten Kirchenbank sitzen dürfen und zuhören, wie sie diesem verblendeten Volk das Wort Gottes predigten.

Arme Mutter! Sie sollte diesen Tag nicht erleben. Und es war wohl am besten so für sie. Sie hätte sonst gehört, daß alle seine Worte leer waren, ohne Spuren der Fähigkeit, Erlösung oder Trost zu spenden.

*

Hier und da kam ein Brief mit Geld von Karl-Erik. Er betrieb immer noch seine Studien, so daß er nicht viel erübrigen konnte. Aber die wenigen Taler, die er schickte, retteten sie oft vor der bittersten Not. Eines Tages kam ein Brief, daß er sich entschlossen hätte, Pfarrer in der Lappmark zu werden. Er wollte heiraten, und dazu brauchte er eine feste Lebensstellung. Und selbst wenn er sich einigermaßen durchbringen könnte, würde es doch nicht reichen, auch die Eltern zu unterstützen. Auch Lars und Petrus würde er dann nicht helfen können. Sie waren jetzt so groß, daß sie ordentlichen Schulunterricht brauchten. Wenn er Pfarrer dort im Norden würde, könnten sie zu ihm kommen und bei ihm sein. Er würde dann selbst mit ihnen arbeiten. Und wenn auch eine Pfarre in der Lappmark nicht so einträglich sei, so würde doch immer etwas für die Eltern übrig bleiben.

Sie sahen, daß Vater und Mutter in heller Freude waren, daß es sich mit ihrem Schulunterricht so gut geordnet hatte.

Aber die Mutter wurde noch schwermütiger als früher. Sie ging und sorgte sich.

Es dauerte nicht lange, da kam ein Brief von Karl-Erik, daß er jetzt nach Kvickjok übergesiedelt sei und daß Lars und Petrus kommen sollten, sobald es ginge. Und eines Sommertages standen sie fertig da und sollten ziehen. Sie hatten zwölf, fünfzehn Meilen zu gehen, und der Vater sollte sie begleiten. Er trug den Ranzen mit der Wegzehrung und dem Wenigen, was die Mutter an Kleidung hatte zustande bringen können. Lars trug einen kleinen Ranzen mit ein paar alten Schulbüchern und einigen Kleinigkeiten, die ihm die Mutter zugesteckt hatte. Petrus aber war so klein, daß er nichts zu tragen bekam.

Die Mutter lag auf den Knien und drückte sie an sich. Sie zitterte vor Tränen und konnte sie nicht loslassen. „Nein – nein", jammerte sie immer wieder.

„Es ist doch am besten so für sie", sagte der Vater.

Da ließ sie sie frei. Und sie gingen dem Vater nach. Ein Stück weiter drehte sich Lars um und blickte zurück. Die Mutter stand noch immer vor der armseligen Hütte. Das war gleichsam seine letzte Erinnerung an die Mutter. Es geschah wohl, daß er noch für eine Weile daheim war. Aber niemals mehr war es das nahe Zusammenleben, wie es früher gewesen war. Er war traurig deshalb. Die Mutter alterte rasch und lebte nicht mehr lange. Es kam ihm so vor, als habe er die Mutter mit dem ersten Tag, als er von der Hütte in Arjeplog davonzog, verloren.

Er war damals acht und Petrus sechs Jahre.

## 11.

Die Jahre, die er beim Bruder verbrachte, hatten keinen großen Raum in der Erinnerung. Es war wohl eine Zeit der Gesichte und der Angst gewesen, aber sie war vom Leben selbst verschlungen worden.

Und sie bekamen ja auch nicht viel Zeit, sich mit Träumen und Gesichten zu befassen. Karl-Erik verlangte viel von sich selbst. Er hatte sich Schritt für Schritt durchgekämpft, und eigene Erfahrung hatte ihn gelehrt, daß das Leben nicht gnädig sei. Man muß abgehärtet sein, um sich durchzusetzen. Seine Erziehung richtete sich danach. Hart war sie, streng und gerecht.

Sie mußten allerlei Arbeit auf dem Pfarrhof tun. Im Spätherbst wateten sie barfuß in Seen und Mooren und sammelten Schilf. Oft lag eine Eiskruste auf dem Wasser, wenn sie morgens kamen und anfangen sollten. Die Füße erstarrten bis zur Leblosigkeit. Aber niemand kam auf den Gedanken, daß die beiden Jungen deshalb aufhören sollten.

Sie lagen in einem großen Bodenraum. Im Winter war es kalt wie in einem Eishaus. Aber niemand durfte ihnen den Ofen einheizen. Jeden Morgen kam er selbst und weckte sie. Und da gab es kein Pardon. Aus dem Bett mußten sie heraus, wenn auch der Atem ihnen wie eine Wolke vor dem Mund stand. Dann mußten sie ihren Raum aufräumen und selbst den Ofen heizen, wenn sie ihre Schularbeiten zu machen hatten.

Weit draußen auf der Hochebene wurden Schneehühner mit Schlingen gefangen, und es gab lange Gebirgsmärsche. Er war nicht groß, als er die Büchse zu benutzen lernte und auf Jagd gehen durfte. In diesen Jahren wohl lernte er den Wald lieben und die Hochebene und die einsamen Wanderungen. Vielleicht war es die Einsamkeit dort draußen, die ihn auf alles achtgeben ließ, was da wuchs und lebte. Er brachte Pflanzen nach Hause, deren Namen er nicht wußte, und der Bruder erzählte und erklärte. Fand Lars eine seltene Pflanze, so war Karl-Erik fast eifriger als er selbst. Später sah er die Pflanzen an Wegen und Stegen wieder. Die Hochebene und der Wald waren keine Einöde mehr. Sie waren voll von lebendigen Wesen, die er kannte und von denen er wußte.

Aber Karl-Erik vergaß nicht, daß es darauf ankam, ihnen die Kenntnisse beizubringen, die sie zum Besuch des Gymnasiums in der Stiftsstadt benötigten, wenn sie alt genug waren. Erst als er und Petrus auf andere Schulen kamen, verstand er, welch glänzender Lehrer sein Bruder gewesen war.

Aber ob es die Arbeit war oder der Unterricht, die Tage verliefen fast gleich. Sie flossen in einem einzigen langen Arbeitsjoch zusammen. Es gab keinen bitteren Mangel. Keine angstvollen Nächte, die der Rede wert gewesen wären. Keine einzelnen Ereignisse, die sich aufdrängten.

*

Als er sechzehn Jahre alt war, zogen Petrus und er nach der Stiftsstadt, um dort aufs Gymnasium zu gehen.

Die Studien und der Kampf um das Auskommen dort verschlangen alle seine Kräfte. Die ganze Studienzeit hindurch begleitete ihn die Armut wie ein schwarzer Schatten.

Als er und Petrus das erste Jahr auf der Schule waren, starb Karl-Erik, und der Vater und die Mutter hatten nichts, womit sie ihnen hätten helfen können. Sie mußten sich allein durchbeißen. Arbeit annehmen neben den Studien. Das war ja nicht ungewöhnlich. Niemals konnte er sich leisten, einen Schilling für ein Vergnügen oder eine Zerstreuung zu opfern. Er ging auch sehr schlecht gekleidet. Petrus ging es nicht anders. Sie waren immer zu arm und zu einfach, um sich zu beteiligen, wenn die Kameraden zusammenkamen und sich vergnügten.

Hier und da konnte er traurig und enttäuscht darüber sein wie in seiner ersten Kindheit. Meist aber hob er sich darüber hinweg. Wenn er nachdachte, so hatte er ja Grund genug, diese Menschen zu verachten, die für aufgeklärt gelten wollten und die Menschen doch nur nach Reichtum und Kleidern einschätzten. Und er verachtete sie. Je besser er sie kennenlernte, diese fein gebildeten Menschen und ihr Leben, um so besser verstand er, wie dieses Leben von Lüge und Humbug durchtränkt war.

Hätte er nur gesehen, daß auch sein eigenes Leben nur

Lüge und falsche Gerechtigkeit war, wenn auch auf andere Weise. Aber er, armer verblendeter Schlucker, hatte geglaubt, er sei viel besser als die anderen.

Ja, sogar jetzt konnte er den Gedanken nicht loswerden, daß er es wirklich war. Er sorgte ganz für sich selbst. Gleichzeitig betrieb er seine Studien und tat es besser und gründlicher als die anderen. Er schaffte es, Schilling für Schilling von seinen mageren Einnahmen auf die Seite zu legen. Es geschah, daß die feinen Studenten, die kaum etwas anderes taten, als das Geld ihrer Väter zu verbrauchen, zu ihm kamen und etwas von ihm leihen wollten. Er sagte stets nein und verachtete sie noch mehr als früher. Er selbst hatte nie einen Pfennig Schulden.

Aber auch dies schien ihm nicht genug zu sein. Der Ehrgeiz saß wie ein Teufel in ihm und peitschte ihn vorwärts. Der hatte ihn wohl dazu getrieben, sich schon in den Gymnasialtagen auf die Botanik zu werfen. Übrigens – reiner Ehrgeiz war es wohl nicht gewesen. Von Kind auf hatte er es geliebt, sich mit Pflanzen zu beschäftigen und sie zu untersuchen. Als er ins Gymnasium kam, merkte er bald, daß er hier einen großen Vorsprung hatte. Von Lehrern und anderen wurde er ermuntert. Dann begann er von langen Forschungswanderungen zu träumen, die ihn aus der Stadt und aus diesem Leben führen sollten, das er haßte. Er wollte in die öden Hochebenen ziehen, die nur er kannte, und merkwürdige Arten finden, von denen noch nie jemand etwas gewußt hatte. Und so gönnte er sich kaum das Essen und legte Schilling um Schilling beiseite.

Endlich! In jenem Sommer war er neunzehn Jahre alt. Da konnte er auf seine erste Fahrt hinausziehen. Fünfzig Reichstaler hatte er zusammengespart. Wenn er jetzt darüber nachdachte, wurde es ihm klar, daß nur ein von Ehrgeiz besessener Jüngling sich auf solch eine Fahrt machen konnte. Ganz allein wanderte er durch Jemtland nach Trondheim, nordwärts an der Küste entlang, über die

Saltenberge in die Piteå Lappmark hinein und wieder heim. Viele anstrengende Tage und saure Nächte unter offenem Himmel waren es gewesen. Aber sie waren vergessen. Die Wanderung stand ihm jetzt wie eine der leuchtendsten Erinnerungen seines Lebens vor Augen.

Später kamen andere Wanderungen. Er lernte große Gelehrte kennen, mit denen er zusammen arbeitete.

*

In der Kammer des Karesuando-Pfarrhofs war es Nacht. Er ging an das Bücherregal und nahm ein kleines Heft heraus. Es war seine erste Abhandlung. Ein wehmütiges Lächeln glitt über sein müdes Gesicht.

Wie stolz und froh war er gewesen, als er dieses armselige Heftchen zum erstenmal in der Hand hielt! Er hatte gar nicht müde werden können, Titel und Namen zu lesen.

Was half ihm das jetzt? Er sank am Tisch zusammen, stützte den Kopf auf die Arme und stöhnte auf. Das kleine Heft hielt er in der Hand.

Bald danach erhob er sich und begann umherzuwandern. Doch damals hatte er gemeint, schon weit gekommen zu sein. Er war schon ein bekannter und vielversprechender Wissenschaftler gewesen. Es war nicht mehr schwer gewesen, sich das Notwendige für das Leben zu verschaffen. Die Armut war kein Hindernis mehr. Ab und zu bekam er ein Stipendium. Er hatte gegen die Armut gekämpft und gesiegt.

Jetzt stand ihm die Welt offen. Er war sich völlig klar darüber, daß er sich zu den höchsten Stellungen an heimischen und europäischen Universitäten emporarbeiten konnte. Aber es lockte ihn nicht. Mehr denn je verabscheute er das leere Leben, das in den großen Städten im Überfluß gelebt wurde. Wie ein Unglück erschien ihm die Aussicht, auf gleiche Weise leben zu müssen. Das mußte aber das

Endergebnis sein, wenn er so fortfuhr, wie er begonnen hatte.

Und weit droben in Lappland lagen die öden Wälder und Hochebenen und lockten. Wie ein Gesicht stiegen sie vor ihm auf. Es war kein armes und dürftiges Land, in dem Kälte und Finsternis herrschten. Schön war es, sonnig und reich. Es gab ja Wälder und Seen dort, und es wimmelte von Vögeln und Fischen. Und Erde gab es! Meilenweite Strecken konnten gerodet und bebaut werden und Tausenden Heim und Lebensrettung schenken. Und wachsen würde es dort! Er hatte es untersucht und wußte es. Man mußte nur das Volk dazu bringen, es zu erkennen und daran zu glauben. Jemand mußte es doch erzählen. Man mußte sie anlernen, die Möglichkeiten zu sehen und sie auszunutzen. Man mußte sie auch lehren, daß es eines Menschen unwürdig war, so zu leben, wie sie es taten. Jemand mußte sie dazu bringen, all die Branntweinhändler und gewissenlosen Mehlspekulanten von sich abzuschütteln, die wie die Blutegel an den Leuten hingen und sie bis auf den letzten Blutstropfen aussaugten.

Wie gewaltige Pflugfurchen sah er das neue Ackerland nordwärts durch Wälder und Moore schneiden. Es grünte in fruchtbaren Wiesen, reife Äcker vergoldeten sich. Keine Frauen kriechen mehr auf bloßen Knien umher und zupfen das Gras zwischen den Steinen heraus! Und kein Kind ißt mehr scharfes Rindenbrot oder geht hungrig zu Bett.

Tiefe Sehnsucht ergriff ihn nach der Hütte bei Hornävan, wo er einst das Licht der Welt erblickt hatte. Jemand mußte es sagen, was er sah. Jemand mußte auf die Möglichkeiten hinweisen. Der Gedanke setzte sich in ihm fest. Er konnte ihn nicht abweisen. Weshalb nicht er selbst? Ja – wer sollte es denn sonst tun? Also sprach er es aus: Er schrieb ein Buch über die Möglichkeiten und Vorteile einer allgemeinen Kultivierung der Lappmark. Er schrieb, daß eine Landwirtschaftsschule für die Jugend errichtet werden müsse, damit sie die Erde zu bebauen lernte. Wer außer ihm hätte dies aussprechen können! Das dachte er auch jetzt noch. So viele Jahre waren vergangen, und immer noch schienen die meisten über seinen großen Plan nur mit den Achseln zu zucken. Einmal würden Volk und Regierung es einsehen. Ein halbes Menschenalter hatte er in der Lappmark gelebt, nachdem er sein Buch geschrieben hatte – um und um hatte er alles untersucht. Heute aber war er sicherer denn je, daß er recht gehabt hatte mit dem, was er im Alter von nur vierundzwanzig Jahren geschrieben hatte.

Wohl während der Arbeit an dieser Schrift war in ihm ganz unbewußt eine Art Plan entstanden, Missionar in der Lappmark zu werden. Er konnte Siedler werden dort oben, und würde so die beste Gelegenheit haben, es zu erproben.

Als er einmal in der Hauptstadt war, ging er zu seinem Freund und Fachkollegen Kommerzienrat Casström hinauf.

Sie unterhielten sich eine Weile. Dann fragte Casström, welche Pläne Lars für die Zukunft hätte. Lars gab keine bestimmte Antwort. Er wußte es ja selbst nicht. Da fragte Casström geradeheraus, an welchen Beruf er gedacht habe. Er müsse doch ein bestimmtes Examen machen.

Wie aus einer Eingebung heraus hatte er gesagt: „Siedler in der Lappmark."

Casström überdachte das eine Weile. Weshalb nicht lieber Pfarrer in der Lappmark? Da hätte er doch die beste Möglichkeit, seine Forscherarbeit fortzusetzen. Casström würde ihn dem Bischof empfehlen, so daß er sicher sein könnte, eine Pfarre zu bekommen.

In diesem Augenblick war Lars zur Klarheit gekommen. Dies war der Weg. Er erinnerte sich, wie die Mutter an jenem Abend von dem Geschlecht erzählt hatte.

„Und Pfarrer sollt auch ihr werden."

Eigentlich hatte er es sich wohl immer so vorgestellt. Aber er hatte es gleichsam nicht sehen wollen. Jetzt wußte er, daß es keinen Weg drum herum gab. Er mußte Pfarrer in der Lappmark werden. Und wenn er jetzt keine Siedlerhütte bei Hornävan erhielt oder anderswo, so bestand doch kein großer Unterschied.

So begann auch er Theologie zu studieren. Petrus hatte es die ganze Zeit über getan. Sie wurden gleichzeitig fertig und im nächsten Jahr in Hernösand für ihr Amt ordiniert.

Einige Tage später zog er in die Lappmark.

## 12.

Andere hatten es gesagt. Und er selbst hatte es auch gesehen. Eine große Aufgabe wartete in der Lappmark auf ihn als Pfarrer, Kulturmissionar. Sie hatten gemeint, daß er für eine solche Aufgabe besser gerüstet sei als die meisten.

Ja, so hatte es ausgesehen. Er war ja ein Muster an Begabung, Fleiß – und Tugend.

Aber das Laster, in dessen Macht er war, kannte niemand von ihnen. Die Angst davor, die ihn jede Stunde des Wachens peinigte, die ihm die Kraft nahm und ihn in den Staub drückte, die kannte nur er selbst.

Er war über zwanzig, als es begann. Nach dem Zusammensein mit einem Mädchen überkam ihn die Lust. Er mußte sich selbst sehen. Er konnte nicht anders. Wie ein Dieb schlich er sich vom Weg.

Ehe er sich besonnen hatte, war es geschehen.

Sein erstes Gefühl war eine unendliche Scham, und eine Abscheu, die ihn erstickte. Er fühlte sich bis tief in die Seele beschmutzt, und er war ängstlich und scheu wie ein Übeltäter. Was er darüber gehört und gelesen hatte, fiel ihm ein und erschreckte ihn. Er gelobte sich hoch und heilig, daß es nie wieder geschehen würde. Doch es geschah wieder und wieder. Jedesmal kam er sich wie ein zum Tode Verurteilter vor, der zum Schafott geschleppt wird. Jedesmal gelobte er es sich ebenso hoch und heilig, daß es nie wieder geschehen würde. Aber es geschah immer wieder. In all diesen Jahren hatte ihn das Laster wie ein Fluch verfolgt, und doch hatte er für ein Muster von Tugend gegolten.

Vieles dachte er sich aus, um sich zu trösten. Er bemerkte bald, daß er nicht der einzige war. Das Laster, dem er unterworfen war, war recht gewöhnlich. Ja sogar in der Schrift fand er Trost. Eigentlich hätte man darüber lachen sollen, wäre es nicht so kummervoll gewesen. Der Selbstgerechtigkeitsteufel hatte ihn gelehrt, die Bibel zu lesen. Er war es, der alle tugendhaften Prälaten das Christentum gelehrt hatte.

Merkwürdig genug gab dies an der Oberfläche eine Art Trost. Doch darunter lag die Angst, die Scham und die grenzenlose Verachtung und zehrten.

Er wußte, daß nur Frauen ihn retten konnten. Er aber wollte nur eine, die einzige. Schon früh hatte er sich das Idealbild der Frau geschaffen, die er lieben würde. Und jetzt wurde es wie ein Bedürfnis für ihn, es auszuformen.

Zunächst sollte sie Christin sein. Die Erinnerung an die Mutter war wohl der Grund dafür. Auch sollte sie aus keiner feinen Familie stammen, denn fast alle von dieser Sorte, denen er begegnet war, waren dumm und überheblich gewesen. Noch schlimmer waren die reichen, denn sie kannten nur die Lebenswerte, die in Geld umgesetzt werden konnten. Gelehrt sollte sie nicht sein, denn die Gelehrsamkeit würde sie von der Hausarbeit ablenken. Fein und aufs Äußere bedacht sollte sie nicht sein, denn dann würde sie zu großen Aufwand verlangen, wichtig sollte sie nicht sein, denn wichtige Frauenzimmer waren das Unerträglichste in der Welt. Und so ging es weiter. So sollte sie nicht sein und so sollte sie nicht sein …

Am liebsten sollte sie arm sein, damit sie sich mit einem Mann glücklich fühlen konnte, der ihr kaum mehr zu bieten hatte als das tägliche Brot und der sich auch nicht darum bemühen würde, ihr mehr zu bieten. Vielleicht war es auch gut, wenn sie ungebildet war, so daß er sie selbst lehren konnte. Vor allem aber mußte sie eine gute Christin sein. Er konnte sich keine Ehe mit einer Frau vorstellen, die keine gute Christin war. So ging er umher und suchte eine Frau als Hilfe gegen das Laster. Es gab genug, die bereit gewesen wären. Aber er hing sich an keine von ihnen. Als er als Pfarrer nach der Lappmark zog, suchte er immer noch.

*

Er sollte Hilfsprediger sein und dem Missionsdienst in den zwei heimischen Kirchspielen vorstehen. Aber schon im gleichen Frühling wurde er zum Gemeindepfarrer in Karesuando ernannt, und im nächsten Jahr sollte er hinziehen.

Es ging zum Frühling hin. Des Nachts gab es guten Schneeschuhboden, und das Eis der Seen war noch nicht gebrochen. Er war zu der Gemeinde unterwegs, in der Karl-Erik Pfarrer gewesen war, und der Weg war derselbe, den er zum erstenmal von daheim gegangen war.

Einen ordentlichen Tagesmarsch von dem Kirchort entfernt, in den er sollte, lag ein kleiner Berghof. Dort wollte er übernachten und am Morgen wieder weiterziehen. Es ging gegen Abend, als er hinkam. Einige Jahre lang war er nicht dagewesen. Das Haus hatte nur einen Raum. Da saß der Vater mit seinen vier Töchtern. Mit einigen von ihnen hatte er als Kind gespielt. Sie erkannten ihn nicht gleich, aber dann erinnerte sich die eine von ihnen.

„Das ist Lasse", sagte sie still zu den anderen.

Er wurde wie ein alter Bekannter empfangen. Die Mädchen bereiteten Essen von dem Besten, was sie besaßen. Die Mutter war seit ein paar Jahren tot. Ihr Vater hatte als Handelsmann in Luleå gelebt. Dort war sie in der Schule und in ihrer Jugend eine Zeitlang in der Hauptstadt gewesen. Dann aber konnte dort der Vater nicht weiter, und er zog nach der Lappmark und ließ sich hier als Siedler nieder. Er war strebsam und tüchtig, rodete den Boden und kam gut durch. Die Tochter war vom gleichen Schlag. Sie heiratete Ole Alstadius. Er war lascher, aber solange sie am Leben war, war es eines der besten Heime weit umher. Jetzt schien es allmählich zu verfallen. Aber ihre Töchter hatte sie gut angelernt. Sie hielten das Haus immer noch so sauber und ordentlich wie zur Zeit der Mutter.

Lars genoß förmlich das Sitzen in der Stube, während die Mädchen arbeiteten und er mit dem Vater rauchte und sprach.

Alle die Jahre hatte er versucht, sich das Bild dieses Abends so klarzumachen wie nur möglich. Er hatte versucht, dieses Siedlerheim zu mehr zu machen als andere Siedlerheime. Er hatte versucht, die Menschen, die dazugehörten, auf eine höhere Ebene zu heben als andere Kleinbauern. Es sollte dies wohl eine Art Entschuldigung sein für das, was später geschah.

Jetzt aber fielen alle Lügen in sich zusammen. Er sah es, wie es wirklich gewesen war. Er war in eine kleine Bauernhütte gegangen, um zu übernachten. Und die Menschen hatten ihn nicht mehr interessiert als tausend andere Siedler in der Lappmark.

Es war noch zu kalt, um in der Scheune zu liegen. Zwei Mädchen legten sich auf den Fußboden und überließen ihm ihr Bett. Er widersprach und wollte auf dem Fußboden liegen. Aber davon konnte nicht die Rede sein. Der Pfarrer sollte das Bett haben. Bevor sie schlafen gingen, hielt er eine Andacht ab. Er wollte früh aufbrechen, um die harte Schneekruste auszunutzen. Eines von den Mädchen sollte ihn begleiten. Sie hatte schon seit langem etwas im Kirchort zu tun, und jetzt sollte sie die Gelegenheit ausnutzen, daß sich ihr Gesellschaft bot.

Das Morgengrauen war noch nicht aufgestiegen, als sie sich auf den Weg machten. Es war sternenklar und kalt. Und ein bleicher Mond stand am Himmel. Der Schnee war hart und schön. Sie kannte den Weg besser und schritt voran. Er wußte nicht genau, wie sie hieß. Aber er wußte, daß sie nur einige Jahre jünger war als er. Sie war breit und untersetzt wie alle Frauen der Mischrasse. Ja, auch wie die Männer. Er war ja selber ein typisches Beispiel dafür. Ein gut Teil Lappenblut steckte auch in ihm. Sie trug einen leeren Fellsack auf dem Rücken und ging leicht und weich. Und er ging hinter ihr her und studierte und beurteilte sie gleichsam.

Keiner sprach viel. Ab und zu blieben sie bei einer Tierspur stehen und wechselten einige Worte darüber. Dann ging es weiter, mit langen, gleichmäßigen Schritten. Es wurde hell. Die Sonne stieg über den Bergen auf.

Sie mußte jetzt müde sein, fiel ihm ein.

„Wollen wir uns nicht bald ausruhen und essen?"

„Noch ein Stück, und wir sind bei einer Hütte", sagte sie. „Dort kann man sich besser aufwärmen."

Nach einer Weile waren sie bei der Hütte. Eine Feuerstelle und eine kleine Pritsche befanden sich an der einen Wand. Er sammelte Holz und machte Feuer. Sie war warm und verschwitzt und sah nur zu. Ihr Gesicht leuchtete rotbraun und frisch im Licht der Flamme.

Er hatte einen Kessel mit und kochte Kaffee. Das war etwas Seltenes für sie. Sie wollte von ihrem Mundvorrat nehmen, aber das ließ er nicht zu. Sie sollte jetzt mit ihm zusammen essen, sagte er. Und so gab sie nach und aß, was er ihr vorlegte.

Dann legte er den Ranzen unter den Kopf und streckte sich auf der Pritsche aus. Sie setzte sich zu seinen Füßen und starrte ins Feuer.

„Willst du dich nicht auch etwas ausstrecken?" fragte er. Keine Antwort.

Nach einer Weile: „Willst du dich nicht auch etwas ausstrecken?"

Sie drehte sich halb um und sah ihn an, sagte aber nichts.

„Komm und ruh dich etwas aus! Du kannst den Sack unter den Kopf legen." Er war eifrig. – „Gib ihn her, ich werde ihn dann zurechtlegen."

Sie blieb noch einen Augenblick sitzen, als dächte sie nach. Dann warf sie ihm den Sack zu. Und wie eine Katze schlüpfte sie hinterdrein.

Sie lagen nebeneinander auf dem Rücken. Keiner sagte etwas. Sie lauschten nur auf ihren Atem im Halbdunkel der Hütte.

Dann drehte er sich ihr zu, nahm sie um die Schulter und wandte sie zu sich. „Wie heißt du eigentlich?"

„Brita."

„Brita? Das warst du?"

„Ja. Brita Kaisa."

„Brita Katarina", wiederholte er.

„Wir sagen aber Kaisa", sagte sie.

„Wir sagen nur Brita", flüsterte er, und ehe sie wußte, was geschah, hatte er sich über sie gebeugt und sie geküßt. Er konnte ihr Gesicht nicht im Dunkeln sehen, aber es kam ihm vor, als wäre sie verwundert. Wieder drückte er sie an sich und küßte sie.

Jetzt wurde sie unruhig und wehrte sich mit den Händen. Aber sie blieb liegen und sagte nichts.

Er hatte das Gefühl, daß er vorsichtig sein müsse und sie nicht erschrecken dürfe. Behutsam schob er sich näher und näher. Schließlich fühlte er ihren Körper dicht an dem seinen. Ein wahnwitziges Begehren hatte ihn gepackt. Wie eine Wolke hatte es sich über seine Augen gelegt. Nach alter Gewohnheit begannen die Gedanken nach der Mauer zu suchen, die ihn schützen sollte.

Doch er konnte sie nicht finden. Es bestand keine Mauer zwischen ihnen beiden. Immer wieder versuchte er es, sie zu errichten. Aber es war nutzlos. Er fühlte deutlich, daß es jetzt nichts gab, was ihn hätte retten können.

Erst wurde er ängstlich. Dann aber empfand er eine merkwürdige Freude. Ja, selbst jetzt mußte er sich eingestehen, daß er sich plötzlich frei fühlte. Er war froh, daß ihm nichts mehr den Weg verschloß. Und so blind war er in diesem Moment, daß er förmlich glücklich darüber war, daß ihn nichts mehr hinderte. Dann vergaß er alles andere.

Sie blieben liegen. Das Feuer war erloschen. Das Dunkel der Hütte verbarg sie.

Nach und nach begannen sich die Gedanken zu klären. Aber er war nicht erstaunt über das Geschehene. Als hätte er immer gewußt, daß dies das Ziel war. Er versuchte, sich beschämt zu fühlen und zu bereuen, aber er brachte es nicht fertig. Er sagte sich, daß er ein Lump war, der sich draußen in der Einöde in einer Erdhütte an einem Mädchen vergriffen hatte. Und er war doch ihr Pfarrer. Trotzdem empfand er keine Reue. Es war, als hätte er endlich etwas erlebt, wovor es ihn so lange gegraut und wonach er solche Sehnsucht gehabt hatte, soweit er denken konnte. Da dachte er an sie. Was sie wohl für Gedanken hätte?

„Brita“, flüsterte er und legte den Arm um sie.

Als hätte sie auf dieses Zeichen gewartet, schmiegte sie sich an ihn.

„Bist du böse auf mich?“ brachte er hervor.

Sie erhob sich etwas und versuchte ihm in die Augen zu sehen. Und er merkte, daß sie den Kopf schüttelte. Ihre Hand tastete über sein Gesicht, als wollte sie damit sehen.

Er mußte ihre Stimme hören. Vielleicht wurde es dann anders.

„Bist du böse auf mich, Brita?“

Da legte sie ihren Kopf an den seinen.

„Nein, Lasse, nein“, flüsterte sie.

Er lag da und dachte nach, wie sie aussah. Da entsann er sich, wie ihr Gesicht vor dem Feuer geleuchtet hatte.

Rotbraun und frisch. Auch er fühlte mit der Hand über ihr Gesicht, als wollte er es entdecken. Er graute sich davor, ins Tageslicht zu gehen. Er konnte nicht dem begegnen, was draußen war.

„Lasse, wir müssen jetzt gehen."

„Nein, wir bleiben hier." Es sollte Spaß sein, aber er hörte, wie bitter ernst es ihm war.

„Komm jetzt! – Sollst du nicht morgen predigen?" Man konnte deutlich heraushören, daß sie lächelte. Plötzlich empfand er unsäglichen Ekel vor sich selbst. Nicht vor dem, was geschehen war, sondern vor dem Gedanken, daß er morgen vor all den Leuten stehen und über die Sünde sprechen sollte wie ein Tugendprophet. Weshalb wurde er nicht Kleinbauer bei Hornävan ...

„Komm jetzt", sagte sie und nahm seine Hand.

Die Frühlingssonne über der weißen Ebene blendete sie, und einen kurzen Augenblick blieben sie Hand in Hand stehen.

Oftmals hatte er später gedacht, daß sie wie zwei Kinder gewesen waren, die zum erstenmal in das Sonnenlicht kamen. Sie schlug ihre Augen nicht nieder und lächelte ihn an. Wie eine Erleichterung traf ihn das Gefühl, daß er sie schön fand.

Der Weg war nicht mehr so gut, und sie hatten keine Eile vorwärtszukommen. So oft sie eine Entschuldigung fanden, ruhten sie aus.

Es war Abend, als sie ankamen. Sie ging zu Bekannten, und er begab sich in den Pfarrhof. Sie wollten zusammen heimgehen. Sie sollte zu einer Erdhütte vorausgehen und dort auf ihn warten.

In der Nacht lag er wach. Er war jetzt also nicht besser als die anderen, die er verachtet hatte. Im Grunde war er schlechter. Er war kein Kind mehr. Und er war Pfarrer.

Ein ganzes Heer von Entschuldigungen sammelte er an, um sich Ruhe in seinem Gewissen zu verschaffen. Und wenn er auch damals und später gewußt hatte, daß es nur Lügen und immer nur Lügen waren, hatte es ihm trotzdem eine Art Ruhe gegeben – bis auf den heutigen Tag.

Aber in diesen Stunden, wo ihn die Angst vor dem Tod unaufhörlich vor sich her hetzte, sah er es, wie es wirklich war. Auf seiner Jagd nach der Verteidigung seines eigenen niedrigen Stolzes und seiner Selbstrechtfertigung zog er auch das natürlich Schöne und Reine ihrer ersten Begegnung hinab.

Wenn ihn doch die Erinnerungen verlassen würden. Aber dieses Mal kam er nicht davon los. Vieles hatte er noch zu bestehen. Und weiter peitschte ihn die Angst durch die Erinnerung.

Nach ihren Augen suchte er zuerst, als er am folgenden Tag in die Kirche trat. Ja, sie war da. Und an etwas ganz anderes dachte er als an den Herrn, zu dem er betete, als er vor dem Altar stand und den Gottesdienst abhielt. Der kurze Augenblick in der Sakristei, ehe er auf die Kanzel sollte, war von anderen Wünschen erfüllt als denen nach der reinen Verkündigung des Wortes.

Er fand ihre Schneeschuhspur und lief ihr wie ein Verrückter nach. Eine Meile entfernt lag eine kleine Fischerhütte am See. Sie rauchte. An einer Stelle war das Mädchen durch die Schneekruste gebrochen und tief eingesunken. Er mußte einen großen Bogen schlagen.

Sie hatte sich entkleidet, saß am Feuer und trocknete sich. So gut sie konnte, suchte sie sich unter den wenigen Kleidungsstücken zu verstecken. Er warf den Sack ab, legte sich die Jacke über die Knie, und sie setzte sich wie ein kleines Mädchen auf seinen Schoß. Sie legte ihm die Arme um den Hals.

Herrgott, wie schön sie war! In seinen Studienjahren war er oft von schönen Bildwerken ergriffen worden, die er sah. Sie aber war schöner als alles, was er gesehen.

Er wußte, daß es Sünde war. Er wußte, daß die Sünde ihn

gepackt hielt. Und er wußte auch, daß er mit ewiger Pein für das büßen müsse, was damals geschah. Und trotzdem. Noch jetzt sah er den jungen braunen Körper vor sich und erinnerte sich, wie schön er war. Sie war ein Stück Natur. Eine seltene braune Blume, die auf der Hochebene wuchs und die noch niemand gesehen hatte. Die nur er gesehen hatte. Sie blieben die Nacht über dort. Erst am nächsten Tag waren sie in ihrem Haus. Am nächsten Morgen zog er weiter. Gemeinsam mit den anderen stand sie vor dem Haus und wünschte ihm gute Fahrt.

Dann machte er sich auf den Weg. Kein Wort von Verlobung oder Ehe war zwischen ihnen gefallen.

Einige Tage später begab er sich zu seiner neuen Pfarre. Am 1. Mai 1826 übernahm er sie.

*

Die erste Zeit ging so dahin. Es waren viele Dinge, in die er sich einarbeiten mußte. Aber sobald er etwas zur Ruhe gekommen war, begann er sich zu sehnen.

Er tröstete sich damit, daß es wohl vorübergehen würde. Er machte tagelange Entdeckungsfahrten in die Hochebene. Aber all das half nur wenig. Wo er ging und war, stand sie in vollstem Leben vor ihm. Und das alte Laster hatte ihn fast noch stärker gepackt.

Er brauchte seinen Verstand und sagte sich, daß er sie nicht so liebte. Er konnte sie nicht heiraten. Hier und da suchte er wieder das alte Idealbild hervorzugraben. Im nächsten Augenblick aber kam die Erinnerung an das Mädchen und fegte es weg wie der Waldbrand das trockene Stroh.

Wie ein Hunger saß die Sehnsucht nach ihr in seinem Leib. Nur warten, nur warten, tröstete er sich. Dann geht es vorüber. Ja, jetzt war es bald vorüber.

Eines Tages aber fand er sich plötzlich auf der Wanderung ins Tal. Es gab da Dinge, die er unbedingt zu ordnen hatte, entschuldigte er sich. Jetzt im Mittsommer war es auch recht still in der Pfarre, so daß er nicht viel versäumte. Es würde auch nett sein, mit Petrus zu schwatzen.

Den eigentlichen Grund aber fühlte er in Leib und Seele wie ein wundersames Glück und wie eine seltsame Angst. Tag und Nacht ging er. Ein einziges Mal bei den fünfundzwanzig Meilen warf er sich todmüde in ein Gebüsch und schlief ein paar Stunden.

Er ging geradewegs hin. Sie war nicht zu sehen. Gleich bekam er Angst und platzte mit Fragen nach ihr heraus. Sie fragten, woher er käme und wohin er wolle. Er log, so daß es wie ein reiner Zufall erschien, daß er hier vorbeikam. Er wurde immer unruhiger und fragte wieder nach ihr.

Da hörte er ihre Stimme vor dem Haus.

Sie schien erschrocken, als sie ihn erblickte. Dann lächelte sie und wurde flammend rot. Er erinnerte sich noch, wie schön und jung und glücklich sie damals war. Das Stallkleid und die beschmutzten nackten Beine und Füße besagten da nichts.

Er, der Vater und der Hirtenjunge schliefen in der Scheune. Am Abend war es nicht möglich, mit ihr allein zu sein. Wären sie zu gleicher Zeit aus dem Haus gegangen, so hätten sich wohl der Vater und die Schwestern das Ihre gedacht. Er konnte kaum schlafen. Endlich standen der Vater und der Hirtenjunge auf. Gleich darauf kam sie. Es kam nur zu einer heißen zitternden Umarmung und zu ein paar Worten. Dann mußte sie fort. Sie wollte einen Grund finden, heute nach dem Kirchplatz zu gehen. Er stand auf, aß und zog weiter. Aber zum Kirchplatz wollte er nicht.

In einer Hütte wartete er. Die Stunden waren lang wie Tage und wollten kein Ende nehmen. Endlich, als es gegen Abend ging, kam sie.

Nach einer Woche wanderte er zurück. Es sollte das letzte Mal sein. Er würde es schaffen. Er mußte es schaffen. Er konnte sie nicht heiraten. Es war keine Liebe nach Gottes Willen. Es war dic Sünde, die ihn gepackt hatte.

Als er ins Tal gezogen war, hatte er sich vorgenommen, mehr über sie in Erfahrung zu bringen. Aber er hatte es nicht getan. Er hatte sich gefürchtet, daß etwas geschehen sein konnte. Auch darüber hatte er sie fragen wollen. Aber als er merkte, daß sie sorglos, froh und glücklich war wie früher, hatte er sich beruhigt und es bleiben lassen.

Aber wenn jetzt etwas geschehen war? Auch dieses Mal hatte er kein Wort von Verlobung oder Ehe gesagt. Es konnten ja auch andere Wanderer am Hause vorbeikommen ... Er war ja so weit entfernt, sie wußte nichts Bestimmtes, und so vieles konnte geschehen. Dann war er gerettet. Gleich aber fühlte er, daß er so rasend auf sie war, als wäre sie ihm wirklich untreu gewesen.

Nein, am besten war es, es fallenzulassen. Sich tief in der Einöde zu verstecken. Er beschleunigte seine Schritte, kam aber gleichsam nicht vom Fleck. Das Gehen fiel ihm schwer.

Auf diese Weise überstand er den Sommer. Es ging auf den Herbst zu, und die Dunkelheit begann sich über das Land zu senken.

Eines Abends sah er ein einzelnes Frauenzimmer zu dem Pfarrhof hinaufkommen. Sie ging langsam und schien müde zu sein. Wer konnte es sein? Eine Ahnung stieg in ihm auf. Und je näher sie kam, um so gewisser wurde er.

Er ging auf die Treppe hinaus, damit sie sah, wo sie hin sollte. Im gleichen Augenblick wurde sie seiner gewahr und richtete sich etwas auf. Er ging einige Schritte auf sie zu.

„Bist du es?"

Sie antwortete nicht. Gab ihm nur die Hand und versuchte ein Lächeln. Da merkte er, daß sie dem Weinen nahe war.

„Du mußt hineingehen."

Sie folgte ihm in die Küche. Ohne ein Wort sank sie auf den Schemel, den er ihr hinschob.

„Du bist müde?"

„O ja – es war weit."

Er nahm ihr den Ranzen ab. Er war schwer.

„Und du trägst schwere Bürde."

Sie warf ihm einen raschen Blick zu, unsicher, was er meinte.

Er machte Feuer und setzte den Kaffee auf. Dann legte er sich auf die Knie, löste ihr die Lappenstiefel und rieb ihr Füße und Beine. Schon nach kürzeren Wanderungen als der ihren konnten sie schmerzen.

Sie saß nur da und ließ sich versorgen wie ein Kind. Keiner von ihnen sagte viel. Er setzte ihr Essen vor und sah zu, wie sie aß. Sie erholte sich und begann sich neugierig umzusehen.

„Bist du allein hier?" kam es endlich.

„Ja, ich bin allein." Er lächelte.

„Hast du niemand, der die Hausarbeit macht?"

„Ich mache alles selbst." Sein Bett stand damals in der Küche. Er holte ein neues Rentierfell, legte es auf das Stroh und brachte eine neue Decke. Dann bettete er für sich auf dem Fußboden.

„Du solltest dich lieber hinlegen. Du brauchst es."

Dann ging er in sein Zimmer. Die Gedanken stürzten über ihn her. Aber er konnte sie nicht klären. Als er hörte, daß sie sich hinlegte, trat er ein.

Sie drückte sich an ihn und versteckte ihren Kopf an seiner Brust. Dann kamen ihr die Tränen.

„Ist etwas mit dir geschehen, Brita?" fragte er, als sie ruhiger wurde.

Wie ein Schluchzen kam ihr Ja.

Eine Weile lag sie da, als wollte sie sich sammeln. Dann kam es rasch und abgebrochen.

„Lange dachte ich, daß ich nicht gehen sollte. Ich wußte

ja nicht, ob du mich aufnehmen würdest. Du hattest ja nichts gesagt. Vielleicht hast du es nicht so gemeint. Ich konnte ja das Kind bekommen, und niemand brauchte zu wissen, daß es das deine war. Das wäre ja nicht gegangen. Du warst doch Pfarrer. Aber dann dachte ich, daß du wieder zu mir kommen würdest. Und dann mußtest du es doch wissen. So sagte ich, daß du mich als Magd angenommen hättest, und zog weg."

Sie schwieg etwas. Dann erhob sie sich halb. Die Stimme war klar und fest.

„Ich kann hier einige Tage bleiben und dann weiterziehen. Ich werde dir nie wieder lästig werden. Keine Seele soll erfahren, daß es dein Kind ist. – Wenn du nicht willst. – Oder wenn du eine andere hast."

„Nein, Brita, ich habe keine andere. Und du sollst nicht zurückgehen. Du sollst bei mir bleiben."

Aber am Morgen, als sie am Tisch saßen und aßen, fragte sie wieder.

„Bist du sicher, daß es nicht besser wäre, wenn ich ginge?"

„Ja, ich bin sicher."

Und er war es. Tief in seiner Seele war eine Art Gewißheit in ihm entstanden, daß er einen Menschen gefunden hatte, der ihm vor der Angst und der Einsamkeit helfen konnte. Nach einer Weile sagte er:

„Du bist wohl zu müde heute? Aber vielleicht morgen?"

Zu müde? Sie verstand nicht. Vielleicht hatte er es sich anders überlegt, dachte sie und wurde rot.

„Wir wollen gehen und heiraten."

Es war, als konnte sie nicht fassen, was er meinte. Dann aber ging es ihr auf. Sie wurde rot und sah auf den Tisch hinab. Dann sah sie zu ihm auf und lächelte.

„Ist es weit?" fragte sie.

„O nein, so weit ist es nicht", antwortete er. Ein paar Meilen entfernt in Finnland lag die Nachbarpfarre. Er glaubte, daß der Pfarrer jetzt daheim war. Sie hatte wohl keine Papiere mit? Aber der Pfarrer würde sie trotzdem trauen. Die Papiere konnte man ja später schicken.

„Es ist am besten, es so schnell wie möglich zu tun."

„Ich kann gut heute gehen", sagte sie.

„Nein, nicht vor morgen."

Sie wurde plötzlich geschäftig und stand auf. Er wollte sie auf den Schoß ziehen, aber sie entglitt ihm und sagte, daß er sie nicht abhalten solle.

Er wollte wissen, was sie denn so eilig zu tun hätte. Sie gab keine rechte Antwort und begann nur ihren Ranzen auszupacken. Er ging in sein Zimmer.

Bald kam sie hineingeschlichen und stellte sich vor ihm auf.

„Das ist das feinste, was ich habe", sagte sie und blickte an sich hinab. – „Glaubst du, daß es angeht?"

Erst jetzt bemerkte er, daß sie das Kleid gewechselt hatte. Sie hatte sich neue Lappenstiefel mit schönen Bändern angezogen. Und eine kleine Spange hatte sie an die Brust gesteckt. Sie hatte sich gewaschen und das Haar gekämmt. Die Arme, mit wem sollte sie sich schon über ihren Brautstand beraten?

„Du bist so fein. Und so schön."

Da kam sie und versteckte sich bei ihm.

„Ich hatte solche Angst."

„Angst?"

„Daß du dich meiner schämen würdest."

„Jetzt redest du wie ein kleines Dummchen. Ich habe nicht einmal so viele Kleider wie du."

„Du bist draußen in der Welt gewesen und hast so viele feine Menschen gesehen. Und das hat der Pfarrer, der uns trauen soll, auch. Die Mutter hat mir davon erzählt. Und auch die anderen Pfarrersfrauen sind so fein. Ich bin nur ein armes Bauernmädel aus der Lappmark. Es tat so weh, wenn ich daran dachte, daß du dich meiner schämen würdest."

„Nein, Brita, ich schäme mich deiner nicht. Dazu habe ich keinen Grund. Ich habe nur Grund, mich über mich selbst zu schämen."

„Weil du ein armes Bauernmädchen heiratest?"

„Nein, weil ich dir wehgetan habe."

„Du hast mir nicht wehgetan, Lasse. Ich bin so froh. Ich habe versucht zu bereuen. Aber ich brachte es nicht fertig. Ich habe Gott um Verzeihung gebeten, deswegen und wegen der Sünde. – Ich glaube nicht, daß er böse ist." Sie saß an seiner Brust und schwatzte wie ein kleines Kind.

Plötzlich schien sie zu erwachen. Nein, sie hatte so viel zu tun. Und fort war sie. Er hörte, wie sie sich über die Tassen und Schüsseln hermachte. Es war nicht viel da. Und dann mußte er hinaus und ihr zeigen, was für Lebensmittelvorräte er hatte. Sie schüttelte den Kopf. Auch das war nicht gerade viel.

Am nächsten Morgen ruderten sie, lange ehe es hell wurde, über den Fluß und zogen ostwärts. In seinem Ranzen trug er etwas Wegzehrung und ihren Brautstaat. Es war schlechtes Wetter, Regen und Sturm. Gegen Mittag langten sie am Pfarrhof an. Er sprach etwas mit dem Pfarrer unter vier Augen. Brita durfte in ein Zimmer gehen, sich in Ordnung zu bringen.

Dann gingen sie in die Kirche und wurden getraut.

Er dachte daran, als sie an dem herbstschwarzen Abend heimwanderten. Jetzt war er verheiratet. In guten und bösen Tagen, bis daß der Tod euch scheidet? war die Frage. Er hatte nicht nur Freude empfunden, als er ja gesagt hatte.

Er hatte es sich ja anders gedacht. Das Idealbild, von dem er geträumt hatte, war unwiederbringlich dahin. Niemals würde es ihm vergönnt sein, eine Frau vor den Altar des Herrn zu führen, die seine Liebe nach Gottes Willen gewählt hatte. Immer hatte er es sich so vorgestellt, daß es an einem Sommertag, der von Licht und Sonne erfüllt wäre, geschehen würde. Und er selbst hatte wie ein Beispiel vor all die Menschen treten und hatte sagen wollen: Hier seht ihr einen, dem Gott und nicht die Sünde die Frau bestimmte.

Wenn er diese stolzen und selbstgerechten Träume träumte, war es zuweilen geschehen, daß eine Stimme ihm zuflüsterte:

Aber das Laster, dem du dich beugst und das eine schändlichere Sünde ist als alle Unzucht? Diese Gedanken hatte er fortgeschoben. Sie sollten ihn nicht zerstören dürfen.

Dieser Liebe und dieser Ehe hatte er wohl entgegengesehen wie einer Rettung und einer Sühne. Und als die Jahre vergingen und die Mannigfaltigkeit der Sünden immer größer wurde, hatten diese Träume und Lügen immer strahlender werden müssen, um die Fäulnis zu überdecken.

Erst jetzt ging es ihm richtig auf, daß es niemals zu einer Sühne und einer Aufrichtung kommen würde. Nicht die geringste Andeutung einer großen Tat blieb übrig, mit der er das Laster hätte überdecken können. Weder Liebe noch Gottes Wille hatten seine Wahl geleitet. Nur das, was man in der Theologie die Lust des Fleisches nannte oder den Teufel der Unzucht. Und so hatte er sich im letzten Augenblick an den Altar gerettet, um seine Haut und die Pfarre zu retten.

Ihm fiel ein: Wenn sie nun so gewesen wäre, daß du dich mit ihr nicht hättest verheiraten können. Wenn sie geisteskrank gewesen wäre, verkrüppelt, idiotisch! Da wäre es nicht geschehen! Er sagte es sich immer wieder. Dann hätte es nicht geschehen können. Aber jedesmal wurde er unsicherer. Und jetzt, in diesen Stunden des Entsetzens, jetzt wußte er es: Es wäre doch geschehen! Jetzt sah er, daß es keine Grenzen gab für die Roheit und Jämmerlichkeit der Menschen.

Aber es vergingen viele Jahre, bis er wirklich merkte, daß er Brita gern hatte. Schon auf dem Heimweg hatte er sich die Worte überlegt.

*Willst du sie lieben und ehren?*

Ja, so wahr er es konnte, hatte er sich gesagt. Vielleicht hatte er sie schon auf diese Weise gern? Wie an eine kleine Hoffnung klammerte er sich an diesen Gedanken. Und die Hoffnung stieg, je mehr Tage und Wochen vergingen und je näher und näher sie zueinander wuchsen. Er wagte es zuweilen sogar, sie mit dem Idealbild zu vergleichen, das ihm einmal vorgeschwebt hatte. Und er wurde froh wie ein Kind, als es ihm zum erstenmal aufging, daß sie so viel mehr wert war als alle seine Träume.

Trotzdem blieb der Zweifel haften. War es nicht nur Begierde? Denn es war immer wieder ebenso neu. Und immer so wie das erstemal. Und damals war es doch Sünde gewesen. Wenn er sich nur nicht an ihr vergriffen hätte, ehe sie geheiratet hatten. Dann hätten sie aber nie geheiratet. Vielleicht war es trotz allem eine gnädige Vorsehung, die alles geleitet hatte.

Die Jahre hatten ihn gelehrt, sie zu lieben. Sie hatten ihm den Mut gegeben, es zu glauben. Aber in tiefster Seele saß immer ein Zweifel und nagte. Selbst wenn er jetzt an ihr Zusammenleben in all den Jahren zurückdachte, wenn er für jede Stunde dankte, die sie zusammengewesen waren, von der ersten in der Hütte bis auf den heutigen Tag – selbst jetzt konnte er sich in Gedanken fragen: Und wenn du es nicht getan und eine andere getroffen hättest? Vielleicht hätte sie dich noch glücklicher machen können.

Er empfand es als ein bitteres Unrecht gegen Brita, gegen ihr Zusammenleben, gegen sich selbst. Er kämpfte dagegen an. Aber es half nicht. Der Zweifel saß dort, wo er all die Jahre gesessen hatte. Wie eine geheime Angst in der Seele. Und jetzt sollte er vor das Gericht. Und auch dafür, was ihm die glücklichsten Augenblicke seines Lebens geschenkt hatte, sollte er büßen.

# 13.

Es war Nacht. Wie Feuer stieg die Angst in ihm auf. Die Finsternis drang auf ihn ein. Er fand keinen Atem. Er brauchte Luft.

Barhäuptig und ohne Handschuhe ging er hinaus. Es war sternenklar. Er ging den Pfad zur Kirche hinauf. Um die Kirche lief eine schmale Wegspur. Er hatte sie selbst in solchen einsamen Nachtstunden gezogen.

Die Leute hielten ihn für verrückt. Er wußte es. Sie nannten ihn den „Wanderer-Lasse". Von Sonntag zu Sonntag sah ihn der Küster neugieriger an. Er wartete nur darauf, daß der Pfarrer ganz von Sinnen käme.

O nein, mit dem Verstand hatte alles seine Richtigkeit. Die Angst hatte alle Lüge und Selbstgerechtigkeit weggebrannt. Er war klarer denn je. Die Schuppen waren ihm von den Augen gefallen. Er sah sich in seiner nackten Jämmerlichkeit und konnte sich nicht verstecken. Und jetzt hörte er Gottes Stimme.

*Und Adam sprach: Ich hörte deine Stimme und fürchtete mich, denn ich bin nackt.*

Es zog ihn plötzlich zum Kirchhof hinunter. Der Pfad war verweht. Die Grabhügel lagen unter dem Schnee versteckt. Hier gab es keine Säulen oder Steine mit goldener Schrift. Nur hier und da ragte ein Holzpfahl mit ein paar Buchstaben auf. Die meisten waren verwittert und grau, einzelne nur waren weiß und frisch.

Ein einsames kleines weißes Kreuz ragte etwas über den Schnee hinaus. Dort blieb er stehen, und mit bloßen Händen begann er, den Schnee wegzugraben. Der Frost brannte in den Händen, aber er ließ nicht nach. Bis zu den verwelkten Halmen hinunter grub er sich. Es war eine kleines Kindergrab.

Mit dem Kopf in den Händen sank er neben dem Grab auf die Knie.

„Du mein kleiner Junge“, stöhnte er, „ich kann nicht zu dir.“

*

Er hatte in diesen Wochen viel an den kleinen Levi gedacht, und noch öfter als sonst war er zu seinem kleinen Grab gegangen.

Brita und er waren zehn Jahre verheiratet gewesen, als er geboren wurde. Es war das fünfte Kind. Alle hatte er gern. Dieses aber schien etwas anderes zu sein. In diesen Jahren gerade war es ihm allmählich aufgegangen, daß er Brita wirklich liebte. Eine gnädige Vorsehung hatte ihm ein besseres Weib geschenkt, als er verdiente. Er wagte auch zu glauben, daß ihr Zusammenleben einen festeren Grund hatte als die Begierde. Das warf auch Glanz über die Jahre, die vergangen waren. Es war, als habe er erst jetzt das Recht, sie zu besitzen.

In diesem Sommer sollte er südwärts ins Land. Da kamen sie auf den Gedanken, daß sie zur selben Zeit einen Besuch zu Hause machen konnten. Emma, die Kleinste, war ja über zwei Jahre.

Und so wanderten sie wieder über die Ebene. Es war voller Sommer, und die Sonne flammte Tag und Nacht. Sie machten kleine Tagesmärsche und zeigten keine Hast. Sie waren so glücklich, wie zwei Menschenkinder nur sein konnten.

Etwas Ähnliches spürte er auch, nachdem sie wieder zu Hause waren. Das Leben hatte einen helleren Ton bekommen. Die Tage waren nicht mehr so grau wie früher.

Er freute sich über das Kind, das kommen sollte – anders als früher. Es wurden Zwillinge. Ein Knabe und ein Mädchen. Den Knaben nannten sie Levi und das Mädchen Elisabeth.

Gleich vom ersten Augenblick an beschäftigten ihn diese zwei Kinder mehr als die andern es getan hatten. Und das verstärkte sich, je mehr sie heranwuchsen. Lange Zeit konnte er sitzen und ihnen zusehen, wenn sie auf dem Fußboden umherkrochen und spielten. Er und Brita freuten sich ihrer gemeinsam und redeten darüber, wie es ihnen in der Welt ergehen würde. Als sie groß genug waren, liefen sie ihm entgegen, wenn er von der Jagd heimkam, und hatte er einen schönen Vogel in seiner Tasche, so durften sie ihn der Mutter bringen.

Levi war viel größer und hübscher als seine Schwester. Und über seinem klaren Gesicht lag immer etwas wie milder Ernst. In allem, was er tat, war er so verständig, daß man oft vergaß, daß er nur ein Kind war. Und er war ein so guter Junge. Auf die kleine Schwester achtete er wie ein großer Bruder. Sie bekam immer das Beste. Wenn eines seiner anderen Geschwister irgendeinen Unsinn machte oder Pech hatte, war er gleich mit Trost zur Hand. Und seine großen, schönen Augen wurden dann so unendlich kummervoll.

„Tut das weh?" konnte er fragen.

Er war ein kleiner Engel Gottes, der unter ihnen wanderte.

Wenn Lars spät heimkam oder in der Nacht erwachte, konnte er oft an seinem Bett stehen und ihn ansehen. Es fiel ihm häufig ein, daß Levi zu gut für diese Welt war. Sie waren dessen nicht würdig, ihn zu behalten. Der Gedanke ergriff ihn so stark, daß er in Sorgen fiel. Er sagte sich, daß es nur Aberglaube war und Unsinn. Gerade solche Kinder wie der kleine Levi sollten doch leben. Er fühlte sich doch so stolz, wenn er nur den fülligen, starken Körper des Kindes sah.

Als die Zwillinge zwei Jahre alt waren, erwartete Brita wieder ein Kind. In diesem Jahr wüteten die Kinderkrankheiten besonders schlimm in der Siedlung. Es gab keinen Arzt, keine Medizin und schlechte Pflege. Alte Hausmittel und Segenssprüche halfen nicht viel. Die kleinen Wesen lagen in den Hütten, litten und verfielen. Einige überstanden es. Viele aber schafften es nicht. Es gab kaum eine Hütte, wo der Tod im Winter nicht zu Gast gewesen wäre.

Im Pfarrhof waren alle gesund. Aber sowohl Brita wie er lebten in Angst. Nicht lange, und die Krankheit würde auch sie erreichen. Eines Tages mußte er in Amtsdingen nach einem entfernten Ort. Im allgemeinen waren dafür zwei Tage hin und zurück nötig, jetzt aber konnte er es nicht über sich bringen, so lange fortzubleiben. Kurz nach Mitternacht begab er sich auf den Weg, und es war heller Tag, als er wiederkam. Wie immer hatte er seine Büchse mit. Es kam vor, daß er auf Bären und Wölfe stieß.

Er hatte viele Schneehühner gesehen, wollte aber keine Last tragen und hatte keinen Schuß getan. Dann aber dachte er, daß ihm wohl Levi und Elisabeth entgegenkommen würden, wenn er so früh heimkam, und so schoß er ein paar Schneehühner.

Als er den Pfarrhof sah, begann er auszuspähen. Aber sie waren nicht zu sehen. Er tröstete sich damit, daß sie ihn wohl nicht bemerkt hatten. Trotzdem bekam er Angst. Sie lagen beide. Masern. Er wurde fast froh, als er das feststellte. Die meisten Kinder pflegten sie ja zu überstehen.

In der Nacht saß er bei ihnen. Es verschlimmerte sich mit jeder Stunde. Am schlimmsten ging es dem kleinen Levi. Er litt so, daß ihm die Schweißtropfen über das Gesicht perlten, aber jedesmal, wenn er die Augen öffnete und den Vater sah, versuchte er zu lächeln.

Er spürte, daß es ums Leben ging. Als er in einer Nacht bei ihnen saß, war er so verzweifelt geworden, daß er neben ihrem Bett niederkniete, das Gesicht auf die Decke legte und schluchzte.

Plötzlich hatte er die Kinderhand gefühlt, die ihm über den Kopf strich. Es war Levi.

„Vater soll nicht weinen. Levi wird bald gesund." Er lächelte, und ein seltsames Licht brannte in seinen Augen.

Gleich hatte er das Ende geahnt. Das Licht, welches er in den Augen des Kindes gesehen hatte, gehörte nicht zum Erdenleben. Aber er wollte es nicht glauben.

Tag und Nacht saß er am Bett und hoffte. Brita nahm es ruhiger als er. Wenn sie im Zimmer war, mußte er sich zusammennehmen, um sie nicht zu erschrecken. Sie wartete ja tagtäglich auf das Kind.

An einem Abend kamen die Wehen. Sie legte die vier Kinder in ihr Bett im Zimmer. Selbst lag sie in dem einen Bett in der Küche. Die Frau, die ihr beistehen sollte, ging hin und her. Am anderen Bett saß er und wachte über den beiden kranken Kindern.

Elisabeth schlief jetzt ziemlich ruhig. Aber mit Levi ging es dem Ende zu. Es schnitt durchs Herz, wenn er wimmerte. Ab und zu schien sich der kräftige Kinderkörper zu sammeln und seine Kräfte gegen die Krankheit anzuspannen. Im nächsten Augenblick aber sank er jämmerlich zusammen.

Und hinter ihm lag Brita und jammerte in den Wehen. Ihre Schreie wurden stärker und stärker. Klein-Levi wimmerte leiser. Er saß so nahe, daß er beide mit der Hand erreichen konnte. Und das einzige, womit er ihre Schmerzen lindern konnte, war ein Schluck kalten Wassers.

Hier und da fragte Brita nach Elisabeth. Als sie hörte, daß das Kind schlief, schien sie zufrieden. Als sie einmal Levi wimmern hörte, sagte sie: „Er wird es bald gut haben."

Und die Stunden vergingen. Um Mitternacht hörte er das Schreien des Kindes, das gekommen war.

Es war einige Nächte später, um die gleiche Stunde. Levi streckte die Hand nach ihm aus. Das Gesicht war klar und mild und leuchtete in wunderbarem Glanz.

„Vater", flüsterte er.

Das Licht in den Augen erlosch. Klein-Levi war nicht mehr.

Zum erstenmal in seinem Leben erfuhr er, was Trauer war. Er glaubte, nicht weiterleben zu können. Einen Augenblick lang wollte er sich über den kleinen toten Körper werfen und dem grenzenlosen Jammer Luft machen, der ihn erfüllte.

Dann dachte er an Brita. Er mußte ruhig sein und durfte sie nicht erschrecken. Er mußte es vor ihr verbergen, bis sie wieder zu Kräften gekommen war. So saß er da, preßte die Hände in einer Art tränenlosem Weinen und wartete, daß die Stunden vergingen.

Da merkte er, daß Brita weinte. Er ging an ihr Bett. Sie lag mit einem großen, kräftigen Jungen im Arm.

„Jetzt hat er es gut", sagte sie. Er wußte nun, daß sie es gemerkt hatte.

Er konnte nicht im Zimmer bleiben und ging in das Nebenhaus. Dort brach er zusammen und schluchzte wie ein Kind.

Brita nahm es ziemlich ruhig auf. Er war froh deshalb, aber es verwunderte ihn etwas.

„Es ist schon schlimm zu wissen, daß er nicht mehr ist", sagte sie. – „Aber dann denke ich, daß er ein kleiner Engel war, der nur eine Zeitlang bei uns sein sollte. Und jetzt hat ihn Gott wieder zu sich heimgerufen. Dort werde ich ihn wiedertreffen."

Es gab keinen Zweifel. Sie war so sicher in ihrem kindlichen Glauben. Ihr Kind war bei Gott. Dort würde sie es treffen, wenn ihre Wanderung durch die Lappmark zu Ende war.

Mit ihm stand es anders. Er sah nur, daß das Kind fort war. Die Welt war plötzlich so kalt und dunkel geworden.

Er konnte sich seinen kleinen Levi schon als Engel bei Gott vorstellen. Aber es war immer nur ein leeres Bild ohne Leben. Daher gab es keinen Trost. Er hatte nicht den einfachen Glauben Britas, mit dem sie nach dem Himmel griff. Daß der kleine Levi lebte, daran zweifelte er nicht. Er konnte ihn nur nicht erreichen, so wie es ihm jetzt ging. Und er fühlte es wie eine Angst, daß er ihn nie erreichen würde.

Ihm waren nur das Grab und die Trauer übriggeblieben. Vor drei Jahren hatte er ihn in das kleine Grab gelegt, an dem er jetzt kniete. Es war, als hätte man seine eigene nackte Seele in die Erde versenkt. Und er hatte selbst die Erde darübergeworfen.

„Von Erde bist du genommen. Zu Erde wirst du werden. Aus Erde sollst du wieder auferstehen. Gott sei gedankt."

Er hatte all seine Kraft zusammennehmen müssen, um die Worte hervorzubringen. Alles in ihm hatte sich dagegen erhoben. Er hatte keinen Dank empfunden.

*

Er kniete am Grab und durchlebte es aufs neue. Und jetzt wußte er es. Klein-Levi war ein Kind Gottes. Er hatte Gottes Licht im Blick, als er erlosch.

Er selbst aber hatte Gottes Licht nicht gesehen. Daher konnte er Levi nicht sehen.

„Mein lieber, lieber Junge", schluchzte er. „Es ist so finster hier. Ich kann dich nicht sehen."

Wieder versuchte er, das liebe, kleine Antlitz zu erblicken. Und jetzt kann er es in der Ferne schimmern sehen. Es kommt nicht näher, aber klarer wird es. Jetzt sieht er ihn deutlich. Er steht auf der anderen Seite eines großen Flusses. Es ist grün dort, und schöne Blumen wachsen. Kinder halten sich bei den Händen und singen. Jetzt sieht Levi ihn. Unwillkürlich streckt er die Arme nach ihm aus.

Da war es verschwunden. Und um ihn herum gab es nur verschneite Gräber und öde, kalte Nacht.

## 14.

Er hatte davon geträumt, daß er in der Lappmark ein großes Werk vollbringen würde. Und nach Aufgaben brauchte er nicht zu suchen. Der Zustand im Kirchspiel war nicht besser geworden. Das Schulwesen lag darnieder, und die Unwissenheit hatte keine Grenzen.

Darum hatte er sich zuerst bekümmern müssen. Er lernte Schulmeister an und verlangte, daß die Kinder nicht nur ihren Katechismus lernen sollten. Sie sollten auch rechnen und schreiben können. Und die Konfirmanden, die nicht so viel wußten, wie es ihren Fähigkeiten zu entsprechen schien, wurden unbarmherzig abgewiesen. Er ließ die alten Katechismusverhöre in den Hütten wieder aufleben.

Er versuchte auch, die Leute in seinen Predigten zu fassen. Sein Vorgänger war wegen seiner Beredsamkeit berühmt gewesen. Er hatte so gesprochen, daß die ganze Gemeinde vor Rührung schluchzte. Lars versuchte seine Predigten nachzuahmen. Aber es wollte nicht glücken. Er mühte sich und arbeitete sich ab. Besonders, nachdem Brita gekommen war. Er suchte wohl eine Art Sühne für seine Sünden in der Hoffnung, das Volk zu erwecken. Mehr und mehr wurde es zu einer Lebensnotwendigkeit für ihn, dieses Ziel zu erreichen. Seine ganze Kraft setzte er an die Arbeit und hoffte, daß die Wirkungen sich eines Tages zeigen würden. In allen diesen Jahren hatte er vergeblich gehofft. Aber er hatte es sich nicht selbst eingestehen wollen. Wie einen mageren Trost hatte er das Pfarrbuch und die Konzepte seiner amtlichen Berichte hervorgeholt. Dort konnte er nachlesen, daß der Zustand in seiner Pfarre nicht schlimmer war als anderswo. Es war ein armseliger Trost gewesen.

So viel hatte er sich nicht vorlügen können, daß er nicht sah, wie das Volk immer tiefer in Not und Elend versank. Er hatte ihnen nicht geholfen. Weshalb hätte es ihm denn auch gelingen sollen? Er hatte sich ja nicht einmal selber helfen können. Wenn ein Blinder einen Blinden führen soll, fallen beide in die Grube.

Für seinen Teil jedenfalls war das ewige Grab das Ende seiner Wanderung.

Und er war doch wohl weder schlechter noch besser als andere Pfarrer. Er suchte in seinen Gedanken, aber er wußte keinen einzigen, der ihn hätte bei der Hand nehmen und ihn aus der Finsternis führen können. Sie waren blind, ungläubig wie er selbst, jeder einzelne von ihnen. Und man hatte sie eingesetzt, das Volk zu erlösen! Sein Blick weitete sich. Er sah das Volk in der ganzen Lappmark in Blindheit umhertappen. Und überall standen die Wanderprediger auf den Kanzeln der Staatskirche und plapperten ihre leeren Worte. Und so war es im ganzen Norden! Im ganzen Land! In der ganzen Christenwelt! Einer Welt gewissenloser Lügner.

Der Gedanke war so furchtbar, daß er für einen Augenblick seine eigene Angst vergaß. Sie waren schlimmer als der Satan in eigener Person. Und er war einer von ihnen. Wieder schlug ihm die Angst entgegen. Er hörte eine Stimme.

*Ob eine Welt erlöst wird oder vergeht – dir hilft es nicht.*

Nein, sein Werk als Pfarrer war ihm nicht geglückt. Vielleicht hing es damit zusammen, daß er nicht in erster Linie an diesen Dienst gedacht hatte, als er hierhergezogen war. Seine große Forschungsarbeit hatte ihn am meisten beschäftigt. Er wollte die Provinz und ihr ganzes Leben Fuß für Fuß kartographisch erfassen. Er hatte es auch als eine Befreiung empfunden, wenn er seine Amtstätigkeit verlassen und sich auf Forschungswanderungen begeben konnte.

Fast jährlich hatte er eine botanische Abhandlung herausgegeben. Er hatte neue Arten gefunden und sie beschrieben. Sie hatten solches Aufsehen erregt, daß eine von ihnen nach ihm benannt worden war. Er hatte Pflanzen an Freunde und Institutionen geschickt, und zwischendurch saß er und malte Pflanzenbilder für die Akademie der Wissenschaften. Er tat es nicht nur um des Vergnügens willen. Die Schillinge, die er für die Pflanzen und Bilder erhielt, fanden gute Verwendung. Aber der Sommertag war so kurz. Und der Winter so lang. Da gab es Tierleben und Jagd. Die Jagd bot ihm ja einen Teil seiner Nahrung. Er lebte sich ein und forschte aufs neue und schrieb über Tierleben und Vogelleben, über Jagd und Fang. Und gleich von Beginn an hatte er Aufzeichnungen über das Wetter gemacht. Er besuchte die Hütten rundum und hörte sich die Sagen und Erzählungen der Lappen an. Schließlich begann er sie zu ordnen und niederzuschreiben. Lappische Mythologie nannte er es.

Die Artikel über Tierleben und Jagd sandte er der Zeitschrift des Jägerverbandes ein. Einige Jahre, nachdem er hergekommen war, war er dort Mitglied geworden. Und die Büchse, die man ihm als Ehrengeschenk geschickt hatte, hing an der Wand. Es war eine schöne Waffe. Stolz und froh war er darüber. Niemals hatte er geglaubt, daß ihm solch ein Stück gehören würde. Auch eine andere Büchse hing da. Sie war noch schöner und kostbarer. Paul hatte sie ihm geschenkt, ehe er abreiste.

Eines Tages kam die Nachricht, daß er zum Mitglied der Botanischen Gesellschaft in Edinburgh gewählt worden war. „Zur Anerkennung Ihres wissenschaftlichen Einsatzes", hatte in dem Schreiben gestanden. Und vor einigen Jahren war er in den Vorstand der Akademie der Wissenschaften in Uppsala gewählt worden.

Nein, nein, an Ehren und Lob hatte es nicht gemangelt. Aber seinem Volk hatte dies nicht geholfen. Und jetzt half es nicht einmal ihm selbst. Trotzdem saß er in wehmütiger Freude da und dachte daran.

Wissenschaftler und Forscher von nah und fern waren zu Gast gewesen bei ihm und hatten seinen Rat begehrt. Einer von ihnen hatte gesagt, er sei ein Licht, das seinen Schein so sehr über das lappische Hochland scheinen lasse, daß auch die Forscher in fernster Ferne dessen Reichtum und Schönheit erkennen könnten.

Im Schrank, in einer Schachtel wohlverwahrt, lag das letzte Ehrenzeichen, das er erhalten hatte. Es war im vorigen Jahr gekommen. Das Kreuz der französischen Ehrenlegion. In dem Brief, der beigefügt war, hatte gestanden, daß er zum Ritter dieses Ordens ernannt worden sei für Dienste, die er der französischen wissenschaftlichen Expedition geleistet hätte.

Im Vorsommer hatte er einen Brief des Königs erhalten, daß eine große französische Expedition Dänemark, Norwegen und Spitzbergen besuchen, über die Lappmark zurückreisen und durch Schweden südwärts ziehen wolle. Ihm wurde befohlen, als schwedischer Gelehrter und Ratgeber die Expedition in Alta, Norwegen, zu empfangen und sie über Kautokeino nach Karesuando und weiter südwärts zu begleiten.

Im Nachsommer hatte er sich auf den Weg gemacht, sie zu treffen. Im Ranzen wollte er alles mitnehmen, was er über den Landesteil geschrieben und aufgezeichnet hatte. Soweit es ihn betraf, sollte es nicht an Aufklärung fehlen.

Es war ein ansehnlicher Haufen geworden, als er es aufgestapelt hatte. Er hatte kaum gewußt, daß es soviel war. Und zuoberst lagen die zwei Hausverhörbücher. Er mußte lächeln. Auch die mußte er mithaben. Ja, die in erster Linie. Denn zwischen den Berichten über Reisen und Amtsgeschäfte steckten überall in ihnen größere und kleinere wissenschaftliche Abhandlungen und Aufzeichnungen. Er hatte sie auf seinen Reisen niedergeschrieben.

Er brachte alles in seinem Ranzen unter. Da war aber weder für Essen noch für Bekleidung Platz übrig. Er mußte das Wichtigste auswählen und den Rest dalassen.

Er nahm den Westweg, den Fluß entlang. Es waren bekannte Gegenden. Auf seinen Wanderungen war er hier oft umhergestreift. Jetzt folgte er der Talsenkung selbst. Als er den uralten Pfad entlang ging, traf ihn der Gedanke, daß hier ein ordentlicher Weg gebaut werden müßte. So mannigfach würde er zwei Brüdervölker miteinander verknüpfen. Einmal würde es wohl zu dem Weg vom Bottnischen Meerbusen nach Karesuando kommen. Wie einen Lebensnerv sah er den Weg von Meer zu Meer durch die nordskandinavische Lappmark gehen. Das mußte eine Aufgabe für die Regierungen beider Länder sein. Im selben Jahr schrieb er in schwedischen und norwegischen Zeitungen darüber. „Über den Verkehr im nördlichen Norwegen und Schweden", war der Titel. Niemand aber schien es besonders zu bemerken. Es war eine einsame Stimme gewesen, die in der Einöde rief, und sie war nicht gehört worden.

Einmal aber würden die Völker die Möglichkeiten erkennen. Einmal würden die riesigen Reichtümer in den Bergen, von denen der Vater gesprochen und die er selbst untersucht hatte, ans Tageslicht gebracht werden. Einmal würde die Pflugschar diese Wildmark unterwerfen und ans Licht bringen. Und dann würden auch die Wege gebaut werden. Dann würde auch eine hellere Zeit für sein armes Volk kommen. Vielleicht würde der eine und andere Forscher auch seine alten Zeitungsartikel ans Licht bringen.

In Alta benutzte er die Gelegenheit, sich das Kupferwerk anzusehen. Er hatte geglaubt, die Leute müßten ein besseres Leben haben, wenn sie einigermaßen sichere Einnahmen und festen Wohnort hätten. Aber hier herrschte dasselbe Elend. Um Schule und Aufklärung war es schlecht bestellt. Elende Wohnungen, Trunksucht und Armut. Auch darüber schrieb er. Konnte es gleichsam nicht lassen.

Wie ein kleines Heer kamen sie an Land. Wissenschaftler, Schriftsteller und Künstler. Und ein ganzer Dienerstab. Das ergab zahlreiche Pferdelasten mit Ausrüstung und Proviant.

Der Leiter war Paul Gaimard. Xavier Marmier sollte über die Expedition schreiben. Mit diesen beiden war Lars besonders viel zusammen.

In kurzen Tagesreisen ging es das Altadal hinauf. Mit Flußbooten, zu Pferde oder zu Fuß. Er erzählte ihnen vom

Land und von den Pflanzen und Tieren, die sie sahen. Ja, es waren glückliche Tage. Wenn sie am Abend um das Lagerfeuer saßen und die Weinflaschen hervorholten, mußte er ihnen von dem Volk erzählen, das hier lebte. Er erzählte von seiner Lappischen Mythologie. Sie sollte in den Bericht der Expedition aufgenommen werden. Gott weiß, was aus ihr geworden war …

Sein eigenes Manuskript hatte er später nach Stockholm geschickt. Es sollte nach Paris weitergesandt werden. Im vorigen Sommer aber war Reguly aus Ungarn hier gewesen und sollte es als erster einsehen. Dann hatte er nichts mehr davon gehört oder gesehen.

Ja, es waren lichte Erinnerungen. Es hatte herbstlich zu werden begonnen. Aber die Abende waren lau. Und die Franzosen hatten gute Köche, die das Wild und den Fisch anders zubereiteten, als ihm bekannt war. Nichts aber schmeckte ihnen so gut, sagten sie, wie die Schneehühner, die er für sie auf der Kohlenglut briet.

Und guten und kostbaren Wein tranken sie. Aber sie wurden nie betrunken. Nur ein leichter Rausch kam wie eine Stimmung über sie. Sie sangen die Lieder ihres Volkes. Und er die Melodien des seinen.

Mit Forschungen befaßten sie sich nicht allzu ernst. Ihnen schien die Natur zu genügen. Und das war ja nicht erstaunlich. Das Tal war schön. Der Fluß strömte breit und still dahin, mit Inseln und Uferspitzen, an denen die Birke bis an den Wasserrand wuchs. Auf den niedrigen Höhen zu den Seiten begannen Blätter und Gras gelb zu werden. Weiter aufwärts wurde der Wald niedriger und spärlicher. Und oben bei Kautokeino war er kaum mehr als mannshoch. Hier lagen die großen Strecken mit kärglichen Moorebenen. Sie hielten Rast und wechselten Rentiere und Pferde.

Dann ging es den Fluß entlang weiter nach Galanito. Es war der letzte Wohnplatz auf der norwegischen Seite. Dann kam unbewohntes Gebiet, bis man nach Syvajervi in Finnland kam. Die anderen schlugen dort ihr Lager auf, er aber ging am gleichen Abend heim. Es waren ja nur ein paar Meilen. Brita brauchte etwas Zeit, um die Vorbereitungen zu treffen.

Am nächsten Abend sollten sie kommen. Aber sie verspäteten sich. Er glaubte, daß sie irgendwo gelagert hatten, saß in seinem Zimmer wie jetzt und las, während er sein Abendessen verzehrte. Milch und Brot. Er bemerkte sie nicht eher, als bis sie in seinem Zimmer standen.

„Da haben wir den Eremiten", scherzte Xavier. – „Er nimmt seine kärgliche Mahlzeit ein, während er sich in die Probleme vertieft."

Sie gingen im Zimmer herum, untersuchten und sahen sich um. Dann fragte einer, wie viele Zimmer der Pfarrhof hätte. Er sagte es ihnen.

Sie hatten rasch gesehen, was es zu sehen gab. Er hatte ja auch damals nicht mehr als das Allernotwendigste gehabt.

Dann sammelten sie sich um seine Bücherregale. Die standen am Bett, wie heute. Er war gerührt, als er seine schwedischen und lateinischen Klassiker hervorholte und zeigte. Tegnérs und Franzéns Gedichte und Gejers Geschichte. Jedes einzelne Buch hatte seine eigene Geschichte. Es waren köstliche Dinge, die er mit Mühe und Entbehrungen bezahlt hatte.

Jedes von ihnen hatte er viele Male von Anfang bis Ende gelesen. Sie waren wie zu lebenden Wesen geworden für ihn. Jedes hatte sein eigenes Gesicht, seine Gedanken und sein Leben. Trotzdem blieben sie nicht dieselben, wenn er sie immer wieder aufs neue las. Immer hatten sie ihm etwas Neues zu erzählen. Immer verlockten sie ihn zu neuen Protesten am Rande oder ließen seine Gedanken fliegen, so daß er das Buch vergaß und nur saß und vor sich hinstarrte.

So ähnlich hatte er es wohl seinen Gästen erzählt. Und schließlich hatte er gesagt:

„Es ist mein Freundeskreis, meine Freude und mein Trost."

Und so war es wirklich. Auch wenn sie ihm jetzt nicht zu helfen vermochten. Es war sein liebster irdischer Besitz.

Brita hatte für die Gäste Essen zubereitet. Sie hatte es gut gemacht, und warm überlief es ihn, daß er stolz auf sie war. Es war so festlich, wie man es in der Einöde nur bieten konnte.

Sie holten ihre Reiseflaschen hervor. Die feinen Flaschen wirkten so fremd und ungewohnt.

„Heute stehen zum erstenmal Weinflaschen auf dem Tisch des Hauses", hatte er gesagt.

Die Stimmung stieg. Sie sprachen freier. Sie kamen sich auch näher. Sie sollten ja reisen, und er würde zurückbleiben. Sie hatten ihm gefallen. Ja, Paul und Xavier hatte er liebgewonnen. Vielleicht hatten sie auch für ihn etwas übrig.

Sie verbargen nicht, daß sie ihn bedauerten. Sein Leben mitten in der kalten Ödmark zu leben, in einem elenden Wohnhaus, und nicht mehr als das Notdürftigste zu haben.

„Und dabei kannst du so viel erreichen!" Paul sagte es. Er hob sein Glas. – „Verlaß die Ödmark, lieber Freund. Die große Welt ruft nach dir!"

Er wußte es. Die Welt stand ihm immer noch offen. Aber sie hatte niemals nach ihm gerufen. Und wenn er da draußen gewesen war, hatte ihn die Hochebene immer zurückgerufen.

Er erhob sich. Er sprach zu ihnen über die Pilgrimswanderungen in den Bergen, über die Nächte in den Hütten.

„Ihr glaubt, daß es ein anstrengendes Leben ist. Ich aber bin zu diesem Leben geboren, und ich bin daran gewöhnt. Und ich liebe es. Schön, ich habe keinen der Genüsse, die ein Leben in Luxus bietet. Das aber hat niemals etwas für mich bedeutet, und es lockt mich auch jetzt nicht. Meine zweiundzwanzig Maß Korn reichen für mich und die Meinen aus. Und ich fühle mich glücklich dabei."

Einer der Maler zeigte ihm die Skizze, die er von ihm angefertigt hatte. Mit einigen Strichen machte er sein Gesicht noch schärfer.

„Ich werde dir ein Porträt schicken", sagte er.

Lange glaubte er, daß es vergessen worden sei. Aber im vorigen Jahr war es gekommen. Er stand und lehnte sich gegen einen Stein und hatte die ganze Hochebene in seinem Rücken. Und an der Brust trug er das Kreuz der Ehrenlegion. Der Maler hatte wohl gewußt, daß er es erhalten sollte, und so hatte er es schon in das Bild aufgenommen.

Lange Zeit konnte er vor seinem Bild stehen und es anblicken. Wie einem fremden Menschen gegenüber, den er bis auf den Grund kennenlernen wollte. Jeden Zug untersuchte er. Es war, als dringe er hinab in seine eigene Seele.

Das Bild lag zusammengerollt in dem Schubfach. Er brauchte es nicht hervorzuholen, um es zu sehen. Trotzdem tat er es hier und da. Es war das erste Bild, das er von sich selbst sah. Es würde wohl auch das einzige bleiben.

Sie kamen wieder in sein Zimmer. Er sollte ihnen seine Pflanzensammlung zeigen. Paket für Paket trug er sie auf den Tisch. Nur hier und da konnte ein Blick darauf geworfen werden. Es war ja undenkbar, daß man da durchkommen konnte.

Paul fragte, ob er ihnen die Sammlung verkaufen würde, falls es in Frage käme.

Er hatte geantwortet, daß er es tun könnte. Von den seltenen Pflanzen hatte er mehrere Exemplare, und die anderen konnte er ja wiederfinden.

Nach einer Zeit kam durch den Professor am Reichsmuseum die Mitteilung, daß die Expedition und Paul persönlich so viele seiner Pflanzen wie nur möglich kaufen wollten.

Er begann zu sortieren. Es war wie eine erneute Wanderung durch sein eigenes Leben, Schritt für Schritt. Es waren Pflanzen, die er als Kind gefunden hatte, und es waren Pflanzen, die noch fast frisch waren. Alle hatten ihre Geschichte und ihre Erinnerungen. Halbvergessene Stätten und Ereignisse tauchten in seiner Erinnerung auf. Als seien alte und neue Freunde zum letztenmal zusammen.

Er sortierte, ordnete und legte die Gruppen in Haufen. Aber Pauls Anteil wurde der größere, wie es auch zusammenhing. Diese trockenen verwelkten Pflanzen hatten wohl trotz allem eine Art Leben für ihn. Vielleicht wollte er sie ganz unbewußt lieber einem lebendigen Menschen als einem Museum überlassen. Auch wenn er wußte, daß sie dort mehr Menschen Freude und Nutzen zu geben vermochten. Er dachte daran, wie er selbst als junger Mann in den Sammlungen anderer geblättert und sich an ihnen gefreut hatte. Vielleicht konnte irgendein junger, armer Kerl die gleiche Freude an seinen Sammlungen finden.

Endlich war er fertig und zählte die Haufen. Zweitausendsiebenhundert Pflanzen waren in dem einen und viertausend in dem anderen.

Ob sie wohl ihr Ziel erreicht hatten? Er hatte geschrieben und gefragt, aber keine Antwort erhalten.

Die französischen Gäste standen bereit und wollten sich auf den Weg machen. Er sollte sie ein Stück südwärts begleiten. Sie standen draußen vor dem Hause und nahmen Abschied. Da nahm Paul sein Gewehr von der Schulter und reichte es ihm:

„Nimm es zum Andenken, lieber Lasse!"

Jetzt hing es dort an der Wand. Es war eine der schönsten Jagdwaffen, die es überhaupt gab.

Einige Meilen weiter trennten sie sich. Er sah ihnen nach. Sie zogen wieder dem großen strahlenden Leben entgegen. Er kehrte zurück zu der Einöde, der Finsternis und der großen Angst.

## 15.

Die Wochen vergingen. Der Husten ließ etwas nach, und er war nicht mehr so schwach. Vielleicht sollte er auch dieses Mal nicht sterben. Vielleicht hatte ihn der Herr noch einmal dem Tod ins Angesicht schauen lassen und ihm noch eine kurze Weile geschenkt, sich bereit zu machen. Er hatte schon einmal solch eine Warnung erhalten, aber nicht darauf geachtet.

Es war jetzt zehn Jahre her. Fünf Jahre lang hatte er seine Pfarre geleitet. Das Nervenfieber wütete schlimm im Land, und er war viel in den Hütten bei den Kranken. Er war so vorsichtig, wie er konnte, und hatte auch keine besondere Angst vor Ansteckung. Aber als er eines Abends heimkam, fühlte er sich krank.

Am Tag darauf hatte er das Fieber. Er glaubte an seine Kraft und dachte, es zu überstehen. Aber von Tag zu Tag wurde es schlimmer. Schließlich waren alle davon überzeugt, daß er es nicht überstehen würde. Auch er war sich dessen gewiß. Er lag nur da und wartete auf das Ende. Es dauerte mehrere Wochen. Er war die ganze Zeit völlig klar. Meist dachte er an Brita und die Kleinen. Was würde aus ihnen werden, wenn er fort war. Ein neuer Pfarrer würde kommen, und sie würde sich mit den Kindern auf den Weg machen müssen. Das kleinste konnte noch nicht einmal gehen. Hungern würden sie, frieren und Not leiden.

Der Gedanke an sie war fast schlimmer als die Krankheit selbst. Ab und zu dachte er, daß er nicht das Recht dazu habe, sich zu sorgen. Alles stand ja in der Hand einer höheren Macht. Das gab aber keinen Trost. Es war wohl so, daß kein Sperling zu Boden fiel ohne seinen Willen. Aber er hatte zuviel von menschlicher Not und menschlichem Elend gesehen, um zu glauben, daß das für dieses Leben galt. Nein, das Erdenleben und was dazugehörte mußte wohl der Menschen eigene Sache sein. Hilflose Frauen und Kinder kamen in Not und Elend um. Dieses Los war dem unschuldigsten Kind ebenso gewiß wie dem schlimmsten Auswurf.

So würde es auch Brita und den Kindern gehen, wenn er fort war. Angst und Sorge hatten ihn damals gepeinigt.

Er für sein Teil fürchtete den Tod nicht. Es war etwas Natürliches. Früher oder später müssen wir alle sterben. Über Tag und Stunde sind wir nicht Herr. Jetzt war seine Zeit gekommen. Er hätte gerne weitergelebt. So vieles hatte er ungetan gelassen. Er war ja in seinen besten Jahren. Etwas traurig fühlte er sich, als er daran dachte. Aber Angst vor dem, was ihm begegnen sollte? Entsetzen vor dem Gericht? Nein, das hatte er nicht gefühlt.

Gut, er wußte, daß er ein großer Sünder war. Er vergaß auch nicht das Laster seiner Jugend. Aber der Herrgott war weitherzig und voll großen Erbarmens. Und im Vergleich zu anderen glaubte er noch weniger Grund haben zu müssen, das Gericht zu fürchten. Er hatte für die Seinen so gut gesorgt, wie er es verstanden hatte. Er war ein treuer Arbeiter in seinem Beruf gewesen. Und seine wissenschaftlichen Verdienste waren auch nicht ganz ohne Bedeutung.

Tief in seiner Seele begann sich ein Gedanke herauszuarbeiten, eine Frage.

Wen hast du eigentlich zu Gott geführt? Hast du irgend jemanden auf den rechten Weg zur Ewigkeit geleitet?

Das tat er aber damit ab, darüber müsse eine höhere Macht urteilen. Er hatte Gottes Wort so rein und so wahr verkündigt, wie er es verstand.

Ja, so hatte er dagelegen und nachgedacht – damals, während er auf den Tod wartete. Er war geradezu zu dem Ergebnis gekommen, daß der Herrgott ihm eine wirklich gute Stelle schuldig sei, wenn er zu ihm käme.

Erst als es ihm ernstlich besser zu gehen begann, war eine Art Unruhe über ihn gekommen. Irgendwie fühlte er sich betrogen. Gerade dann, als er sich bereit fühlte, ließ ihn Gott am Leben. Ein anderes Mal würde es nicht so sicher sein, daß er bereit sein würde. Wie eine unklare Angst kam es über ihn, daß er vielleicht nicht ganz so bereit war, wie er es geglaubt hatte. War es ein Betrug gewesen, mit dem er sich beruhigt hatte? Schwäche nach der Krankheit, schüttelte er den Gedanken ab. Wenn er vor dem Tod stand, fürchtete er sich nicht ...

Aber wenn du das nächste Mal in die lange Nacht treten sollst? Wenn du das nächste Mal die unbekannte Wanderung antreten sollst? Diese Frage kam immer wieder und beunruhigte ihn.

Als er gesund war und seine Arbeit wieder aufgenommen hatte, ging es ihm nach und nach auf, daß eine Veränderung mit ihm geschehen sein müsse. Das Leben war ernster geworden. Das Elend um ihn herum traf ihn stärker, und er gab sich größere Mühe als früher, eine Abänderung zu erringen.

Seine Predigten bekamen einen schärferen Ton, und furchtloser ging er gegen Gesetzlosigkeit und Unsitte vor, wo er sie traf.

Aber klarer als früher sah er, daß er ganz machtlos war. Wie eine Last fiel es über ihn, daß er es nicht zu leisten vermochte.

Nein, er war nicht mehr derselbe. Niemand bleibt derselbe, nachdem der Tod bei ihm angeklopft hat.

Und wieder stand jetzt der Tod vor der Tür und klopfte an. Jetzt war die nächste Nacht gekommen. Wie ganz anders war es jetzt ...

Die Angst vor dem Tod, dem Teufel und der ewigen Hölle brannte wie eine Flamme Tag und Nacht in seiner Seele. Und der Gedanke an Brita und die Kinder konnte ihm nicht einmal die Ruhe eines Augenblicks geben. Er wußte, daß sie es schlecht haben würden, wenn er fort war. Er wußte, daß sie Not leiden würden. Sie waren ja hilfloser als früher – acht Kinder hatte Brita zu versorgen.

Gegenüber dem, was ihn erwartete, hatte das aber nichts zu sagen. Und wie ganz anders sah jetzt sein Leben aus …

*Ich hörte deine Stimme, und hatte Furcht, denn ich bin nackt.*

*Und zu denen auf der linken Seite wird er sagen: Gehet hin von mir, ihr Verfluchten, in das ewige Feuer, das dem Teufel bereitet ist und seinen Engeln!*

*Schleudert ihn in die Finsternis! Dort wird sein Heulen und Zähneklappern!*

Er hob seine Augen auf in der Hölle, die ihn quälte. Wie Todesurteile hieben die Bibelstellen durch seine Seele.

Seine Augen waren geöffnet worden. Er sah sein Leben, wie es war, entkleidet in seiner nackten Häßlichkeit. Ob ihm noch einige Tage vergönnt sein würden? Es konnte so nicht mit ihm weitergehen. Er wußte, daß es etwas anderes gab. Aber er konnte nicht dorthin finden. Der Gedanke suchte nach einem Menschen, der ihm helfen konnte.

Brita? Nein. Sie war zuversichtlich wie ein Kind in ihrem einfachen Glauben, aber helfen konnte sie ihm nicht. Und der kleine Levi war fort. Vielleicht Petrus? Aber auch er war fort.

Wenn er zu seiner Mutter hätte gehen können. Sie hätte es verstanden, was ihm fehlte. Und sie hätte ihn bei der Hand genommen wie damals, als er ein Kind war, und hätte ihn durch die finstere Nacht geführt. Wenn sie ihn doch nicht von seiner Mutter genommen hätten … Er und Petrus hätten bei ihr bleiben sollen. Petrus war jetzt droben. Wie war es ihm in seinen letzten Stunden ergangen?

*

Im Spätsommer vorigen Jahres hatte er die Nachricht erhalten. Lange Zeit hatte er sich so sehr nach dem Bruder gesehnt, und einige Tage vorher hatte er Brita gesagt, daß er hinreisen und mit ihm reden wolle. Der Brief war lange unterwegs gewesen. Er hatte sich gleich auf den Weg gemacht, war aber zur Beerdigung nicht zurechtgekommen. Petrus' Frau hatte ihm nur das Grab zeigen können.

Die Arme, sie hatte es so schwer genommen. Mit sechs Kindern war sie übriggeblieben. Das älteste war nicht mehr als neun Jahre alt.

Er hatte versucht, sie zu trösten und gesagt, daß sich auch für sie ein Rat finden würde, sie würde schon sehen.

Das sei nicht das Schlimmste, hatte sie geantwortet.

Nein, nein, so war es wohl. Er stand ja selbst da und fand, daß der Verlust des Bruders mehr war, als er ertragen konnte.

Petrus war so fein und gut gewesen. Der feinste und beste Mensch, den er kannte. Und wenn er jetzt allein mit seinen Sorgen war, stieg die Erinnerung an den Bruder nur noch klarer in ihm auf.

Von der frühesten Kindheit an war ihm Petrus mehr gewesen als ein Bruder. Er war sein Freund und Kamerad. Sie hatten Freude und Sorge und alle Geheimnisse miteinander geteilt. Petrus war stark und gesund, und vielleicht ein noch besserer Kopf als er selbst. Und sein gutes, liebevolles Wesen verbreitete Sonnenschein, wo er auch war.

In der ersten Gymnasialzeit fühlte er sich völlig unbeholfen, weil er nicht mehr mit dem Bruder zusammenlebte. Aber sie trafen sich doch oft. Erst als sie zur Universität sollten, begannen sie mehr, ihre eigenen Wege zu gehen.

Er konnte sich so gut des Augusttages entsinnen, an dem sie sich auf die Reise machten. Er war zwanzig und Petrus achtzehn Jahre alt. Mit dem Ranzen auf dem Rücken zogen sie nach Piteå hinab. Es waren vierundzwanzig Meilen. Sie rasteten am Wegrand und schliefen in Scheunen und Waldhütten. Von Piteå sollten sie mit dem Schiff südwärts fahren. Aber es gab gerade keine Schiffsgelegenheit. Da erfuhren sie, daß zehn Meilen nördlicher ein Schiff lag und Last aufnahm. Es würde gewiß südwärts fahren. Den

Ranzen auf den Rücken und hin. Das Schiff lag da, und es wollte auch nach Süden, wenn es fertig war – in etwa drei Wochen.

Das war ein ziemlich häßlicher Strich durch die Rechnung. Es war ja schon voller September.

Lars sagte, daß man da nichts tun könnte. Sie mußten warten, bis das Schiff abfahrbereit war und sich die Zeit mit Studien vertreiben. Vielleicht konnte man an der Küste einige seltene Pflanzen finden.

Petrus wollte aber nichts davon hören. Er wollte in Uppsala sein, wenn das Herbstsemester begann – am 30. September. Lars hatte versucht, ihm deutlich zu machen, daß er es nicht schaffen könne.

Petrus hatte nur gelächelt.

„Bleib nur da und pflege deine Pflanzen. Ich muß zu meiner Philosophie."

Am nächsten Morgen in der Frühe nahm Petrus den Ranzen auf den Rücken und zog gen Süden. Er ging die dreiunddreißig Meilen bis Umeå. Hier wurde er auf einem Schiff mitgenommen, und am 30. war er in Uppsala.

So war Petrus. Er hatte seine Ziele, und die ließ er nie aus den Augen. In langen, zähen Tagemärschen suchte er, sie zu erreichen.

Deutlich erinnerte sich Lars an den Tag, nachdem sie ordiniert worden waren. Er hatte begonnen, für die Reise nach der Lappmark zu packen. Petrus war ausgegangen. Etwas später sah er ihn weit entfernt auf der Straße. Er hatte ein paar alte Schneeschuhe angeschleppt. Er kam mit ihnen mitten ins Zimmer.

„Jetzt hab ich Glück gehabt, Lasse. Sie sind stark und gut, und ich habe sie für beinahe nichts bekommen!" Er freute sich wie ein Junge.

Einige Stunden später zog er auf ihnen mit dem Ranzen auf dem Rücken die Straße hinab. Er ging nach Uppsala und setzte seine Studien fort. Im nächsten Jahr bestand er sein philosophisches Kandidatexamen. Dann zog auch er nach der Lappmark. Er sollte dem Missionsdienst in der Piteå-Lappmark vorstehen.

Während dieser Tätigkeit hatte er seine zwei Tagebücher geschrieben. Nicht nur Lasse hatte sich über die beiden Bücher gefreut und dankbar gefühlt. Auch andere, die sich darauf verstanden, sagten, daß es Werke von großem Wert seien. Er hatte ja auch im Jahre 1832 den Lindbladschen Preis bekommen.

In dieser Zeit war Petrus völlig glücklich gewesen. Selbst sagte er, daß er jetzt an die Schwelle einer Welt gekommen sei, nach der er sich immer gesehnt, doch nie geglaubt habe, sie zu erreichen.

Und das war ja nur ein Anfang gewesen. Die Pläne und Einfälle wuchsen mit jedem Tag.

Eines Tages ging er zu seinem Verleger. Wie ein kalter Luftzug sei es ihm entgegengeweht, sagte er später. Als wäre etwas eingefroren in ihm.

Er mußte sich zusammennehmen, um zu fragen, wie es mit seinen Büchern gegangen sei.

Der Verleger seufzte schwer auf, ehe er antwortete. Der Verkauf habe leider bei weitem nicht die Unkosten gedeckt. In diesem Leben würde jedenfalls keiner von ihnen beiden einen Schilling für ihre Mühe bekommen, dessen könne er gewiß sein.

Als Lars ihn etwas später traf, war er nicht derselbe wie vorher. Der Mißerfolg hatte ihn gezeichnet.

Als sie zusammensaßen, hatte ihn Lars gefragt, was ihm eigentlich fehle. Petrus lächelte.

Nein, ihm fehle nichts.

„Aber du hast doch einen Kummer."

Und dann hatte er es erzählt.

„Es ist wohl kindlich, und du kannst es wohl nicht verstehen, Lasse. Aber das ist der größte Mißerfolg, den ich bisher hatte. Ich gehe umher und bin traurig. Es ist, als wenn etwas von meinem eigenen Leben in meiner Seele wegstirbt."

Er hatte ihn verstanden. Und er hatte versucht, es ihm zu sagen. Er hatte ihn auch gebeten, sich nicht um das Geld zu kümmern. Es hatte ja nicht so viel zu bedeuten, ob er für seine Bücher etwas bekam oder nicht.

„Nein, das Geld ist es nicht. Aber wenn ein Buch sich nicht verkauft, bedeutet es doch, daß fast niemand es liest. Meine Gedanken dringen nicht zu den Menschen durch. Selbst solch ein Verleger hat das Recht, mir zu sagen, daß es eine unnütze, sinnlose Mühe ist."

Er dachte etwas nach. Dann kam es.

„Manchmal denke ich, daß die Menschen einmal den Wert meiner Arbeit erkennen werden. Aber dann habe ich nicht den Mut, es zu glauben. Vielleicht bekomme ich ihn einmal. Dann werde ich wieder schreiben. Vorher nicht."

Sieben Jahre vergingen, ehe er etwas schrieb. Es war ein kleiner Beitrag für eine Zeitung.

Lars hatte begonnen, sich zu freuen. Jetzt kommt er! Jetzt kommt er!

Und dann war es zu Ende. Petrus aber war nicht der Mann, der dasaß und über seinen Kummer grübelte. Er verschloß ihn in sich und setzte seine Kräfte für andere Aufgaben ein. Schon im Jahre 1831 schickte er sein Gutachten über das Unterrichtswesen in der Lappmark ein. Vier Jahre später kam sein Vorschlag für ein neues Gesetz über Kirche und Schulwesen, Wohnungs- und Armenfürsorge. Die Pfarrer in der Lappmark hatten ihn gebilligt und empfohlen. Er wurde der Regierung zugestellt. Weiter war er nicht gekommen.

Es war wohl auch nicht anders zu erwarten. Die großen Herren in der Hauptstadt fanden wohl, daß schon so viel anderes für den armen Landdistrikt zu tun war. Viele begriffen wohl nicht den Sinn davon.

Was aber wohl mehr war als alles, was Petrus geschrieben

hatte, war seine tägliche Arbeit, für die er alle seine Kräfte und seinen reichen Sinn einsetzte. Auch das wurde wohl nicht bemerkt. Einmal aber würde das Volk die schöne Größe in seinem Werk verstehen lernen. Lars wußte das genau. Das Werk, das Petrus vollbracht hatte, war zu groß, um zu sterben.

Und doch war er nur am Eingang gewesen. Was hätte noch werden können, wenn ihm das Weiterleben vergönnt worden wäre. So war es auch mit Karl-Erik. Er war erst zweiundvierzig Jahre alt, als er starb. Und jetzt war die Reihe an ihn selbst gekommen.

„Welche Sorgen werde ich in dieser Welt durchzumachen haben? Mein erstes Lager war in einem hohlen Baum, und mein letztes wird zwischen vier Brettern sein", sagte Petrus an einer Stelle über sich selbst.

So war es auch mit seiner Geschichte. Sie hatte ihr Ende vor sich. Weshalb sollte er mehr geschont werden als seine Brüder?

Nein, nein, es konnte nicht das Ende sein. Es mußte auch für ihn einen Weg der Erlösung geben. Wenn Gott sich seiner nur erbarmen und ihm Zeit geben wollte.

## 16.

Tag für Tag kämpften sie sich durch die schwarze Adventszeit. Es ging dem großen Fest entgegen. Die Lappen kamen vom Hochland hergezogen. So lebhaft ging es zu wie auf einem Markt.

In der Küche arbeitete Brita mit den Mädchen und einer Frau, kochte und wusch. Und die Kleinsten fragten und fragten: „Wann ist Weihnacht, Vater?"

Er antwortete, daß es noch wenige Tage seien, und dann käme der Weihnachtsabend.

Nur wenige Tage. Und noch hatte er nicht über die Predigt nachgedacht, die er halten sollte. Schon seit langem hätte er das tun sollen.

Eines Tages setzte er sich an die Arbeit. Jetzt mußte er heran. Er nahm den Text.

*Es begab sich aber zu der Zeit …*

Er las das ganze Weihnachtsevangelium. Dann schloß er die Augen und versuchte, es zu überdenken. Dann pflegten die Gedanken zu kommen. Er saß und wartete. Aber es leuchtete nur ein wenig auf. Dann erlosch es. Und seine ganze Seele war wie ein finsterer, kalter, leerer Raum, in dem er saß und vor sich hinstarrte.

Er nahm sich zusammen und las das Evangelium noch einmal. Er schloß die Augen und überdachte es. Und wieder erlosch es, und er saß leer und finster wie zuvor. Immer wieder versuchte er es. Aber es nützte nichts.

Schließlich gab er es auf. Er war etwas verwundert. Es war ihm noch nie mißglückt, wenn er sich darangesetzt hatte. Jetzt aber wollten ihm die Gedanken nicht mehr gehorchen.

Es war wohl die Krankheit, tröstete er sich. Er hatte wohl nicht mehr soviel Kräfte. Aber auch das vermochte er nicht so recht zu glauben. In den letzten Tagen war er doch sehr viel ruhiger gewesen. Er hatte an die Mutter gedacht und an Petrus und den kleinen Levi. Es war mehr Kummer gewesen als Angst. Mehr Sehnsucht nach ihnen als Furcht vor dem Tod und der ewigen Pein. Er fühlte sich nicht mehr schwach. Und der Husten war nicht mehr so grausam.

Brita hatte schon vor langem gesagt, daß es ihm besser gehe. Er hatte selbst daran zu glauben begonnen. Und jetzt konnte er keine Predigt schreiben. Was sollte werden?

„Du kannst eine von den alten nehmen." Das hatte doch Brita einmal gesagt. Es war noch nicht so lange her …

Damals hatte er es für unmöglich angesehen. Er hatte etwas Neues sagen wollen. Jetzt schien es ihm, es sei einerlei. Er hatte nichts Neues zu sagen. Die Gedanken und Wendungen würden vielleicht etwas anders sein, aber die Worte würden ebenso leer bleiben.

Draußen begann es, hell zu werden. Er ging hinaus. Es war still, etwas grau, aber nicht kalt. Schönes Schneeschuhwetter, dachte er.

Im gleichen Augenblick fiel ihm ein, daß er lange nicht auf Jagd gewesen war. Vielleicht hatte er heute Kraft genug dazu.

Er ging hinein und sagte es Brita.

„Geh nur nicht zu weit", sagte sie.

Die Schneeschuhe liefen gut. Leicht glitt er über den schneebedeckten Boden. Die große, weiße Stille nahm ihn gefangen. Wie eine kühlende Erquickung spürte er sie bis tief in die Seele. Und dann blieb er stehen und saugte sie mit all seinen Sinnen ein.

Er fühlte wieder, daß er lebte.

Im Gestrüpp am Fluß pflegten Schneehühner zu sein. Mit langsamen Schritten glitt er hinab. Etwas weiter unten scheuchte er einen Schwarm auf und schoß ein paar. Dann glitt er weiter. Bald darauf scheuchte er einen neuen Schwarm auf und schoß noch ein paar. So ging es weiter. Oft stand er lange auf einem Fleck und ließ sich von der Stille kühlen. Der Husten ließ ihn in Ruhe. Er war nicht müde.

Ehe er sich dessen bewußt war, begann es zu dämmern. Seine Jagdtasche war ordentlich gefüllt. Er war weiter abgekommen, als er es vorgehabt hatte, und wandte sich heimwärts. Er ging und freute sich darüber, daß er keine Müdigkeit fühlte. Eine Weile lief er tüchtig drauf los. Nein, es kamen keine Atembeschwerden. So krank konnte er nicht sein. War es wirklich wahr, daß er gesund wurde? Wie um nachzuprüfen, daß es so war, lief er mit voller Kraft los. Er achtete darauf, ob die Kräfte nachließen. Er konnte es nicht bemerken. Da beschleunigte er die Fahrt. Schließlich vergaß er sich völlig und lief, daß es brauste. Jetzt dachte er nicht mehr. Er fühlte nur die angenehme Kühle im Gesicht. Und er hatte noch Kraft. Er war nicht müde, obschon er wirklich weit gegangen war.

Es verging nicht viel Zeit, und er war zu Hause. Die Kinder sahen ihn kommen und kamen angelaufen. Beim letzten Stück zum Hof umschwärmten sie ihn. Kalle wollte die Büchse tragen. Und eines der Mädchen bekam die Jagdtasche.

Der Schweiß rann ihm von der Stirn, als er in die Küche trat.

Brita sah ihn furchtsam an.

„Geht es dir schlecht?"

„Nein, gut geht es mir. Ich bin nur so schnell gelaufen."

„Kannst du denn nicht einsehen, daß du vorsichtig sein mußt", sagte sie verzweifelt.

„Doch, ich werde vorsichtig sein", sagte er und stand wie ein kleiner Junge da, der Schelte bekommen hatte.

Sie wärmte Milch für ihn und setzte das Essen auf den Tisch. Er war hungrig und aß tüchtig.

Hinterher wollte er in sein Zimmer gehen. Aber im Gang blieb er stehen. Es war, als könne er es nicht schaffen. Dort lag die Rechenschaft und erwartete ihn. Wenn er über die Schwelle träte, würde sich das vielfältige Heer der Gedanken zu Gericht über ihn sammeln. Und die Todesangst würde wie ein Scheiterhaufen um ihn flammen. Er wußte, daß er dem nicht entgehen konnte. Er mußte hindurch. Aber er konnte es noch nicht. Nicht jetzt. Der Tag war so schön gewesen. Nur noch eine kurze Zeit, dachte er und ging zu den Kindern.

Sie bekamen erst einen kleinen Schreck. Kam der Vater jetzt zu ihnen herein? Und lächelte?

Er setzte sich auf den Schemel am Ofen, und sie scharten sich um ihn.

„Erzähl etwas Schönes, Vater!" – „Warst du weit weg heute?" – „Lehr uns ein neues Lied! Ein Weihnachtslied!" – „Nein, erzähl uns von Weihnachten!" So redeten sie durcheinander, daß man es kaum unterscheiden konnte.

Und er erzählte ihnen vom Jesuskind.

Beim Erzählen wurde das Bild so nahe und so bekannt. Es war kein fremdes Land. Es war das Hochland hier vor dem Pfarrhof.

Zwei Menschen wanderten über die Hochebene. Er ging voran mit dem Rindenranzen auf dem Rücken und dem Pickelstock in der Hand. Sie folgte dicht hinterher. Sie mußten oft rasten, denn sie war hochschwanger und wurde zu müde. Tag um Tag gingen sie. In der Nacht schliefen sie in einer Waldhütte oder in einer Scheune. Endlich hatten sie eines Abends ihren Geburtsort erreicht. Da waren so viele Menschen wie auf dem größten Markt. Alle, die daher stammten, waren gekommen, sich zählen zu lassen. Von Tür zu Tür gingen die beiden und fragten nach Obdach für die Nacht. Wenn es nicht anders sein konnte, wollten sie auf dem Fußboden einer Küche schlafen. Aber nicht einmal das konnte man ihnen geben. Schließlich hatten sie in allen Häusern nachgefragt. Nur das große Gasthaus war noch übrig. Eine große Treppe war da mit einem Dach darüber, und Licht schien in allen Fenstern. Dorthin konnten sie aber nicht gehen. Sie waren arm, und das Gasthaus war zu teuer.

Es war dunkel und spät geworden. Sie mußten für die Nacht ein Dach über dem Kopf haben. Da gingen sie zu den Ställen. Alle Viehstände waren besetzt. Endlich fanden sie im tiefsten Winkel eines alten Stalles einen leeren Stand. Sie holte ein Rutenbündel und fegte ihn rein, und ein freundlicher Fuhrknecht lieh ihnen einen Sack Heu. So bereiteten sie sich ein Lager im Stand und legten sich hin.

Aber da kam ihre Stunde. Sie sollte ihr Kind bekommen. Und in diesem Stand gebar sie in der Nacht ihren Knaben.

Es gab keine Wiege im Stall. Da nahm sie etwas von dem Heu, das der freundliche Fuhrknecht ihr geliehen hatte, und bereitete dem kleinen Jesuskind sein Lager in der Krippe ... Im Stall standen auch Ochsen und Pferde, streckten ihre Köpfe über die Planken und blickten auf das Kind.

Draußen auf der Hochebene aber waren ein paar Hirten, die des Nachts ihre Rentiere vor dem Wolf bewachten. Es leuchtete weder Mond noch Nordlicht, und es war pechfinster. Da flammte plötzlich ein Licht, so scharf wie der Blitz im Nachtdunkel und so klar wie die Sonne zur Mittsommerzeit. Und sie bekamen solche Furcht, daß sie nicht wußten, wo sie waren, und daß sie kein Glied rühren konnten.

Da kam ein Engel in weißem Gewand zu ihnen.

*Fürchtet euch nicht! Siehe ich verkündige euch große Freude. Denn euch ist heute der Heiland geboren. Und alsbald war da bei dem Engel die Menge der himmlischen Heerscharen, die lobten Gott und sprachen:*

*Ehre sei Gott in der Höhe! Den Menschen ein Wohlgefallen!*

Es wurde still.

„Vater?" Es war die kleine Elisabeth.

„Ja, Kind?"

„War der kleine Levi mit unter den Engeln?" Es kam so leise.

„Ja, er war einer von den Engeln."

Sie baten ihn, ihnen ein Weihnachtslied beizubringen. Aufs Geratewohl stimmte er ein Lied an:

*Macht hoch die Tür, die Tor macht weit;*
*Es kommt der Herr der Herrlichkeit,*
*Ein König aller Königreich,*
*Ein Heiland aller Welt zugleich!*

Nein, das meinten sie nicht. Etwa dies?

*Ihr Kinderlein kommet ...*

Das verstanden sie. Sie waren ja im Stall bei dem Kind. Und jetzt sangen sie mit, Strophe um Strophe.

Konnte er vielleicht jetzt eine Weihnachtspredigt schreiben? Er erhob sich.

„Vater muß nun auf sein Zimmer und schreiben", sagte er und ging.

Er zündete ein Talglicht an und setzte sich an den Tisch. Wieder nahm er den Text vor und las. Das Licht war schlecht, und er konnte die Buchstaben nur schwer unterscheiden. Die Augen brannten. Aber jetzt konnte er sich nicht mehr entziehen und las weiter.

Plötzlich legte er das Buch beiseite. Weshalb sollte er sitzen und es immer wieder lesen? Er kannte es ja in- und auswendig. Daraus wurde doch keine Predigt. Dazu mußte er Gedanken haben, und die hatte er nicht. Er lächelte vor sich hin. Hatte er keine Gedanken? O doch – eher allzu viele. Sie jagten ihn ja von Ort zu Ort und gaben ihm keinen Augenblick Ruhe. Nur ein kleiner Bruchteil von dem, was ihm in diesen Wochen durch den Sinn gegangen war, würde für so viele Predigten reichen.

Aber er konnte diese Gedanken nicht brauchen. Es waren Gedanken, die die Angst vor Tod und Gericht, vor dem Teufel und der ewigen Höllenpein erzeugt hatte. Es waren Gedanken, mit denen ihn die wunde, hoffnungslose Sehnsucht nach der Erlösung erfüllt hatte. Und vielleicht war es noch mehr als all dies – der Kummer über das Leben, das er gelebt hatte.

Solche Gedanken aber konnte er nicht für eine Predigt brauchen, und am allerwenigsten für eine Weihnachtspredigt.

Eine Predigt sollte trösten und erbauen. Am besten sollte sie auch rühren, so daß die Frauen ein wenig weinten. Sie sollte die Gemeinde zu einer milden, guten Stimmung erheben. Aber sie durfte niemandes Seelenfrieden zerstören. Und vor allen Dingen durfte sie keinen Anstoß erregen, damit sich all die tugendhaften Heuchler der Welt nicht zu schämen brauchten. Die Worte mußten daher wohl gesetzt sein, wie es sich für einen Pfarrer gehört, und mußten mit Überlegung und Gefühl für das Passende gewählt sein. Es mußte aber auch gerade soviel Zurechtweisung und Ermahnung darin stecken, daß der Nachbar die Züchtigung erhielt, die er seit langem verdient zu haben schien ...

Was für ein herrliches Ding war solch eine Predigt. Er wußte es. Wenn die Leute aus der Kirche gingen, liefen sie voll von trostreicher Frömmigkeit geradezu über. Und sie waren innerlich dankbar. Wieder einmal hatten sie sich versichert, welch gute Menschen sie waren und daß Gott ihnen seit langem einen Raum in seinem Himmel bereitet hatte.

Niemals schmeckten Mittagessen und Schnaps so gut wie nach solch einem Gottesdienst! – Und niemals sonst ist die Seele so leer und so sehr dazu geneigt, das herrliche Mittagsschläfchen entgegenzunehmen.

Gerade solch eine Predigt suchte er zustande zu bringen. Am liebsten sollte sie noch angenehmer für Verdauung und Mittagsschlaf sein als sonst.

Es war doch schließlich ein Feiertag, zum Teufel! – wie der Propst sagte, der seine Weihnachtspredigten ordentlich dick mit Gnade ausschmierte.

Das Essen war ja reichlicher und fetter, und man hatte viel Zeit, sich auszuschlafen.

Solch eine Predigt aber konnte er nicht schreiben. Jetzt nicht. Er wußte es nun. Nie wieder würde er sie schreiben können. Nie wieder durfte er solch eine Predigt schreiben!

Am liebsten hätte er vor ihnen seine grenzenlose Angst und Not herausgeschrien. Ja, am liebsten würde er ihnen ihr Leben schildern, wie er es jetzt sah. Ihnen offen und geradezu erzählen, daß er nicht erlöst war und ewig verdammt sein würde, wenn er jetzt stürbe. Ihnen offen ins Gesicht sagen, daß es mit ihnen ebenso stünde. Daß der Teufel jeden einzelnen von ihnen zur ewigen Höllenpein holen würde. Er würde ihnen auch sagen, daß er ihnen keinen Weg zur Erlösung zeigen könne, weil er für sich selbst keinen wisse.

Er fühle Angst und Not, könne aber die Erlösung nicht greifen. Trotzdem hätte er die Angst und Not nicht aufgegeben, auch wenn er es gekonnt hätte. Wie Schuppen war es ihm von den Augen gefallen. Er war sehend. Vielleicht, wenn Gott ihn noch länger leben lasse, würde er an die Erlösung glauben können.

Im selben Augenblick fühlte er einen kleinen Funken der Hoffnung, und blitzartig erlebte er ein neues Glück, wie er es niemals gespürt hatte. Er war in ein neues, klares Licht gekommen. Die wahnsinnige Angst war fort, und seine Seele war mit unsäglicher Zuversicht und Frieden erfüllt. Ja, selbst der Gedanke an den Tod flößte ihm kein Grauen ein. Er hatte nichts mehr zu sagen. Er mußte nur über den großen Fluß, und dort, an dem grünen Ufer der Ewigkeit, stand Klein-Levi und empfing ihn. Da aber fühlte er sich von Kummer erfüllt. Er wurde so klein und armselig. Je näher er dem anderen Ufer kam, um so ärmer und nackter wurde er. Wie wenn sich eine Last auf ihn gelegt hätte und ihn in den Staub drückte: Nicht die allerarmseligste Tat hatte er, mit der er sich verteidigen konnte. Keine Seele gab es, der er geholfen hatte und die er auf der anderen Seite treffen konnte.

Aber er sah klar. Das Licht war immer noch um ihn. Und er hatte keine Furcht.

Es währte nur einen kleinen Augenblick. Dann war alles fort. Mit aller Gedankenkraft, die ihm zu Gebote stand, versuchte er es wieder zu greifen. Aber es war nur noch leerer und dunkler als zuvor. Das Bild selbst war in all seinen Einzelheiten klar genug. Aber das Gefühl, das er soeben gehabt hatte, war fort. Das Licht auch. War es vielleicht nicht nur ein Gedanke gewesen, sondern ein inneres Gesicht? Ein Funke der Seligkeit? Hatten die Seligen immer das gleiche Gefühl von Zuversicht und Frieden, wie er es einen Augenblick lang empfunden hatte?

Es traf ihn der Gedanke, dies könne das Ende sein. Der

Herr führte ihn auf den Berg Nebo und sagte: Du sollst nicht hineinkommen!

Das Licht war niedergebrannt. Im Zimmer war es finster und kalt. Jetzt sollte er wieder in die Angst hinein. Er fühlte sich furchtbar müde. Auf dem Papier vor ihm stand kein Wort.

Er erhob sich und taumelte ans Bett. Angekleidet legte er sich hin.

Und jetzt packte ihn die Angst wie nie zuvor. Er hatte keine Kraft mehr, sich zu wehren. Etwas in ihm sagte, daß er jetzt seinen Verstand zu verlieren begann. Er mußte sich zusammennehmen oder er verfiel der wahnwitzigen Finsternis. Er versuchte es, aber er schaffte es nicht. Das Entsetzen riß ihn in einen Hexenritt von Gesichtern.

Haarige Füße stapften drüben am Ofen. Ist der Hund im Zimmer? fragte er sich. Es kommt näher. Jetzt kann er es unterscheiden. Es ist nicht der Hund. Es ist ein großer reißender Bär. Mit weit offenem Maul geht er auf ihn zu. Aber er ist so anders als die Bären, die er bisher sah. Es ist kein Bär. Der Satan ist es! Jetzt kommt er und holt ihn. Er zwingt sich, die Augen einen Augenblick zu schließen. Aber als er sie wieder öffnet, ist der Bär wieder da. Jetzt kommt er näher. Er ist am Bett. Er spürt den rohen Raubtieratem über seinem Gesicht. Sinnlos vor Angst liegt er und wartet, daß das Maul zuschnappt. Da gleitet das Tier fort.

Einen Augenblick glaubt er sich gerettet. Da aber wird er in seinem Bett hochgehoben. Jetzt ist es unter seinem Bett. Er liegt und kann den Tierrücken fühlen.

Unwillkürlich blickt er nach der Tür um Hilfe. Und er sieht ein neues Ungeheuer, das ihn das andere vergessen läßt. Jetzt ist es ein großer Drache mit klaffendem Maul und gewaltigen Klauen. Gleich weiß er, daß es der Leibhaftige in neuer Gestalt ist, der kommt, ihn zu holen.

Er will schreien, bekommt aber keinen Laut heraus. Und keinen Finger vermag er zu rühren. Aber die Gedanken sind klar. Dies war das Ende. Der Teufel ist hier und will ihn holen. Er spürt schon den Leichengeruch. Die Wiedergänger schwärmen in sein Zimmer.

Und jetzt fühlt er, daß er bald gerettet sein wird. Jetzt würde er den Gesang in der Luft hören und die Macht bekommen, sich über die Erde zu heben.

Da hört er es. Er war nicht mehr im Zimmer. Er war draußen im Hochland bei den Rentierhirten, von denen er soeben erzählt hatte. Und er hörte die Worte:

*Euch ist heute der Heiland geboren.*

Als er zu sich kam, war er schweißüberströmt. Hatte er geträumt? Nein, er war doch wach gewesen. Er hatte das Ganze so deutlich gesehen. Unsinn! sagte er zu sich selbst. Du mußt geträumt haben! Das mit dem Bär ist ja so natürlich. Auf Bärenjagd hast du ungefähr dasselbe erlebt. Und wie oft hatte er noch gräßlichere Dinge geträumt! Das alles hatte doch seine natürliche Erklärung.

Trotzdem. Eines würde ihm bis zu seinem letzten Tag gewiß sein – daß der Teufel in seinem Zimmer gewesen war und ihn hatte holen wollen.

Aber eine noch stärkere Macht hatte ihn im letzten Augenblick gerettet. Sollte der Traum oder das Gesicht oder was es nun war, vielleicht doch bedeuten, daß es auch für ihn eine Erlösung gab? Vielleicht sollte er dieses Gefühl eines unsäglichen Glücks noch einmal erleben, welches er vor den letzten häßlichen Visionen gespürt hatte.

Und während er so in der Nacht dalag, formte sich ein Entschluß in ihm.

Er wollte sich aufmachen und zu seinem Vater gehen. Er fühlte plötzlich ein inneres Bedürfnis zu beten. Dann fielen ihm aber all die leeren Gebetslügen ein, deren er sich als Pfarrer schuldig gemacht hatte, und er hatte nicht mehr den Mut dazu.

In einer Art demütiger Scham lag er da und dachte an die Geschichte vom verlorenen Sohn.

*Ich will mich aufmachen und zu meinem Vater gehen und zu ihm sagen:*

*Vater, ich habe gesündigt gegen dich und bin hinfort nicht mehr wert, daß ich dein Sohn heiße; mache mich zu einem deiner Tagelöhner. Und er stand auf und ging zu seinem Vater.*

Immer wieder flüsterte er die Worte:

„Mache mich zu einem deiner Tagelöhner!"

Das war sein Gebet zu Gott. Das erste, seit die Mutter an seinem Bett gesessen und ihm die kleinen Hände gefaltet hatte.

❋

Er fühlte sich ruhiger. Die Angst vor dem Tod steckte immer noch in ihm, aber sie war nicht mehr so hoffnungslos. Er würde schon heimfinden zu seinem Vater.

Sobald es hell wurde, würde er sich auf die Wanderung begeben. Und er war bereit. Nicht ein einziges Mal würde er sich nach dem Land umsehen, wo er Schweine gehütet hatte. Vielleicht würde ihm Gottvater einen Stern entzünden in der Nacht und ihm den Weg zu dem Kind im Stall weisen.

Vielleicht konnte er jetzt beten. Er kniete am Bett nieder. Mit dem Kopf auf den gefalteten Händen flüsterte er ein Vaterunser.

So lag er da, als Brita kam. Sie legte ihm die Hand auf die Stirn.

„Es geht dir wieder schlechter. Du bist ja ganz verschwitzt."

Nein, es ginge ihm nicht schlechter, brachte er hervor. Sie zwang ihn, sich auszuziehen. Dann deckte sie ihn gut zu.

„Nun mußt du versuchen zu schlafen."

Ja, er würde versuchen zu schlafen. Und jetzt sagte er nichts mehr, sie zu beruhigen. Seit Wochen war er nicht mehr so ruhig und so müde gewesen.

Er legte die Hand unter die Wange, wie er es als Kind getan hatte, und schloß die Augen.

Bald fühlte er den Schlaf wie ein unerwartetes Glück über sich sinken.

## 17.

Die Krankheit hatte ihn wirklich losgelassen. Mit jedem Tag fühlte er sich besser. Auch dieses Mal hatte Gott ihn verschont. Er sollte noch nicht sterben.

Aber die Angst wich nicht von ihm. Sie war nur nicht mehr so wahnwitzig. Es war mehr wie eine schwere Sorge, an der er zu tragen hatte. Und die Gedanken quälten sich immer noch mit den gleichen Fragen und hielten ihn in den Nächten wach. Es kam vor, daß er einen Weg zu sehen schien und voller Hoffnung war, dann aber konnte es wieder hoffnungslos sein und schwarz. Oft hatte er auch ruhige Stunden. Da vermochte er seine Gedanken um seine Arbeit zu sammeln und schlief in den Nächten.

An solchen Tagen fühlte er förmlich, wie seine Kräfte wuchsen. Bald würde er wieder so stark sein wie zuvor. Aber er war nicht mehr derselbe. Je gesunder er sich fühlte, um so klarer wurde es ihm, und seine Gedanken waren ruhiger.

Am besten merkte er es an seiner pfarramtlichen Tätigkeit. Wenn er sich hinsetzte, seine Predigten zu schreiben, hatte er dasselbe Gefühl wie als Junge, wenn er einen Aufsatz schreiben sollte. Die Gedanken strömten auf ihn ein, und er hatte Lust, sie niederzuschreiben. Dann aber wußte er nicht, ob man es so sagen könne. Was er über das Predigen gelernt hatte, war so ganz anders. Nach alter Gewohnheit begann er mit den alten Phrasen und denselben

Worten und Wendungen, die einen so guten Klang abgaben. Aber es ging nicht. Er schaffte es nicht. Das war ja nicht er. Wenn er es laut las, war es ein anderer Mensch, den er hörte. Ein Pfarrer, den er einst gekannt hatte und der gewiß sehr klug war und sehr viel wußte. Er selbst war nur ein armer verirrter Mensch, der zu seinem Vater heimkehren wollte, aber den Weg in der Einöde nicht kannte. Und weder der Geistliche noch der Gelehrte vermochten, ihm den Weg zu zeigen.

Eines aber stand fest: Er wollte heim zu seinem Vater. Noch tappte er in der Finsternis, ohne Weg oder Steg zu erkennen. Aber er würde so lange suchen, bis er ihn fände.

So taumelte er wie ein Kind vorwärts, das erst das Gehen lernen will. Wenn er des Sonntags zur Kirche ging, sah er aus wie der gebieterische Pfarrer von früher. In seiner Seele aber war er nur ein kleiner ängstlicher Mensch, der viel zu erbärmlich war, um vor den Altar des Herrn zu treten.

Bevor er dort stand, dachte er an die Gemeinde. Jetzt war sie fort. Er war nicht mehr der Pfarrer, der vor einer Gemeinde stand. Er war der Sünder vor dem Angesicht Gottes. Deshalb waren die Worte nicht mehr so hochtrabend und die Stimme nicht so selbstsicher und laut.

Er schleppte sich durch die Weihnachtszeit. Der Branntwein strömte, und das Elend war größer denn je. Es schmerzte ihn so sehr, daß es ihn krank machte. Richtig gesehen war es ja seine Schuld, daß sich nichts gebessert hatte. Er hatte ja nichts dazu getan, sie erkennen zu lassen, welche Sünde und welches Laster es war.

Er konnte es nicht mit ansehen. Etwas mußte getan werden. Wenn er nur gewußt hätte, was.

Eines Sonntags sprach er von der Kanzel darüber. Er beschwor und bat sie einzuhalten, ehe es zu spät wäre. Sie möchten doch erkennen, daß es nicht so schwer sei, wenn sie völlig damit aufhörten. Sie könnten ein Gelübde ablegen, keinen Branntwein mehr in den Mund zu nehmen. Sie könnten ihre Namen bei ihm aufschreiben lassen. Er sah, wie sie lächelten. Und der Küster hustete.

Draußen auf dem Kirchenhügel traf er Per Andersa.

„Guten Tag, Pfarrer."

„Guten Tag! Gottes Frieden!"

„Geht es dem Pfarrer besser jetzt?"

„Ja, ich fühle mich frischer. Mit der Gesundheit bin ich wohl über dem Berg."

„Dann wird es schon wieder ganz gut werden, Pfarrer."

„Ich weiß nicht recht, Per. Es schmerzt so sehr, die Trunksucht und Armut und all das Elend zu sehen. Es wird ja schlimmer von Jahr zu Jahr. Es nützt nichts mehr, daß ich rede. Vielleicht rede ich nicht auf die rechte Weise. Dann ist es wohl meine Schuld. Und dann wird mir so schwer ums Herz."

„So soll der Pfarrer nicht reden. Wir können wohl nicht die Schuld anderer auf uns nehmen."

„Nein, da hast du schon recht. Wir haben wohl mit der eigenen gerade genug zu tun. Aber es ist doch so, daß wir unser Christentum nur mit dem beweisen können, was wir für die anderen getan haben. Wenn die Menschen wirkliche Christen wären, wenn sie wirklich an Gott glaubten, wären sie anders."

„Sind wir denn keine Christen?"

„So sicher bin ich mir dessen nicht."

„Aber das Gelübde, von dem der Pfarrer heute sprach. Glaubt er, daß jemand kommt und es leistet?"

„Nein, ich weiß nicht. Ich fand nur, daß ich etwas tun müsse."

„Ja, es bleibt abzuwarten."

Es wurde etwas still.

„Ist die Weide für die Rentiere gut in diesem Winter?"

„Ja, die ist gut", sagte Per. „Aber der Wolf wird wohl bald kommen. Er hat in Norwegen und Finnland übel gehaust."

„Da muß man achtgeben."

„Wir meinen, daß er kommt, ehe das Fest vorüber ist und die Leute wieder im Hochland sind. Jetzt ist kaum einer da, der aufpassen könnte. Sie sind ja hier und haben nicht gerade Lust, Wölfe zu jagen. Ich selbst mache mich morgen auf den Weg. Leb wohl, Pfarrer!"

Er ging.

Etwas weiter unten stand der Küster in einer Schar und schenkte aus einer Taschenflasche ein. Er war freigebig heute. Viele waren schon tüchtig angetrunken. Dann würde es wohl in seinen Laden gehen, und sie würden schon bezahlen müssen, was sie bekommen hatten.

Einige Abende später saß Lars in seinem Zimmer und las. Da ging die Tür auf, und ein Lappe glitt leise hinein. Es war Jon, dessen Frau Lars im Herbst schwer betrunken in der Hütte gefunden hatte. Er schloß die Tür hinter sich und blieb stehen, ohne ein Wort zu sagen.

„Guten Abend, Jon! Setz dich doch!"

Er schüttelte nur den Kopf und blieb stehen.

„Ist etwas nicht in Ordnung?"

„Es ist mit Marja", brachte er endlich hervor. – „Kann der Pfarrer kommen?"

„Was fehlt denn der Marja?" Lars stand auf und nahm Mütze und Handschuhe.

„Die kleine Kari lebt nicht mehr. Marja ist ganz verstört."

„Ist es das Kleinste?"

„Ja." Die Tränen übermannten ihn.

Der Pfarrer erinnerte sich des kleinen Bündels auf dem Fußboden neben der betrunkenen Mutter. Jetzt hatte sie nichts mehr zu leiden, die Arme.

„War das Kind krank?"

„Nein, krank war es nicht."

„Wie ist es denn zugegangen?"

Keine Antwort.

„Ist ein Unglück geschehen?"

„Ich weiß nicht", stammelte er.

Sie hörten schon von weitem ihr Jammern und Schreien. Sie saß auf dem Fußboden, hielt das kleine Bündel in den Armen und wiegte es hin und her. Der Schaum stand ihr um den Mund, und ihre Schreie schnitten durch Mark und Bein.

Lars trat auf sie zu und legte ihr die Hand auf die Schulter.

„Marja. Kann ich dein Kind sehen?"

Die Schreie hörten auf. Einen Augenblick starrte sie ihn an. Die Augen leuchteten gläsern.

Er griff nach dem Kind. Da schlang sie die Arme darum und begann wild aufzuheulen.

Ein paar andere Frauen waren dort. Sie mußten ihr das Kind mit Gewalt nehmen. Als er es in den Händen hielt, wußte er gleich, daß keine Untersuchung nötig war. Es begann schon steif zu werden.

„Wie ist es zugegangen?" fragte er.

„Gib es mir zurück. Dann werde ich es erzählen", jammerte die Mutter. Die zwei Frauen und der Mann hielten sie fest.

Er reichte ihr den kleinen Körper. Warum sollte sie ihn nicht noch etwas in ihren Armen halten. Sie drückte es an die Brust und wiegte es hin und her. Sie drückte ihren Mund gegen das kalte Gesichtchen.

„Nein, du bist tot. Und deine Mutter hat dich getötet."

Die Worte ließen sie alle erschauern.

„Was sagt sie da?"

„Ich weiß nicht", jammerte der Vater. „Ich weiß nicht."

Endlich bekam Lars heraus, wie es zugegangen war.

Jon war ausgegangen und hatte getrunken. Dann war er im Dunkeln zurückgekommen und hatte sich hingelegt. Er war erwacht, als die Frau ihn schüttelte. Mit dem Kind in den Armen stand sie über ihm.

„Was ist mit Kari? Sie ist so kalt."

Er hatte gleich gesehen, daß das Kind tot war. Erst hatte

sie es nicht glauben wollen. Als sie merkte, daß es so war, wurde sie ganz verstört.

Sie mußte es selber getötet haben, sagte sie. Sie hatte auf ihm gelegen, als sie erwachte.

So war es also geschehen. Sie hatte sich in der Trunkenheit über das Kind gewälzt und es erdrückt. Und jetzt saß sie mit dem kleinen Körper in den Armen und war am Rande des Wahnsinns.

Aber hier mußte doch noch ein Mädchen sein, erinnerte er sich.

„Wo ist es denn?"

Eine von den Frauen hatte sie zu ihren Kindern gebracht. Man mußte die Mutter zu retten versuchen.

Er setzte sich zu ihr auf den Fußboden. Dann begann er mit ihr zu reden, um sie zu beruhigen. Lange schien sie nicht zu hören. Nach und nach aber faßte sie dieses und jenes Wort auf. Stunde um Stunde saß er da. Erst gegen Morgen war sie so ruhig, daß sie die kleine Leiche hergab und fertigmachen ließ.

*

Eines Abends kam Per Jonsa.

„Guten Abend, Pfarrer."

„Guten Abend, Per! Setz dich! Wie steht es bei dir?"

„Ach – recht gut."

„Hast du gehört, wie es bei Jon zu Hause geht?"

„Nicht gut."

„Marja wird nicht ruhiger?"

„Doch – etwas ruhiger. Aber es geht langsam."

Sie saßen und schwiegen.

„Wolltest du etwas Besonderes?"

„Nein, das gerade nicht." Er saß und nahm sich zusammen. „Ich wollte nur dem Pfarrer erzählen, daß ich keinen Branntwein mehr trinken will."

Lars glaubte, nicht recht gehört zu haben.

„Was hast du gesagt?"

„Ich will keinen Branntwein mehr trinken." Es kam fest und sicher.

„Gott gebe, daß du das Gelübde halten kannst."

„Ich werde es halten. Ich muß es. Sonst geht es schief. Ich habe nicht mehr viele Tiere übrig. Ich habe schon längst daran gedacht, Schluß zu machen, habe es aber nicht gewagt."

„Das wird nicht leicht werden. Du bist doch der einzige."

„Das macht nichts. Ich dachte, es würde leichter sein, wenn ich mich so einschriebe, wie der Pfarrer es in der Kirche gesagt hat."

„Willst du das wirklich?"

„Ich habe es mir so gedacht. Was meint der Pfarrer dazu?"

„Ich glaube, daß du recht tust."

Lars holte einen Bogen Papier.

„Du versprichst also, keinen Branntwein mehr zu trinken?"

„Ja." Es kam laut und fest.

„Dann schreibe ich hin, daß Per Jonsa Pilto heute gelobt hat, niemals mehr Branntwein zu trinken."

Per stand auf.

„Das war alles?"

„Kann ich es in der Kirche erzählen?"

„Das kann der Pfarrer. Guten Abend!"

„Guten Abend. Gott gebe dir die Kraft, dein Gelübde zu halten."

Lars blieb sitzen und blickte aufs Papier.

Verzeichnis über die Glieder der Gemeinde Karesuando, die das Gelübde der Enthaltsamkeit abgelegt haben, stand da.

1. Per Jonsa Pilto.

War es das erste schwache Zeichen des Lichts? Oder mußte er vielleicht schon morgen den einen Namen durchstreichen, der da stand? Es gab Leute genug, die dem Mann Branntwein geben würden, der gelobt hatte, nie wieder zu trinken.

Wenn aber Per sein Gelübde hielt? Dann würde er eine große Stütze daran haben. Er freute sich schon auf den Sonntag, an dem er der Gemeinde erzählen würde, daß jetzt der erste mit dem Branntwein gebrochen habe. Dann aber fiel ihm der Lehrer ein, Johan. So oft hatte er gelobt, jetzt Schluß zu machen. Und lange genug hatte er das Versprechen gehalten. Eines Tages aber war es zu Ende. Würde es mit Per ebenso gehen? Es war nicht anders zu erwarten. Er war ja von frühester Kindheit an daran gewöhnt.

Es nützte nichts zu grübeln. Man mußte warten und sehen.

*

In den nächsten Tagen hielt er immer ein Auge auf Per. Er richtete es so ein, daß er ihn zufällig traf. Er fragte bei anderen nach. Aber es war nur zu hören, daß Per sein Gelübde hielt. Er machte auch kein Hehl daraus, daß keine Macht in der Welt ihn dazu zwingen könne, das verfluchte Gift wieder zwischen seine Zähne zu nehmen. Einige zuckten mit den Achseln und lächelten. Andere grinsten und hielten ihn offen zum Narren.

Aber Per blieb ihnen die Antwort nicht schuldig. Sie brauchten nicht über ihn zu lachen. Sie sollten über sich selbst lachen. Übrigens sollten sie über ihre elende Branntweinsklaverei eher weinen.

An einem Abend war er im Laden des Küsters. Der Küster betrieb neben dem Branntweinverkauf Handel mit allerlei Waren. Der Laden war voll von Leuten, die tranken. Sie boten Per an.

Nein, sie sollten ihren Branntwein für sich behalten. Er wolle keinen. Am besten nähmen sie dem Küster das ganze Fäßchen und zerschlügen es zu Brennholz.

Man lachte und brüllte. Das war ein Spaß.

„Recht hast du! Brenn ihm eins auf den Pelz, Per! Nimm einen Schnaps, dann geht es dir gleich besser! Prost auf die Enthaltsamkeit, Per!"

Aber der Küster war auf Per zugesprungen. Er war weiß vor Zorn, und seine Augen leuchteten gelb.

„Hinaus!" schrie er. „Mach, daß du hinauskommst!" Er packte Per am Kragen.

Aber Per war jung und kräftig. Und jetzt fürchtete er weder den Küster noch den Branntwein. Er packte den Küster bei der Schulter und warf ihn wie einen Ball zu Boden.

„Du jagst mir keine Angst mehr ein, du Blutsauger! Wehe, wenn ich mit dir umginge, wie du es verdient hättest. Aber ich werde gehen. Der Teufel wird dich schon eines schönen Tages holen."

„Greift ihn!" schrie der Küster. – „Ist keiner da, der ihn greifen will?"

Per blieb etwas stehen. Er sah ihnen trotzig in die Augen. Aber sie taten, als hätten sie nicht gehört, was der Küster brüllte und schrie. Dann wandte er sich um und ging.

Es wurde Sonntag, und Per hatte sein Gelübde gehalten. Als der Gottesdienst zu Ende war, erzählte der Pfarrer, daß Per Jonsa gelobt hätte, keinen Branntwein mehr zu trinken, und daß alle desgleichen tun sollten.

Die Tage vergingen, und er hörte immer nur, daß Per sich hielt. So allmählich begann er zu glauben, daß Per es bestehen würde. Jetzt mußte er über das Schlimmste hinweg sein.

Da kamen eines Abends zwei Männer zu ihm. Der Küster und ein anderer Branntweinhändler. Früher waren die beiden wie Hund und Katze gewesen. Jetzt hatten sie sich versöhnt.

Er bat sie, Platz zu nehmen.

O danke, sie brauchten nicht zu sitzen, antworteten sie, ließen sich aber doch auf die Bank bei der Tür nieder.

Er wandte sich zu ihnen und wartete. Leuten wie dem Küster und seinem Gefährten brauchte er nicht auf die Beine zu helfen.

Erst blieb es eine Weile still. Endlich räusperte sich der Küster.

Der Pfarrer hat in der Kirche erzählt, daß Per Jonsa gelobt hätte, keinen Branntwein mehr zu trinken. Ja, das hatte er getan, und?

Sie müßten verlangen, daß der Pfarrer diese Mitteilung zurücknehme.

Zurücknehmen? Weshalb sollte er das?

Per hätte sein Gelübde gebrochen.

Wirklich?

Ja, er hätte am vorigen Sonntag auf einer Hochzeit getrunken. Sie beide könnten das bezeugen.

War es Branntwein?

Sie platzten verächtlich los. Natürlich sei es Branntwein gewesen.

Der Pfarrer dachte etwas nach.

„Wenn es so ist, daß Per sein Gelübde gebrochen hat, werde ich auch das in der Kirche verkünden."

„Das wird also übermorgen geschehen", sagte der Küster. Es kam wie eine Drohung.

„Es wird geschehen, wann ich es bestimme. Ich werde zuerst mit Per reden."

„Wir verlangen aber, daß es am nächsten Sonntag geschieht."

„Das bestimme ich. Wolltet ihr noch etwas?"

Sie verließen das Zimmer, ohne Lebewohl zu sagen.

Als Lars es sich überlegt hatte, schien es ihm mit der Mitteilung, die der Küster und sein Kumpan verlangt hatten, nicht zu eilen. Per war im Hochland und sah nach seinen Rentieren. Er kam zum Sonntag nicht zurück. Und andere auszufragen, hatte er keine Gelegenheit.

So erging am Sonntag die Mitteilung, die der Küster verlangt hatte, nicht. Der Küster war rasend und redete von einer Klage gegen den Pfarrer.

Das beunruhigte Lars nicht. Mehr denn je war er überzeugt, daß der Kampf gegen den Branntwein ein Werk nach dem Willen Gottes war. Es war seine Pflicht als Christ, als Mensch, als Geistlicher, mit allen Kräften, die ihm zur Verfügung standen, dagegen anzukämpfen, auch wenn er vor allen geistlichen und weltlichen Gerichten, die es gab, dafür abgeurteilt werden sollte. Erst im Laufe der Woche konnte er mit einigen Leuten sprechen, die auf der gleichen Hochzeit gewesen waren, bei der Per getrunken haben sollte.

Nein, Per hatte keinen Branntwein getrunken. Er hatte ein Glas von dem hausgemachten Wein getrunken.

War vielleicht Branntwein darin?

Nein, Per hatte danach gefragt. Und dann hatte er geglaubt, daß es nichts ausmache.

Per wurde zornig, als der Pfarrer ihn fragte.

Da erzählte der Pfarrer, was der Küster gesagt hatte. Dieses armselige Glas Wein hatten sie gegen ihn ausnutzen wollen.

„So weiß ich es also“, sagte Per. „Ich werde weder Wein noch Bier in den Mund nehmen. Dann werden sie nichts mehr zu erzählen haben.“

Aber am nächsten Sonntag sagte Lars in der Kirche zum Küster:

„Aus der Mitteilung über Per wird nichts.“

„Hat er etwa nicht getrunken?“

„Nur ein Glas hausgemachten Weines.“

„Auch im Wein ist Branntwein“, zischte der Küster.

„Du hast recht. Es ist das gleiche verfluchte Gift. Darüber aber hat Per nicht nachgedacht. Und jetzt trinkt er weder

Wein noch Bier. So wirst du wohl mit den anderen Branntweinhändlern ein ruhiges Gewissen haben können."

Der Küster trat dem Pfarrer ganz nah an den Leib.

„Du glaubst uns wohl das Brot nehmen zu können? Das schaffst du nicht!" Er war weiß vor Zorn.

Lars war ganz ruhig.

„Wenn ich es nur könnte", sagte er. „Aber schaffen werde ich es wohl leider nicht."

## 18.

Die Auszehrung konnte es nicht gewesen sein. Nach Neujahr erholte er sich rasch, und bald fühlte er sich ebenso kräftig wie zuvor.

Nein, mit dem Körper war alles in Ordnung. Aber die Seele war immer noch krank. Es war nicht mehr die Todesangst, die ihn um Sinn und Verstand zu bringen drohte. Er hatte den Tod wohl nicht mehr so nahe vor sich. Narr, sagte er zu sich selbst, was weißt du darüber? Vielleicht ist der Tod näher, als du jemals geglaubt hast.

Alle seine Gedanken setzte er dafür ein, den Weg zur Erlösung zu finden. In der Bibel suchte er nach Worten, die ihn leiten könnten. Und er fand sie auf jedem Blatt. Er saß da und dachte über sie nach. Aber es waren nur die Worte eines Buches und gaben ihm weder Trost noch Gewißheit. Wenn er nur einen Menschen gekannt hätte, mit dem er hätte reden können. Mehr und mehr erschien es ihm als der einzige Ausweg, einen Menschen zu finden, der ihm helfen könnte. Doch er wußte heute ebensowenig einen wie früher. Aber er fühlte eine Hoffnung, die von Tag zu Tag stärker wurde. Einmal würde ihm wohl der Herr Hilfe schicken. Er durfte nur nicht müde werden, den Heimweg zu seinem Vater zu suchen.

*

Gegen Neujahr setzte starker Schneefall ein. Die Leute wurden unruhig. Kam jetzt der Wolf, so würde es schwer werden, die Rentiere zu retten. Einige zogen zu ihren Herden, viele aber blieben da. Es war wohl noch nicht so gefährlich. Und niemand verspürte große Eile, aufs Hochland hinauszukommen. Hier gab es reichlich Branntwein, und solange man Gegenwerte zum Kaufen hatte, konnte man sich nur schwer losreißen. Bis zum Ende der Festtage mußte man schon bleiben. Und dann wollte man sich einen richtigen Abschiedsrausch antrinken.

Und so kam es denn auch. Schon früh am Tage gab es kaum noch einen nüchternen Mann.

Es war schon dämmrig, als ein Lappe zu dem Pfarrhof gerannt kam. Er trat in die Ofenstube. Es war einer der Knechte des Per Andersa.

„Der Wolf!" keuchte er. – „Der Wolf unter den Rentieren! Per sagte, daß ich das dem Pfarrer melden sollte."

Und er sank auf die Bank und stöhnte.

Lars schickte die Kinder in die Siedlung. Per Andersa habe Botschaft geschickt, daß der Wolf unter den Rentieren sei. Mehr brauchte nicht gesagt zu werden. Alle wußten, was das zu bedeuten hatte, und würden zu ihren Herden laufen.

Er selbst eilte in sein Zimmer. Einen Augenblick später stand er mit dem französischen Gewehr vor dem Haus und legte die Schneeschuhe an.

„Du wirst doch nicht Wölfe jagen?" stieß Brita hervor.

„Ich muß dabei sein und helfen."

„Dazu bist du nicht gesund genug."

„Ich muß sehen, ob sie sich auf den Weg machen."

Er lief den Hügel hinunter.

Überall in den Hütten und Zelten tummelten sich die Leute. Sie schrien und jammerten.

„Der Wolf! Der Wolf! Woi, woi!"

Sie nahmen Büchse und Schneeschuhe und wollten sich auf den Weg machen. Eine Strecke lang taumelten sie. Dann fielen sie um. Einige konnten sich wieder auf die Beine stellen. Andere blieben liegen. Und in Zelten und Hütten lagen viele, die man nicht zum Bewußtsein hatte bringen können.

Einige wenige vermochten sich auf den Weg zu ihren Herden zu machen, und Per Jonsa, Per Andersa und ein paar andere waren schon im voraus dort.

Lars folgte der Schneespur des Jungen, der mit dem Bescheid gekommen war. Das konnte ein Vergnügen werden, eines von den Untieren zu erlegen!

Der Boden war gut. Er fühlte sich stark und gut aufgelegt und lief rasch zu. Gegen Mitternacht erreichte er das Lager des Per Andersa.

Per stutzte, als er ihn gewahr wurde.

„Ist der Pfarrer frisch genug dazu?"

„Ja, mir geht's jetzt gut."

„Komm ans Feuer." Per Andersa machte ihm einen Platz dicht am Feuer zurecht. Die Frau kam mit kochend heißem Kaffee. Per Andersa war einer der wenigen hier, die dieses neue Getränk brauten.

„Kommt das nicht teuer?" hatte einer gefragt.

„Viel billiger als Branntwein, und dann wird man davon nicht betrunken."

Lars jedenfalls war mit ihm einer Meinung darin. Kaffee und Tabak waren das letzte, was er entbehren konnte.

Per Andersa erzählte von den Wölfen.

Heute früh waren er und einer seiner Jungen ausgezogen, um nach einer kleinen Herde zu sehen, die sie an der Grenze im Hochland hatten. Sie waren nicht weit gekommen, als sie auf die Spuren der Raubtiere stießen. Erst dachten sie, daß es ein Einzelgänger oder vielleicht nur ein Paar wäre, dann aber fanden sie die Spuren ganzer Rudel. Es mußten große Rudel gewesen sein, denn Per hatte selten so viele Spuren auf einmal gesehen.

Er hatte den Jungen zum Zelt zurückgeschickt, um zu melden, daß alle hinaus und die Herden zusammenhalten sollten; und dann befahl er ihm, aus aller Kraft nach der Siedlung zu laufen.

Per selbst hatte sich zu der Herde aufgemacht, nach der man eine Weile nicht gesehen hatte. Die Wolfsspuren liefen nach derselben Richtung. Hier und dort lagen Reste eines zerrissenen Rentiers.

Noch aber war kein Wolf zu sehen.

Er hatte gedacht, die Raubtiere seien vielleicht so lange aufgehalten worden, daß seine Rentiere hätten flüchten können. Aber er traf immer neue Spuren anderer Rudel. Auch seine Herde hatten sie erreicht. Sie waren nach allen Richtungen zersprengt, und viele Tiere lagen zerfetzt da.

„Ein großer Verlust für dich."

„Ach ja – es wird schwer genug. Aber ich behalte ja die meisten."

„Hast du etwas von den Bestien gesehen?"

„Ja, ein paar, aber die verschwanden, ehe ich nahe genug heran war. Und ich hatte nicht die Zeit, sie zu jagen."

Am Morgen machten sich Lars und Per auf den Weg. Es war sternenklar und hell. Da sahen sie die Raubtierspuren. Einigemal fanden sie Reste zerrissener Rentiere. Aber sie sahen keinen Wolf.

Lars wollte, daß sie einer Einzelspur folgen sollten. Aber Per hatte nicht die Zeit dazu. Er mußte zu seinen Tieren. Jetzt kam es zunächst darauf an, sie zusammenzuhalten.

Überall waren Wolfsspuren. Sie hatten schlimm gehaust.

Lars machte sich so früh auf den Rückweg, daß er noch bei Tage anlangen konnte. Vielleicht stieß er unterwegs auf einen Wolf.

Das Hochland erklang von Hundegebell, und hier und dort sah er, wie Leute Rentiere zusammentrieben. Sie waren wohl soweit nüchtern geworden, daß sie zu ihren Herden hatten gehen können. Es war ungewiß, wie viele sie davon fanden. Für manchen war es wohl ein teurer Rausch geworden.

Immer noch waren Wolfsspuren zu sehen. Die ganze Zeit ging er und spähte mit gespannten Sinnen aus.

Es wäre fast ärgerlich, wenn er keinem der langhaarigen Raubtiere begegnen würde. Wäre es nicht so spät gewesen, hätte er eine der Spuren aufgenommen.

Er ging gerade über ein Moor, und etwas vor ihm lag ein kleines Gehölz von Krüppelwald. Plötzlich blieb er stehen und lauschte. Im nächsten Augenblick war er in voller Fahrt auf das Gehölz zu. Er hatte einen Laut gehört, den er nur zu gut kannte. Ein gejagtes Tier sprang durch den tiefen Schnee im Krüppelwald. Jetzt kam es darauf an, wer zuerst da war. Er riß die Büchse von der Schulter, während er vorwärts eilte. Jetzt war es nur noch ein kurzes Stück bis zum Waldrand. Das Tier war ganz nahe. Ein paar Sprünge noch, und es war durch. Jetzt konnte er das Rentier sehen und den Wolf, der es verfolgte. Er war dicht dahinter.

Er machte halt und legte das Gewehr an die Wange. Nur noch ein paar Sprünge, und dann sollte er es bekommen.

Da blieb das Rentier liegen. Es konnte sich nicht mehr aus dem tiefen Schnee herausarbeiten. Der Wolf stieß ein Geheul aus und warf sich vorwärts. Da knallte es. Er sank zusammen, wollte sich erheben und flüchten, kam aber nur ein kleines Stück weiter. Da lag er, als Lars hinzukam und ihm eine Kugel in den Schädel gab. Das Rentier war ein großer Ochse. Es sah ihn nur an und rührte sich nicht. Es war völlig erledigt. Erst wollte er auch ihm eine Kugel geben. Dann aber überlegte er. Vielleicht erholte es sich trotz allem ... Er ließ es liegen und begann den Wolf abzuhäuten. Es war ein großes Tier und hatte ein schönes Fell.

Er war beinahe fertig, als sich das Rentier zu bewegen begann.

Wenn sich jemand darum kümmern und es zu einer anderen Herde treiben würde. Er lauschte. Viel Hundegebell war zu hören, aber nicht nahe genug. Er trieb das Tier ein Stück vorwärts. Vielleicht kam ihm jemand entgegen.

Da hörte er das Geräusch von Schneeschuhen, die seiner Spur folgten. Im nächsten Augenblick war der Mann da. Das Rentier machte einen Sprung.

Lars war gerade fertig und warf sich das Wolfsfell über die Schulter.

„Es war im letzten Augenblick. Kennst du das Rentier?"

„Es gehört mir." Der Mann war fast am Weinen.

„Hast du viele verloren?"

„Ich weiß nicht."

Sie standen ein wenig da.

„Wäre ich nur schon gestern hier gewesen."

Lars hatte die Worte auf der Zunge und wollte sagen, daß er nun sehen könne, wohin die Trunksucht führe. Aber er ließ es sein. Der Mann hier und alle die anderen hatten genug jetzt. Statt dessen sagte er:

„Gut, daß du kamst und das Rentier nahmst. Es war fast erledigt, aber ich glaube, daß es sich wieder erholt. Doch, das tut es bestimmt. Es ist nicht sicher, wie viele ich noch finde."

Er setzte hinter dem Rentier her. Und Lars eilte fort. Es würde spät werden, bis er heimkäme. Aber er war zufrieden. Er hatte ein Wolfsfell über der Schulter.

Der Wolf hatte schlimm gehaust. Am härtesten traf es die Ärmsten. Sie hatten am wenigsten zu verlieren. Aber auch diejenigen, welche große Herden besaßen, hatte es hart getroffen. Die draußen gewesen waren, um ihre Tiere zu hüten, kamen mit blauem Auge davon. Die allermeisten aber hatten betrunken im Kirchort gelegen.

Wenn sie doch nur klug würden, dachte Lars. Aber bis zum nächsten Jahr würde alles wieder vergessen sein. So war es schon oft gewesen. Und hinterher würde der Rentierdiebstahl schlimmer blühen als je zuvor. Dies war gleichsam der letzte Ausweg. Dann gab es Anzeigen und Nachforschungen, Gerichtsverhandlungen und Strafe. Und Haß und Schlägerei und Messerstiche in der Trunkenheit. Und noch mehr Armut und Elend.

Er fragte eines Tages den Amtmann, ob man diesem ungesetzlichen Branntweinverkauf nicht zu Leibe rücken könne. Sie hatten einen neuen Amtmann bekommen. Bucht, der vorige, hatte offen mit den Branntweinhändlern gehalten. Das war auch gar nicht anders zu erwarten. Sie hatten ihn gut dafür bezahlt. Trotzdem hatte er aus der Kasse gestohlen und war abgesetzt worden. Das Geld, das er bekommen hatte, schien ihm nicht zum Segen ausgeschlagen zu sein. Jetzt hielt er sich drüben auf der finnischen Seite auf. Man sagte, daß er Touren nach Norwegen hinüber machte. Er hatte einen guten Freund in Kautokeino, der Branntweinhändler war.

Der Neue sah wie ein rechtschaffener Mann aus. Vielleicht taugte er besser dazu, die Gesetzlosigkeit zu zähmen.

Als Lars ihn einmal traf, fragte er ihn.

„Ja, was soll ich tun? Ich habe mir das Ganze hin und her überlegt, aber es ist hoffnungslos. Die Gesetzesbrecher kann man leicht genug fassen. Aber dann kommt der Beweis. Und dann noch etwas, Pfarrer. Ich habe keine Lust, niedergestochen zu werden."

Im Grunde war darüber nicht mehr zu sagen, dachte Lars, als er weiterging. Er wußte nur allzu gut, daß der Amtmann recht hatte. Der erste, der ein Gerichtsurteil über einen Branntweinhändler zu erzwingen suchte, würde niedergestochen werden. Die Branntweinhändler hatten Sklaven genug, die sie dazu zwingen konnten, ihnen einen Dienst zu leisten. Und keinen einzigen Händler kannte er, der in solchem Fall gezögert hätte.

Nur eines konnte nutzen: Das Volk selbst mußte mit dem Trinken aufhören. Sie mußten so handeln wie Per. Aber es sah nicht so aus, als ob sich der Zustand bessern würde.

Immer noch stand nur der eine Name auf dem Papier.

## 19.

Die Tage begannen länger zu werden. Eines Morgens stieg die Sonne im Süden über den Bergesrand und breitete einen Augenblick lang goldenen Schimmer über die Hochebene. Man hatte das Schlimmste hinter sich für dieses Mal. Mit jedem Tag, an dem die Sonne höher und höher am Himmel stieg, schien die Hoffnung der Menschen in der öden, schneebedeckten Ebene zu wachsen.

Es näherte sich die Zeit, da die Lappen westwärts an die Küste zogen. Sie machten einen Umweg über den Küster, ehe sie davonzogen. Und alle bekamen sie ein ganzes oder ein halbes Maß. Es kam jetzt nicht so genau darauf an, ob sie etwas zu bezahlen hatten oder nicht. Der Küster gab gern auf Kredit. Aber alle wußten, daß sie im Herbst zu bezahlen haben würden, wenn sie zurückkamen. Dann kam der Küster in Hütten und Zelte und trieb die Schuld ein. Ein kleines Schlachtrentier für das halbe Maß und ein großes für das ganze, das war der Preis. Gnade dem, der aufmuckte. Es nützte ihnen nichts, wenn sie sagten, daß es gewissenlose Blutsaugerei sei. Ein kleines Schlachtrentier war fünf Taler wert, und ein großes konnte auf acht bis neun kommen. Schweig und zahle, oder er würde sie anzeigen! Und die meisten hatten sich Dinge zuschulden kommen lassen, über die am besten geschwiegen würde. Das wußte dieser Satan. Oder er drohte sie hinauszujagen, wenn sie es wagten, ihren Fuß über die Schwelle seines Ladens zu setzen. Und das war fast noch schlimmer. Er war ja eine Art Handelsmann. So schwiegen sie und ließen sich aussaugen.

Auch im Zimmer des Pfarrers wurde es heller. Es brannte nicht mehr so sehr in den Augen, und die Gedanken arbeiteten leichter. In den Freistunden begann er sich mit den alten Dingen zu befassen. Schrieb kleine Abhandlungen über Pflanzen und Tiere. Aber es kam nichts Ordentliches dabei heraus. Er konnte seine Gedanken nicht so wie früher sammeln. Es war, als wenn sie sich die ganze Zeit mit etwas völlig anderem beschäftigten.

Er tröstete sich damit, daß ihn der Stoff schon packen würde, wenn er dabei bliebe. So saß er da und mühte sich ab. Aber es kam nichts dabei heraus.

Schließlich gab er es auf. Er hatte es ja lange gewußt. Mit dem alten war er fertig. Er brauchte neue Gedanken. Oder alte Gedanken unter einem neuen Gesichtspunkt.

Oft dachte er, daß die Gedanken wohl trotzdem da seien. Aber wenn er sie zu einer Einheit, einer Idee zu sammeln versuchte, war es, als könnte er sie nicht meistern. Ehe er sich besonnen hatte, waren sie an derselben Stelle, an der sie schon seit Monaten gewesen waren.

Er konnte aber doch nicht sitzenbleiben und grübeln. Er hatte nicht einmal das Recht dazu. Es war seine Pflicht als Mensch und Geistlicher, etwas zu tun. Wäre er nur zu größerer Klarheit über sich selbst gekommen. Aber es schien finsterer zu sein als jemals zuvor.

Nein, finsterer war es nicht. Der Gang zum Altar an jedem Sonntag war schwer genug. Er fühlte sich unwürdig wie der elendste Bettler. Er hatte das Gefühl, daß er unter dem Gewicht der heiligen Worte, die er der Gemeinde vortrug, zitterte.

Aber einen Gedanken ließ er nie los. Er war auf dem Weg zu seinem Vater. Dieser Gedanke war zu einem Glauben gewachsen, der ihm über die schwersten Stunden hinweghalf. Und wenn er auch den Weg jetzt nicht klar vor sich sah, finden würde er ihn. Nur nicht aufgeben. Suchen und suchen und nimmer müde werden.

Im Sommer hatte er an sein Pastoralexamen gedacht. Jetzt war voller Frühling, und immer noch hatte er kein Wort der Abhandlung geschrieben, die er einreichen wollte. Er war sich nicht einmal klar darüber, worüber er schreiben sollte. Wochenlang ging er herum und dachte nach. Aber je mehr er dachte, um so unsicherer wurde er. Zuletzt wußte er sich überhaupt keinen Rat mehr.

Irgendeine Frage mußte er sich vornehmen. Es gab genug, was ihn interessierte. Nacheinander nahm er sich die Stoffe vor. Aber sie hatten nichts mehr zu sagen, weder für ihn noch für andere. Es waren nur leere, leblose Worte geworden und tote Gedanken. Und das konnte er jetzt nicht schreiben.

Ein Gedanke verdrängte stets alle anderen. Aber er erschien ihm so unmöglich, daß er ihn fast nicht in sein Bewußtsein einzulassen wagte. Er fegte ihn als sinnlos und unbrauchbar weg. Aber er ließ sich nicht wegfegen. Er kam immer wieder. Und eines Abends saß Lars da und arbeitete in vollem Ernst daran.

Hatten nicht alle Menschen Grund, in der gleichen Not zu sein, in der er selbst gewesen war und noch war?

Und würde nicht das, was ihm als Erlösung aufgegangen war, auch Erlösung für die ganze Welt bedeuten? Seine Augen waren geöffnet worden. Er sah seine eigene Not. War es da nicht seine Pflicht, in alle Welt hinauszurufen, so weit seine Stimme reichte, daß sie verloren sein würden, wenn sie nicht umkehrten?

Und je länger er an diesem Gedanken arbeitete, um so klarer und selbstverständlicher wurde es ihm, daß er darüber schreiben müsse.

Begierde, Haß und Unterdrückung bekamen immer größere Macht über die Menschen. Ein Branntweinhändler zögerte nicht, Hunderte von Heimen um des elenden Gewinnes willen zu zerstören. Und die Mehlhändler nahmen in Notjahren blutige Überpreise, während die Kinder der Armen Hungers starben. In den Städten setzten die Menschen ihren Verdienst in Luxus und Wohlleben um, ohne dem Gatten oder den Nachkommen einen Gedanken zu widmen.

Die Welt der Zukunft stieg vor ihm auf wie eine Vision. Alle bösen Mächte des Menschensinnes wuchsen von Geschlecht zu Geschlecht. Haß und Begierde griffen immer mehr um sich. Die Reichen zerstörten in Wohlleben und Egoismus ungeheure Werte, und die Armen sanken immer tiefer in Elend und Not. In dem Menschenmeer kochte es wie in einer gelben Hölle.

Eine Zeitlang hielten Kanonen und Gewehre die Leidenschaften im Zaum. Eines Tages aber würden sie es nicht mehr können. Dann würden die Leidenschaften alle Mauern einreißen. Aufruhr und Revolution würden sich nicht auf ein Land beschränken. Eine Welt würde in Brand geraten.

Die Menschenseele war krank. Sie würde verlorengehen, wenn sie nicht umkehrte. Und die Pfarrer, die Propheten des Herrn sein und die Gefahr in die ganze Welt hinausschreien sollten, predigten ihre zahmen Lügen um eines bequemen Lebensbrotes willen.

Er wußte wohl, es würde sich ein Geheul gegen ihn erheben, wenn er das schriebe. Als ein Ketzer und Falschredner würde er verurteilt werden. Es würde vielleicht um seine Tätigkeit als Pfarrer gehen, um das tägliche Brot für ihn und die Seinen.

Aber er schrieb. Er konnte nicht anders. Es war, als würde er von einer Macht vorwärtsgetrieben, der er nicht zu widerstehen vermochte. Und jetzt brauchte er nicht mehr nach den Worten zu suchen. Die Gedanken drängten wie ein abgedämmter Wasserfall:

„Das Christentum besteht nicht in Tanz und Spiel, nicht in weltlichen Vergnügungen und im Vergeuden, nicht in Seide und Samt neben Bettellumpen, nicht in wolkenhohen Schlössern neben elenden Hütten. Auch besteht es nicht in der Tugend, die laut gepriesen und gewünscht wird, aber nirgends zu finden ist.

Das Christentum, das wahre, echte Christentum, besteht – wenn ihr es wissen wollt – besteht in Erniedrigung.

Versteht mich recht. Ich sagte, daß das wahre Christentum in der Erniedrigung besteht. Ehe der Mensch zum Christen erhoben werden kann, muß er erst in den Augen Gottes erniedrigt sein, in seinen eigenen Augen, in den Augen aller Welt.

Wenn das Christentum jetzt wäre, was es sein sollte: Glaubt ihr, die Welt sähe so aus, wie sie es heute tut?"

„Die politischen Stürme, die aus den Höhen des Hasses kommen, die legen sich erst, nachdem sie ausgerast haben, und dann – sage ich – dann wehe denen, die draußen auf dem Meere sind.

Die wichtigste Ursache dafür, daß die Leidenschaften ausbrechen, ist, daß die Menschen keine Religion haben. Der tote Glaube, der jetzt über ganz Europa herrscht, kann keine Sorge um die Ewigkeit wecken. Und wenn die Gebildeten ohne alle Religion sind, so wird die Masse des Volkes es auch sein. Wenn die Reichen den Schweiß und die Mühe der Armen ausnützen, um sie in Wollust und Vergnügen umzusetzen, so werden die Armen rauben und plündern, um zu vertrinken, was sie geraubt und geplündert, und auf diese Weise eine Zeitlang genießen. Wenn niemand einen höheren Genuß kennt als den leiblichen, so mögen sie sich gegenseitig schlachten wie das Vieh und sich satt trinken an

Menschenblut. Denn, ist der Mensch ohne Religion, so ist er schlimmer als ein Raubtier".

„Behaltet meine Worte in Erinnerung. Nach dem Freiheitsrausch kommt die grausamste Tyrannei und die Barbarei hinterdrein. Europa wird von den Barbaren überschwemmt werden. Denn die Zivilisation, auf deren Spur die Demoralisierung folgt, hat sich seit langem selbst überlebt. Wenn die Leidenschaften der Welt einmal ausgebrochen sind, bleibt es nicht bei ein paar Ausbrüchen.

Daher – alle, die ihr Gedanken für anderes habt als das Irdische – rettet euch, solange noch Zeit ist!"

*

Er schrieb aus tiefster Seele heraus. Aber eines Tages merkte er, daß er jetzt bald abschließen müsse. Es war allzu lang geworden. Er konnte doch nicht alles auseinandersetzen.

Dann nahm er es aufs neue durch. Vielleicht hatte er falsch geurteilt. Vielleicht war der Ton zu scharf.

Nein, er konnte es nicht abschwächen. Es mußte bleiben, wie es war.

So war er mit der Abhandlung fertig und mit der Predigt, die er in der Stiftsstadt halten sollte. Die Abhandlung war in lateinischer Sprache geschrieben.

*„Crapula mundi. Der Rausch der Welt oder die Anstekkung der Seele"*, hatte er sie genannt.

Es ging wieder auf den Herbst zu. Eines Morgens stand er mit dem Stab in der Hand und mit dem französischen Gewehr über der Schulter auf der Treppe und war reisefertig. Im Ranzen auf dem Rücken hatte er seine Papiere, seine Manuskripte und die Wegzehrung. In der Brusttasche hatte er in einem kleinen Lederbeutel die Schachtel mit dem Kreuz der Ehrenlegion. Das wollte er in die Stiftsstadt mitnehmen. Viele würden es für Eitelkeit halten. Sie sollten es nur glauben.

Er tat es, um überhaupt beachtet zu werden. Vielleicht würde man ihn dann williger anhören. Und genauer auf seine Worte achten.

Er tat es aber nicht um seiner selbst willen. Daher wollte er es nicht allzu schwer nehmen, wenn sie ihn für einen eitlen Narren hielten. Er konnte sich nicht mehr darum kümmern, was die Menschen von ihm glaubten. Er ging jetzt im Auftrag eines höheren Herrn.

Brita und die Kinder waren auf und sagten Lebewohl. Er würde ja lange fortbleiben. Er umarmte und küßte sie.

Von ganzem Herzen bat er Gott, seine Hand über jedes von ihnen zu halten und sie alle in seine gnädige Hut zu nehmen. Dann ging er.

## 20.

Es war im nächsten Winter. Der Tag ging zur Neige. Die Dämmerung sank über das Land. Der Weg krümmte sich durch den Wald. Ein kleines Pferd zottelte langsam vorwärts. Vorn im Schlitten saß der Fuhrmann und kroch in der Kälte zusammen. Hinter ihm lag Lars, ganz im Heu verborgen.

An beiden Seiten des Weges stand der Wald hoch und stark. Und darüber erschien ein Himmelsstreif wie ein blauer sternbesäter Weg.

Lars war auf Visitationsreise. Morgen sollte er den Gottesdienst in Åsele abhalten.

Es war so kalt, daß es im Gesicht brannte. Aber im Heu war es warm und gut. Er konnte schlafen, wenn er wollte.

Und manchmal schlummerte er für ein, zwei Stunden ein. Meist aber lag er wach und starrte zum Himmel hinauf. Die Gedanken arbeiteten und arbeiteten und gaben ihm keine Ruhe. Sie gingen immer im Kreis und mahlten an den gleichen Fragen herum. Immer noch suchten sie nach einer Klärung. Immer noch spähten sie nach einem Zeichen aus, das Gewißheit zu geben vermochte.

Hier und da lief es wie ein Lichtstreifen durch seinen Sinn. Wie in einem Aufleuchten sah er alles ganz klar. Dann aber sanken Finsternis und Angst nur noch schlimmer über ihn. Wieder fühlte er sich verloren und verdammt wie in den schlimmsten Augenblicken seiner Krankheit. Wenn Gott ihn in Gnade aufgenommen hatte, mußte er ihm ein Zeichen geben.

Zu anderen Zeiten suchte er sich damit zur Ruhe zu bringen, daß es vielleicht keine Zeichen gebe. Ein Christ erhielt vielleicht keine andere Gewißheit von seiner Erlösung als die, welche er erlangt hatte. Gleich aber, nachdem er den Gedanken gedacht hatte, wußte er, daß es nur ein verzweifelter Versuch war, dem bitteren Kampf zu entkommen.

Denn es gab eine Gewißheit! Er wußte es mit all der wunden Sehnsucht, die seine Seele um diese Zeit erfüllt hatte. Es gab ein Leben näher bei Gott, als er es bisher erlebt hatte. Und er lag im Schlitten und wußte so untrüglich sicher, daß es für den, der in solcher Nähe Gottes lebte, auch eine größere Klarheit gebe.

Aber selbst wenn er die ganze Zeit gefühlt hatte, daß es noch weit war bis dorthin, selbst wenn der Zweifel alles um ihn verdunkelt hatte, so hatte er es doch von Tag zu Tag stärker empfunden, daß er auf dem rechten Weg war.

Wenn es nur nicht so schwer gewesen wäre, sich zurechtzufinden. Es war wie eine Wanderung in unbekannter Einöde, wo es weder Weg noch Steg gab. Und er war so allein. Er hatte keinen, der ihn führen konnte. Keinen Amtsbruder in gleicher Not, mit dem er hätte reden können.

Amtsbruder? Er mußte fast vor sich hin lächeln, wie er da lag. Es gab wohl nicht mehr so arg viele Pfarrer, die ihn noch für ihren Amtsbruder ansehen würden. Er war ein Ketzer.

Es hatte ja so gehen müssen. Er hatte es schon damals, als er seine Abhandlung begann, gewußt, daß er am Tage ihres Erscheinens von allen, die sich für rechtgläubige Lutheraner hielten, verurteilt werden würde. Trotzdem war er die ganze Zeit umhergegangen und hatte auf etwas anderes gehofft. Es mußte doch irgend jemanden geben, der seine Gedanken verstand. Vielleicht diesen oder jenen, der die gleiche Angst erlebt hatte wie er selbst. Dann würden sie sich gegenseitig trösten und helfen können.

Doch nicht einen einzigen hatte er getroffen. Es brannte noch in ihm, wenn er daran dachte, wie armselig er von der Stiftsstadt heimgezogen war. Als sei etwas für ihn zusammengestürzt. Manchmal war ihm der Gedanke gekommen: Hatte er den Glauben an die Kirche verloren, deren Diener er sein sollte?

Wieder durchlebte er, was geschehen war.

Irgendwie hatte er sich wohl darauf gefreut, dorthin zu kommen. Auch gefürchtet hatte er es. Er traf alte Bekannte und Freunde, Amtsbrüder und andere. Viele von ihnen begegneten ihm offen und ohne Mißtrauen. Und sie versuchten miteinander zu reden. Es kam aber nicht über ein paar nüchterne Mitteilungen hinaus, wie sie lebten und was sie taten. Dann hörte die Unterhaltung auf, und ihre Gedanken schienen in der freien Luft zu taumeln und nicht zueinander zu gelangen. Weder er noch die anderen hätten sich eingestanden, daß sie einander nichts zu sagen hatten, und in ihrer Not griffen sie dazu, alte Erinnerungen aufzufrischen. Dieser Staub wurde ein wenig aufgewirbelt und bildete eine kleine Wolke, und dann war auch das vorbei. Und was für ihn noch heute von Wert war, hatten sie vergessen.

Er fühlte, daß es so hatte sein müssen. Es war seine

Schuld und nicht die ihre. Er war ein anderer geworden. Nicht etwa, daß er ein anderer zu sein wünschte. Aber es war doch so. Er hatte sich von einem Stück seines früheren Lebens lossagen müssen.

Einige Tage, nachdem er angekommen war, kamen Olof und Vilhelm zu ihm. Sie waren seine Freunde von der Gymnasialzeit her. Er und Olof hatten zusammen Botanik studiert. Jetzt hatte Olof das Gut seines Vaters übernommen. Vilhelm war Pfarrer.

Sie saßen und schwatzten eine Weile. Sie suchten Zuflucht bei der Wissenschaft, und das ging lange Zeit gut. Dann aber hörte die Unterhaltung auf. Und er merkte, daß sie auf etwas Besonderes gestoßen waren.

Olof hatte es gesagt:

„Hast du keinen anderen Anzug mit, Lasse?"

„Anderen Anzug?" Lars verstand nicht recht.

Nein. – War der Anzug nicht gut genug?

„Ja natürlich." Olof lachte und tat überlegen. Für die Bergsiedlung oben und für Reisen war der Anzug sicher ausgezeichnet. Jetzt aber war er in der Stiftsstadt, und da gehe es nicht an, so gekleidet zu gehen, daß sich die Leute auf der Straße nach ihm umdrehten und ihm nachsähen.

Lars hatte unwillkürlich an sich herabgesehen. Ach so, sie fanden ihn seltsam und schämten sich seiner. Er war ihnen zu simpel. Es gab ihm einen Stich. Aber er zwang es hinab. Er wußte es doch. Da gab es nichts zu verwundern. Lappenstiefel und Friesanzug, die man ihm in den Bergen genäht hatte, paßten wohl schlecht zu dem Kreuz der Ehrenlegion, das er auf der Brust trug.

„Du bist ein zu großer Mann, um so gekleidet zu gehen, Lasse", sagte Vilhelm.

Wieder fühlte er einen schmerzhaften Stich. Er wollte antworten – daß er, ja, daß er zu groß sei, um sich um die Bekleidung oder um die Narren zu kümmern, die sich auf der Straße nach ihm umdrehten. Groß? – Der Gedanke brach ab. Es war nur falscher Stolz. Er war leider nicht groß. Sie hatten recht. Er war nicht in der Lappmark. Und auch die Not zwang ihn nicht dazu.

„Nein, ich habe nichts anderes anzuziehen mit", sagte er. „Um die Wahrheit zu sagen, ich habe nicht daran gedacht. Ich sollte mir vielleicht einen anderen Anzug anschaffen."

Ja, das müßte er absolut tun, sagten die beiden. Sie brachten ihn zu einem Schneider.

„Du hast doch einen Talar mit?" fragte Vilhelm, als sie über die Straße gingen. – „Du sollst doch predigen?"

Es verging Zeit, ehe Lars antwortete.

„Nein, ich habe keinen Talar bei mir. Ich habe auch zu Hause keinen. Ich habe niemals einen Talar besessen."

Weder Olof noch Vilhelm sagten etwas.

„Das ist etwas, was ich nie brauchen konnte", sagte Lars. „Aber jetzt kann ich mir ja vielleicht einen nähen lassen. – Vielleicht bin ich deshalb kein besonderer Pfarrer gewesen." – Es sollte ein Scherz sein.

Er dachte, daß er wohl Vilhelm und Olof und all den anderen leid tat. Sie hielten es wohl nicht für gut, daß er die üblichen Sitten vergaß und seltsam wurde bei seinem jahrelangen Leben in der Ödmark. Und so mußten sie ihn entschuldigen und ihm helfen.

Aber an dem Tag, als seine Abhandlung erschienen war und er seine Predigt gehalten hatte, entschuldigten sie ihn nicht mehr. Ein alter Propst sagte, so daß er es hören konnte, er sei verrückt und müßte festgesetzt werden. Ein anderer sagte, seine Abhandlung hätte „Schmeißfliege der Welt" heißen sollen.

Aber der Bischof kam, dankte ihm für seine Predigt und sagte, daß sie ihm gefallen habe. Es war vielleicht kein großes Lob, aber es machte ihn stolz und froh.

Das alles hatten wohl all die Erbitterten und Rasenden gehört. Daher legten sie sich nicht mehr ins Zeug. Sie wußten, daß es nichts nützte. Solange der Bischof auf seiner

Seite stand, konnten sie ihn nicht treffen. Er mußte in seiner Raserei belassen werden. Statt dessen versuchten sie ihn mit Schmutz zu bewerfen, soweit sie es konnten.

Olof kam zu ihm und erzählte es. Er versuchte es so schonend wie möglich zu tun und erwähnte es nur beiläufig. Es sei nichts, worum man sich zu kümmern brauche.

Lars sah sich vor. Er hörte ihre Schlangenzungen, wie sie an den Gesellschaftstischen und bei den Groggläsern über ihn und seine Arbeit herzogen. Sie zuckten mit den Achseln und lächelten überlegen. Armer, es war ja nicht anders zu erwarten gewesen. Er war ja immer etwas zurückgezogen gewesen. Jetzt sah es so aus, als sei er oben in der Einöde noch sonderbarer geworden. Er sei ja krank gewesen, hatte einer gehört. Er konnte noch nicht ganz gesund sein. In einfachen Frieskleidern zu gehen, die wie ein Sack an ihm hingen! Trotz allem war er schließlich ein Beamter und ein Mann von Würden. Und sich dann mit dem Kreuz der Ehrenlegion auszustaffieren! Wie hatte er das denn erhalten? Sie hatten nichts darüber vernommen. Im Grunde war es schade um ihn, und es war richtig vom Bischof gewesen, ihn zu loben, selbst wenn er nicht gar so viel damit meinte. Wirklich gut, daß sie ihn im tiefsten Winkel des Landes hatten. Sonst wäre es wohl am besten, ein Auge auf ihn zu halten. Er hatte ja jetzt sein Pastoralexamen abgelegt und konnte sich um eine Pfarre außerhalb der Lappmark bewerben. Aber man mußte hoffen, daß die Behörde ihn dort lassen würde, wo er war. Sonst könnte er unbequem werden. Auf seinen Visitationsreisen kam er ja recht weit.

Ach ja, er war so viele Jahre Diener in den reichen Häusern gewesen, daß er sie kannte. Er spürte, wie ihm in der Brust eine alte Wunde brannte, die nicht ganz ausgeheilt war.

Olof begann wieder zu reden.

„Ich kenne dich soweit, Lasse, um zu wissen, daß du so

handeln mußt, wie du es tust." Er stockte etwas. – „Aber verstehen kann ich dich nicht. Ich glaube, du bist auf Abwegen. Und das tut mir so leid. Und du verschwendest deine herrlichen Kräfte."

Es wurde still.

„Du kannst wohl nicht anders handeln?" Es war eine Frage.

„Nein, ich kann nicht anders handeln. Als ich bemerkte, daß ich noch einmal eine Frist erhalten hatte, kam der Entschluß, mich auf den Heimweg zu meinem Vater zu begeben. Seitdem habe ich versucht, durchzufinden. Noch sehe ich den Weg nicht klar, aber vom ersten Augenblick an war es, als hätte eine höhere Macht die Hand über mir gehalten und meine Schritte gelenkt. Zuerst nur schwach, wie eine glückliche Ahnung hier und da. Aber das Gefühl ist deutlicher geworden. Und es wächst noch jeden Tag. Und diese Macht, die zuweilen in mir wirkt, ist das einzige, was mir etwas bedeutet. Alles andere hat nichts zu sagen. Du bist entsetzt. Ich sehe es."

„Freundschaft, Liebe zu Frau und Kindern bedeutet dir nichts?"

„Und ich antworte dir: Es hat nichts zu sagen! Es sind irdische Dinge. Sie reichen nicht über dieses Leben hinaus. Du kennst gewiß Eheleute, die sich mit jeder Faser lieben. Sie sagen: unsere Liebe kann niemals sterben. Ich habe wohl das Recht, es selbst zu sagen. – Und trotzdem weiß ich: Wenn einer von uns fortgeht, stirbt die Liebe. Und Kinder: Du verlierst eines und glaubst, nicht weiterleben zu können. Auch darüber weiß ich zu sprechen. Aber du lebst. Und die Jahre vergehen. Bald ist es nur eine schmerzliche Erinnerung und ein kleines Grab."

Er schwieg. Der Blick lag in der Ferne.

„Nein. Alles, was zum irdischen Leben gehört, wird sterben." Er schien zu sich selbst zu sprechen. – „Aber die andere Macht, die ist ewig. Deshalb hat sie alles zu sagen.

Was in mir diese Macht kennt, ist meine Seele. Und sie wird niemals sterben!“

*Was hülfe es dem Menschen, wenn er die ganze Welt gewönne und nähme doch Schaden an seiner Seele.*

Es war, als erwache er.

„Nein, lieber Olof. Ich kann nicht anders handeln. Wenn du die Macht kenntest, würdest du es verstehen. Gott gebe, daß sie sich einmal deiner annimmt.“

Es wurde nicht mehr viel gesprochen. Bald ging Olof.

Einige Tage darauf zog Lars heimwärts. Er war noch leerer als bei seiner Hinreise. Angst und Finsternis hatten ihn noch dichter umgeben.

Aber die Macht, die in ihm gewirkt hatte, war gewachsen. Das wußte er jetzt. Der Kampf in seiner Seele war stärker geworden. Vielleicht hatte er sich bald durch die lange Nacht durchgekämpft. Er fühlte, wie ihn die Hoffnung erfüllte, als er im Schlitten lag und zu den Sternen hinaufsah.

## 21.

Es war am Tag darauf. Lars saß am kleinen Tisch in der Sakristei der Åsele-Kirche und hatte den Kopf in die Hand gestützt. Er war gerade mit dem Gottesdienst fertig. Es war ein anstrengender Tag gewesen. Aber er fühlte sich froh und dankbar.

Lange hatte er einen solchen Gottesdienst nicht erlebt. Die Kirche war voll gewesen. Und vom ersten Augenblick an hatte er gefühlt, daß die Gemeinde mitging. Es war, als saugte sie neue Gedanken aus ihm heraus. Mehrfach hatte er sich vom Manuskript losgerissen und frei gesprochen. Und bei der Beichtrede hatte er sich ganz hinreißen lassen.

Viele waren zum Altar getreten, und mehr noch waren ergriffen.

Er saß und dachte darüber nach, daß es überall so ging, wo „Leser“ dabei waren. Jetzt hatte der Name einen spöttischen Unterton erhalten Er für sein Teil war der Ansicht, daß es besser wäre, wenn es noch viel mehr von ihnen gäbe.

Nein, er mußte jetzt gehen und etwas essen.

Da ging die Außentür auf, und ein Lappenmädchen trat ein. Sie war klein und mager. Zaghaft blieb sie an der Tür stehen.

„Setz dich“, sagte Lars.

Ihr Gesicht strahlte auf, als sie hörte, daß er ihre Sprache konnte. Sie ließ sich auf die Bank sinken.

„Weshalb kommst du?“ Die Worte kamen vorsichtig, als spreche er zu einem Kind. Er kannte sie nicht, und er wußte, es gehörte so wenig dazu, diese Naturkinder zu erschrecken.

„Könnte ich etwas mit dem Pfarrer reden?“

„Ja, aber natürlich. Ich habe viel Zeit.“ Er schwieg.

Aber sie sagte nichts. Saß nur da und spielte mit dem Zipfel des Tuches, das sie um die Schultern trug.

„Es freut mich so, wenn jemand nach dem Gottesdienst kommt und mit mir spricht“, sagte er. – „Aber es geschieht leider so selten. – Wie heißt du?“

„Maria.“

„Bist du von hier?“

Nein, das war sie nicht. Sie lebte weit entfernt im Nordwesten Lapplands. Dort hatte sie eine Stellung. Heute war sie nur mit in der Kirche gewesen. Sie machte eine kleine Pause. Dann kam es:

„Ich habe es nicht länger ausgehalten. Es ist so lange her, daß ich in einer Kirche war oder in einer Versammlung der Gläubigen. Alles um mich herum war schwarz und finster geworden. Mit jedem Tag entfernte sich Gott weiter und weiter von mir. Dann dachte ich: Jetzt wird es dir wieder so gehen wie damals, ehe du erlöst warst. Und ich bekam solche Angst. Da mußte ich gehen."

Sie verstummte und suchte nach Worten. Er wußte, daß er sie jetzt nicht stören durfte, und schwieg.

„Als ich heute am Altar kniete, dachte ich an all das Böse, was ich getan habe. Ich versuchte all meine Sünden Gott zu erzählen, damit er mir vergeben sollte. Aber es war, als hörte er mich nicht. Immer wieder zählte ich sie auf. Ich weinte und bat. Aber als ich vom Altar ging, konnte ich doch nicht glauben, daß er mir vergeben hatte.

Da bekam ich wieder solche Angst. Wenn ich nach Hause komme, wird der Irrglaube noch größere Macht über mich gewinnen. Und so dachte ich, daß du vielleicht ebenso wärest wie der Pfarrer Brandell in Nora."

Irgendwo drinnen empfand Lars einen Schmerz. Ach nein, so wie der Pfarrer Brandell war er wohl nicht, dachte er.

„Du kanntest ihn?" fragte er.

„Er hat mich erlöst", sagte sie still.

Wie nach alter Gewohnheit wägte er das Wort auf der Zunge, wollte ihren Ausdruck berichtigen und sagen, daß es nicht der Pfarrer war, der sie erlöst hatte.

Aber er brachte es nicht hervor. Er saß nur da und hörte ihre Worte.

„Er hat mich erlöst."

Es gab keinen Zweifel. Es war, als höre er zum erstenmal in seinem Leben einen Menschen sagen, daß er erlöst worden sei. Und wie ohne es zu wissen fragte er:

„Du wurdest erlöst?"

„Ja, ich wurde erlöst."

Er wollte sie fragen, wie das geschehen war. Aber er kam nicht dazu. Es war plötzlich so schwer, die Worte zu finden.

Da erzählte sie selbst.

Es war einige Jahre, nachdem sie erwachsen geworden war. Sie wußte selbst nicht, woher es kam, aber sie begann schwermütig zu werden. Zuerst dachte sie, es würde schon vorübergehen. Aber es wurde nur immer schlimmer. Sie bekam lange Weinkrämpfe. Des Nachts konnte sie nicht schlafen. Schließlich wußte sie nicht aus noch ein. Aber krank war sie nicht.

Als sie eines Sonntags in der Kirche war, schien es ihr klar zu werden, was ihr fehlte. Sie war nicht erlöst. Sie würde verlorengehen. Und jetzt bekam sie Furcht. Sie wußte nicht, was sie mit sich machen sollte.

„Mir schien, ich hätte so viele Sünden begangen, daß Gott mir niemals verzeihen würde.

Ich lernte im Testament zu lesen, um Trost zu finden. Ich trug es immer an meiner Brust bei mir, wie jetzt noch. Aber es half nicht. Und dann kam ich auf den Gedanken, daß es andere gäbe, die erlöst seien und an Gott glaubten. Vielleicht konnten sie mir helfen.

Ich begann zu fragen. Ich fragte viele. Mit vielen Pfarrern sprach ich. Aber sie verstanden mich nicht. Einer sagte, ich sollte zum Arzt gehen. Sie glaubten, ich finge an verrückt zu werden. Ich sollte mir nur Ruhe nehmen, und dann würde es schon vorübergehen. Andere sagten, ich solle glauben. Aber ich vermochte nicht zu glauben. Tag um Tag ging ich so umher. Da erfuhr ich von Pfarrer Brandell. Es war weit nach Nora. Ich ging lange.

Eines Abends war ich endlich da. Und da mußte ich alles erzählen."

Sie schüttelte den Kopf.

„Ach, es war so viel Böses dabei. So häßliche Worte wurden es, daß ich sie nicht auszusprechen wagte. Aber er sagte, daß ich mich nicht fürchten solle. Unsere Sünden seien nun einmal nicht schöner. So sagte ich alles. Ich hätte vor Scham in die Erde versinken mögen. Aber ich mußte es dennoch sagen.

Es waren so viele Sünden, daß ich glaubte, Gott würde mir nie verzeihen können. Ich war verzweifelter denn je. Ich jammerte und weinte. Ich konnte nicht anders.

Da begann er mit mir zu reden. Er sprach so milde und gut. Er erzählte mir von Petrus, der den Heiland verleugnet hatte, und von dem Weib, das im Ehebruch ertappt wurde. Der Erlöser, der ihnen verzieh, habe auch mir verziehen.

Er verstand gut, daß ich mich vieler Sünden für schuldig hielt. Er hatte dasselbe über sich gedacht. Und es kam ihm so vor, als würde es von Tag zu Tag schlimmer. Aber so sollte es sein nach dem Willen Gottes. Dann erst bereuen wir unsere Sünden. Und nur die Reumütigen haben die Vergebung nötig.

‚Ich sehe, daß du es schwer hast', sagte er zu mir. – ‚Das ist die Reue. Willst du dich bekehren und an den gekreuzigten Heiland glauben?'

‚Ja', sagte ich. ‚Aber ich kann nicht glauben.'

‚Hast du Gott um Vergebung gebeten?'

‚Ja, aber ich weiß nicht, ob ich recht gebetet habe.'

‚So laß uns beten.'

Und er betete mit mir.

Immer noch konnte ich nicht glauben, daß Gott mir vergeben habe. Da ließ er mich niederknien. Er legte die Hand auf meinen Kopf. An die Worte, die er sprach, kann ich mich nicht mehr erinnern. Ich hörte nur, daß er die Vergebung aussprach für alle meine Sünden."

Sie schwieg einen Augenblick. Ihr Gesicht strahlte vor Glück.

„In diesem Augenblick wurde ich erlöst. Ich kann nicht erklären, wie es war. Ich weiß nur, daß ich felsenfest glaubte, daß Gott mir vergeben hatte. Ich würde selig sterben."

Lars saß gespannt da. Kein Wort überhörte er. Er sah das arme Lappenmädchen, das Tag um Tag über die endlose Hochebene gewandert war, um den Weg zu Gott zu finden. Er fühlte die Angst und Not, die durch ihre Seele flammte. Er hatte es ja selbst erlebt.

Und plötzlich sah er nicht mehr sie. Er sah sich selbst.

Wie in einer Vision erschien ihm sein eigenes Leben als eine endlose Wanderung in Finsternis und Angst.

Weit zurück in der Erinnerung sah er das Kind, das aus dem Dunkel in eine böse und kalte Welt gekommen war und in Todesangst schrie. Die Kindheit zog vorüber. Armut und Not. Der Vater ließ sie vor Schrecken fast wahnsinnig werden, und die Mutter weinte. Tage mit Leichengeruch kamen, und Nächte in wahnsinnigem Entsetzen, mit Geistern und Toten und Gräbern, die sich öffneten. Und die bösen Gedanken und Taten. Er zitterte vor der Strafe und verbarg sich in der Finsternis.

Er sah es. Den bitteren Kampf der Jugendjahre um Ehre und falsche Tugend. Und Sünde und häßliches Laster. Überall – in ihm und um ihn Finsternis und Angst. Zu einem Meer wuchs es, das ihn verschlingen wollte.

Aber er wollte nicht sterben. Er kämpfte gegen die Finsternis und die Angst, die ihn in den Abgrund ziehen wollten. Und er kämpfte ums Leben. Wild und sinnlos.

Er wollte das Licht nicht sehen, das weit in der Ferne brannte. Er wollte die Stimme nicht hören, die ihn rief.

Und so kämpfte er. Durch Jugend und Mannesalter. Tage und Jahre. Angst und Not, Sünde und Sorge. Es wurde zu einer Last, die schwerer und schwerer wurde. All das trug er auf sich, als er sich zu dem Pfarrhof in Nora schleppte.

Dort sank er zusammen und schrie in seiner Angst: „Gott sei mir Sünder gnädig."

Eine Hand legte sich auf sein Haupt. Und eine Stimme sprach: „Dir sind deine Sünden vergeben."

Einen Augenblick lang war es, als habe die Zeit aufgehört. Mit einem Male war es, als sei die Last, unter der er zusammengesunken war, von ihm genommen worden. Die Angst, die, solange er sich erinnern konnte, wie ein Alp auf ihm gelegen hatte, löste sich auf und verschwand, und ein unsäglicher Friede und unsägliche Zuversicht erfüllten seine Seele. Und jetzt erlebte er wieder das gleiche Glück, das er einmal wie einen Funken in seiner Seele gespürt hatte. Das gleiche klare Licht durchströmte ihn jetzt. Es zerstreute die Finsternis seines Lebens und drang bis in den tiefsten Winkel seiner Seele.

Es war nicht mehr finster. Es war nichts mehr verschlossen. Der Pfad, den er gehen sollte, lag so klar vor ihm. Und weit, weit entfernt, auf einer Höhe am Himmelsrand, stand eine Gestalt und streckte die Hände nach ihm aus.

*Wahrlich! Heute wirst du mit mir im Paradiese sein.*

Plötzlich dachte er: Das kann nicht Wirklichkeit sein. Es ist ein Gesicht. Ein Traum. Wenn du erwachst, ist es fort.

„Jetzt aber hat sich Gott so weit von mir entfernt."

Maria hatte es gesagt. Er erwachte.

Das Licht in ihm erlosch nicht. Er wagte es kaum zu glauben. Dann aber wuchs es wie ein Jubel in seiner Seele: Es ist kein Traum, von dem du erwachen wirst. Es ist kein Gesicht, das verschwinden wird. Mit einem Glück erfüllte es ihn, das nicht zu beschreiben war. Mit einer Zuversicht und mit Frieden über alle Vernunft.

Maria bewegte sich.

„Du mußt mir alles erzählen, wie du es vor Pfarrer Brandell getan hast", brachte er hervor. Zutraulich und geradezu bekannte sie ihm, was sie auf ihrem Gewissen hatte. Dann schwieg sie.

Er saß etwas ratlos da.

Da glitt sie still von der Bank, kniete auf dem Boden und beugte das Haupt.

Plötzlich war es, als wiche er zurück. Hatte er das Recht dazu? Aber er hatte es doch gerade am Altar getan! Da hatte er wohl jetzt das gleiche Recht dazu? Und trotzdem war es, als könnte er es nicht.

Da sah sie zu ihm auf. Die Augen waren von Vertrauen und Glauben erfüllt. Er konnte sie nicht wieder in Finsternis und Angst hinauslassen.

Er legte ihr die Hand aufs Haupt und sprach ihr die Vergebung zu.

Sie blieb eine Weile liegen. Sie flüsterte. Sie betete. Dann stand sie auf.

„Jetzt hat mich Gott wieder in Gnaden aufgenommen", sagte sie. Und wieder leuchtete es in ihrem Antlitz. Sie trat auf ihn zu und wollte ihm zum Lebewohl die Arme um die Schultern legen. Nein, er konnte sie noch nicht gehen lassen.

„Kannst du nicht noch etwas dableiben", sagte er. „Ich würde so gerne mit dir reden."

Er sah, daß sie etwas erschrak. Nein, sie solle keine Furcht haben, sagte er. Er wolle nur etwas über sich selbst sprechen. Und so erzählte er ihr von der Angst und Not, die er durchlebt hatte.

„Glaubst du, daß Gott mir vergeben hat, Maria?" fragte er sie.

„Ja, er hat dir vergeben." Sie sagte es so zuversichtlich. „Du bist Gottes Kind. Das habe ich gefühlt, als du mir die Vergebung zusprachst."

Es war spät geworden. Sie mußten gehen. Sie trat zu ihm und legte ihm den Arm um die Schulter, wie es Brauch war.

„Gottes Frieden!"

„Gottes Frieden, Maria! Der Herr segne dich für das, was du an mir getan hast."

Die Tür schloß sich. Sie war gegangen.

Einen Augenblick stand er und starrte auf die Tür. Etwas mußte geschehen, schien ihm. Das Glück, das er jetzt empfand, war zu groß, um Wirklichkeit sein zu können. Es mußte eine Fata Morgana sein, die sich über seine Seele gelegt hatte. Und Maria war es, die sie wieder mitgenommen hatte. Jetzt war sie gegangen. Jetzt mußte er wieder zu der Angst und Finsternis der wirklichen Welt erwachen.

Doch er erwachte nicht. Das Licht in seiner Seele war und

blieb klar. Und es wogte durch seinen Sinn wie Jubel und Weinen.

Er sollte nicht sterben. Die gelben Höllenflammen sollten nicht über ihm zusammenschlagen. Er mußte nur über den großen Fluß. Er schloß die Augen. Er faltete die Hände.

Er war heimgekehrt – zu seinem Vater.

# Zweiter Teil

## 22.

Betet nun, all ihr Sorglosen, daß Gottes Sohn sich eurer noch erbarmen und euer schlafendes Gewissen wecken möge, so daß ihr in Not kommt um Jesu willen! – So daß ihr zu rufen beginnt, wenn der Teufel euch plagt: Jesus, Davids Sohn, erbarme dich unser! Rufet nun, ihr blinden Elenden, ehe Jesus vorübergeht!"

Die gewaltige Stimme mit dem dunklen vollen Klang erfüllte die Kirche. Er hatte sich über den Rand der Kanzel gebeugt und streckte die Arme über die Gemeinde, als wollte er ihre unsterblichen Seelen mit seinen bloßen Händen greifen. Das bleiche, magere Gesicht leuchtete weiß in dem dämmerigen Licht.

Dort unten in der Kirche saß sein armes Volk. Es würde verlorengehen, so wie es ihm selbst um ein Haar ergangen wäre. Er mußte es aus den Fängen des Teufels reißen. Er sah die Hölle vor ihnen geöffnet wie einst vor sich selbst. Sie rasten dem Abgrund zu. Er mußte sie zum Halten bringen. Sie mußten auf ihn hören, ehe es zu spät war.

„Rufet, rufet, ehe Jesus sich so weit entfernt, daß er euch nicht mehr hören kann!"

Wie ein Angstschrei und eine tränenerstickte Bitte klang es.

„Rufet, ehe die Sonne untergeht und die Finsternis auf euch fällt! Rufet zu Jesus, ehe er mit seiner auserwählten Braut in den Hochzeitssaal tritt und das Tor zum neuen Jerusalem schließt. Da werdet ihr draußen stehen und klopfen. Und ewig werdet ihr dort stehen und gemeinsam mit dem Reichen rufen, und nicht einmal einen Tropfen Wasser werdet ihr bekommen, eure Zunge zu netzen.

Erhebt euch aus dem Schlaf, ihr sorglosen Armseligen und ihr törichten Jungfrauen, ehe die Glocken des Gerichts zu läuten beginnen!

Bald kommt Zions König und holt die armen Wanderer aus der Wüste der Welt in das rechte Vaterland, wo die Ruhe herrscht und die Freude und der Friede vor allen Drangsalen und Versuchungen. Erwacht daher, ihr klugen Jungfrauen, und wartet kurze Zeit! Der Bräutigam kommt bald und holt die Seinen zu der frohen Hochzeit, die auf Zions Berg gefeiert wird in Ewigkeit! Amen."

Die kleine Holzkirche war gefüllt. Wie gebannt saßen sie da und starrten zur Kanzel hinauf, nachdem der Pfarrer herabgestiegen war. Als warteten sie darauf, daß das weiße Gesicht und die ausgestreckten Hände wieder im Halbdunkel erscheinen würden. Vielleicht würde die Stimme des Gerichts wieder zu klingen beginnen.

Da begann das Lied, und sie kamen wieder zu sich.

Lars ging in die Sakristei. Der Schweiß rann ihm vom Gesicht, und seine Hand zitterte, als er nach der Agende griff.

Er war ergriffen worden. Er hatte alles um sich herum vergessen. Der Geist war über ihm gewesen wie eine gewaltige Macht. Ob er dem Wort der Schrift so genau gefolgt war, wußte er nicht. Er wußte nur, daß ihm die Worte von der Kraft, die ihn erfüllt hatte, in den Mund gelegt worden waren. Und gleichsam unbewußt sank er bei der Bank auf die Knie und faltete die Hände.

„Dank, Dank, himmlischer Erbarmer, daß du heute bei mir warst! Lege deine Macht in meine armseligen Worte!"

Er fühlte, wie sehr es ihn danach drängte, lange auf den Knien zu liegen und mit Gott zu sprechen. Solch ein Gebet im einsamen Raum erfüllte seine Seele stets mit überirdischer Klarheit und mit Frieden. Nie war ihm Gott so nahe.

Aber er hatte keine Zeit. Gott hatte ihn zur Arbeit in seiner großen Einöde gerufen. Er hörte, wie der Gesang in der Kirche von Strophe zu Strophe weiterging. Und die trunkene Stimme des Küsters schnitt wie das Hohngelächter des Satans durch den Raum.

Und das sollte das gemeinsame Gebet der Gemeinde sein? Der Gesang des befreiten Israel über der Bundeslade?

Der Spott der Gottlosen im Heiligtum war es! Der Hohn der Sorglosen gegenüber Gott! Nein, so ging es nicht weiter. Eine Stimme mußte gen Himmel steigen wie der Rauch vom Brandopfer Abels. Rasch erhob er sich und trocknete den Schweiß von der Stirn. Dann trat er in die Kirche. Die Hände um die Agende gefaltet, trat er in den Chor und sang mit.

Er fühlte, wie Töne und Worte von einer Lebensquelle erfüllt wurden, die seinem tiefsten Inneren entsprang. Seine gewaltige Stimme füllte die Kirche. Einen Augenblick hörten sie nur auf ihn. Dann aber war es, als wären sie angesteckt worden. Sie hatten wohl das Gefühl, daß das Lied etwas mehr war als Töne und Worte. Es kam aus einem Reichtum der Seele, nach dem sie sich selber sehnten.

Und sie ließen sich mitziehen. Einer nach dem anderen. Stärker und stärker. Schließlich war es ein mächtiges Brausen, das unter dem Gewölbe aufstieg. Er stand da und fühlte förmlich, wie er sie mit sich zog. Und während er sich dem Lied hingab, glomm eine kleine Hoffnung in ihm auf.

Begann er sie an sich zu reißen? Hatte der Same, den er gesät hatte, in dieser und jener Seele zu sprießen begonnen?

Der Gedanke kam ihm wieder, als er nach dem Gottesdienst aus der Kirche trat. Nach alter Gewohnheit blieb er auf dem Kirchenhügel stehen und nahm das Land mit seinem Blick in sich auf.

Es ging wieder auf den Winter zu. Das Hochland lag schon gelb und halb erfroren da. Noch schien eine bleiche

Sonne darüber. Bald aber würde sie im Westen hinter den Bergesrand tauchen. Und die Finsternis kam.

Der Herbst war die Zeit des Todes. Vor einigen Wochen war er über die Ebene gewandert und hatte sich über das schöne Leben gefreut, das da sprießte und wuchs. Jetzt waren nur noch welke bereifte Halme übrig. Und er sah, daß das Leben selbst solch eine gewaltige Ebene war mit einer Vielfältigkeit von wilden schönen Blumen, die nur einen kurzen Sommer lang blühten. Eines Nachts kam dann die große Kälte. Und am nächsten Morgen erhob sich eine bleiche Sonne über einer unendlichen Grabstätte.

Wehmut spürte er auch jetzt. Aber keine Schwermut mehr oder Sorge. Der Tod war für ihn nicht mehr das Ende. Er war der Eingang zu einem neuen Leben. Ebenso gewiß, wie ein neuer Sommer über die Ebene steigen würde, wenn Finsternis und Winter vorüber waren, würde auch ein neuer Morgen erstehen, wenn die lange Nacht ihr Ende erreicht hätte.

Nein, in diesem Jahr graute er sich nicht vor Herbst und Winter, wie er es so viele Jahre getan hatte. Der Mißmut sank nicht mehr über ihn, wenn er daran dachte, daß das wilde Gebirgsvolk bald von den Sommerweiden zurückkommen und Trunksucht und Schlägerei um ihn herrschen würden wie früher. Nein, er freute sich, daß sie zurückkommen würden. Seine Rufe würden sie erreichen. Wer mochte wissen: Vielleicht hatte sich eines der Worte, das er im Frühjahr gesät hatte, als sie davonzogen, festgesetzt und hatte draußen in der Einsamkeit zu sprießen begonnen.

Und wenn auch Jahre vergehen sollten, ehe einer von ihnen hörte, er würde nicht müde werden zu rufen.

*

So wie er heute gerufen hatte, hatte er es bald ein Jahr getan. Als er im Vorjahr aus Åsele zurückkam, hatte er begonnen.

Seit dem Abend in der Sakristei von Åsele hatte sich sein ganzes Leben verändert. Die Gewißheit, die er an jenem Abend gefühlt hatte, war nicht wieder verlorengegangen. Und das Licht in seiner Seele war nur klarer geworden.

An jenem Abend hatte er zu Gott gefunden. Und der Mensch, der ihm geholfen hatte, war ein armes, treuherziges Lappenmädchen gewesen.

Es war fast nicht zu glauben. Er hatte Theologie studiert. Viele Jahre lang war er Pfarrer gewesen, er hatte alle seine Fähigkeiten und Kenntnisse dafür eingesetzt, den Weg zur Erlösung zu finden. Aber als er da, den Kopf in die Hand gestützt, gesessen hatte, ehe sie kam, hatte er noch keinen Lichtblick gesehen. Und als sie ging, war alles klar geworden.

Er hatte am Abend nach ihr gefragt. Doch sie war wieder ins Hochland gezogen. So gern hätte er mit ihr gesprochen und ihr noch einmal gedankt. Jetzt war es ungewiß, ob er sie in seinem Leben wiedersehen würde. Aber bis an den letzten Tag wollte er sie nicht vergessen. Niemand hatte mehr für ihn getan als sie.

Als sie von sich selbst erzählte, hatte er den Weg, nach dem er so schmerzvoll und so lange gesucht hatte, so klar vor sich gesehen. Sie war ein Mensch in Not und Angst, wie er selbst. Auch sie hatte sich von Sorge und Reue über die Vielfältigkeit der Sünden in den Staub gedrückt gefühlt. Und beide waren sie einsam über das Hochland gewandert und hatten nach Frieden gesucht. Sie, das arme Lappenmädchen, und er, der Gelehrte und Pfarrer – sie waren beide gleich hilflos gewesen. Es hatte ja so sein müssen. Er wußte es doch und hätte daran denken sollen.

Wenn ein Mensch in Seelennot kam, wurde alle Weisheit der Welt fortgeweht wie die Spreu im Winde, und die Klügsten der Welt wurden hilflos wie das ärmste Naturkind, das sich nur mit Mühe durch ein Wort Gottes hindurchbuchstabieren kann.

Und es gab nur einen Weg. Das wußte er jetzt. Für sie, für ihn und für alle Menschen. Reue, Vergebung und Glauben. Doch erst die Reue: Der Mensch mußte sich sehen, wir er wirklich war. Das Entsetzen vor dem Tod und Gericht mußte ihn bis an die äußerste Grenze der Verzweiflung treiben. Die Reue mußte wie Feuer durch die Seele lodern und all die Selbstzufriedenheit, allen falschen Stolz und auch den geringsten Rest von Selbstgerechtigkeit fortbrennen. Erst wenn die Seele hautlos geworden war wie eine Brandwunde, erst dann konnte sich der Mensch an die Brust schlagen und sagen: Gott sei mir armem Sünder gnädig.

Aber Gott war so weit entfernt. Man mußte so lange rufen nach ihm. Tage und Jahre konnte es währen, bis der bittere Kelch der Reue voll war.

Armes verirrtes Gewürm, das da glaubte, eine Bekehrung könnte in einer Stunde oder zwei, mit einem Gebet und ein paar Tränen, abgetan sein. Er hatte so viele Menschen dieser Art gesehen. Heute opferten sie keinen Gedanken für die Erlösung ihrer Seele, und morgen traten sie vor und bekannten vor Gott und allen Menschen, daß sie sich bekehrt hätten und Gottes Kinder seien.

Nein, nein, es gab wohl keine Erlösung in einer Nacht oder zwei. Daher ging jeder einzelne dieser Raschbekehrten ebenso sicher auf die Hölle zu wie der übrige sorglose Haufen.

Nur wer die Angst und Not endloser Tage und Nächte erlebt hatte, wußte, was Erlösung war. Nur wer im Angesicht der offenen, glühenden Hölle von Gott eine Frist erbettelt hatte, wußte, daß es keinen Weg hintenherum gab, sich einzuschleichen und von dem Tisch der Gnade zu stehlen.

Nein, ihr armseligen Gnadendiebe, die ihr euch so leicht bekehrt, wie ein Lappe seinen Pelz abstreift. Weiter seid ihr von der Erlösung entfernt als die Hure und der Säufer.

Deshalb hätte es ihm nicht im geringsten geholfen, Maria

zu treffen, wenn er nicht die Angst und die Not durchlebt hätte. Sie war nur ein gottgesandtes Zeichen gewesen.

All die Jahre über hatte er geschlafen. Gott hatte ihn gerufen, und er hatte es nicht hören wollen. Erst als der Tod kam und anklopfte, hatte er gesehen, daß er am Rande des Abgrundes stand. Und so wie es ihm ergangen war, erging es allen, die nicht zu Gott gefunden hatten. Das hatte er in solcher Klarheit gesehen, als er auf seinem Wege von Åsele im Schlitten durch den Wald fuhr.

Die Menschen schliefen. Er mußte sie wecken. Zuallererst mußte er die armen Schlucker seiner Gemeinde wecken, die er all die Jahre vernachlässigt hatte. Es war ihm klargeworden, daß er sich beeilen müsse. Was wußte er? Vielleicht war das Leben des einen und anderen seinem Ende nahe. Und er wollte ihnen so gerne einen Warnungsruf zusenden, ehe es zu spät wäre.

Und kaum hatte er daheim die Kanzel betreten, so schrie er es heraus. Bisher aber hatte niemand hören wollen.

Er stand vor dem Pfarrhaus. Drüben am Außenhaus spielten die Kinder. Und in der Ofenstube ging Brita umher und bereitete das Mittagessen.

Ich bin glücklich, hatte er einmal gesagt. Damals hatte er es nicht besser gewußt. Erst jetzt wußte er, was Glück war.

## 23.

Blindlings rasten sie dem Abgrund entgegen, wie er selbst es getan hatte. Und er hatte aus der innigsten Liebe seines Herzens zu ihnen gerufen. Selbst der Niedrigste war zu gut, um die Pein der Verdammten zu leiden.

Sein Ruf mußte bis in die Tiefe der schlafenden Seelen

dringen. Die Worte mußten Unruhe säen und Angst. In jeder Seele mußte eine Flamme der Angst entzündet werden, die heiß genug war, alle die alten Leichname, die da moderten und stanken, zu verbrennen. Erst dann konnte das Neue wachsen.

Die sorglosen Menschen, sie nahmen ihre Gedanken und Taten nicht so genau. Es durfte nur nicht ausgesprochen werden. Alle wußten alles übereinander. Aber es durfte nicht laut gesagt werden. Es durfte nur im Dunkeln in den Winkeln geflüstert werden. Damit glaubten sie sich wohl retten zu können. Und geschah es, daß einer ein einziges Mal darüber zu reden gezwungen war, so sollte er am liebsten schonende Ausdrücke und Fremdwörter, die keiner verstand, verwenden.

Die Worte, die das Volk im Alltagsleben brauchte, die durfte ein Mensch nicht kennen, wenn er anständig sein wollte.

Aber die Sünde, wie er sie kannte, welche die Menschen in diesem Leben zu Sklaven fesselte und sie zur ewigen Pein in den Tod führte, die gehörte zum Alltagsleben. Häßlicher war sie als alle rohen Worte. Schlimmer als irgendein Ausdruck.

Nacht um Nacht hatte Lars gesessen und gedacht. Wurde die Sünde geringer, wenn er ihr einen schöneren Namen gab?

Und dann hatte er die Ausdrücke gebraucht, welche das Volk beim täglichen Leben in Erdhütten und Zelten zu brauchen pflegte. Er hatte das Evangelium des Heilands in Bilder umgestaltet, die sie verstanden.

Gut. Er wußte es. Viele sagten, daß seine Predigten unklar und voller Mystik seien. Und manch eine tugendhafte Hure war über die Worte errötet, die er von der Kanzel schleuderte.

Darum aber konnte er sich nicht kümmern. Er hatte sich selbst im Angesicht Gottes auf die Probe gestellt und konnte nicht anders sprechen. Alle seine Gedanken und all sein Wissen von diesem Volk hatte er dafür eingesetzt, herauszufinden, wie er mit Worten in ihre Seelen zu dringen vermöchte. So mußte seine Rede werden.

Oft räumte er vor sich selbst ein, und jedem gegenüber hätte er es zugestanden: Vor einer Gemeinde auf einer höheren Stufe wären seine Predigten anders gewesen. Aber er wußte gut, daß er vor diesem Volk so sprechen mußte, wie er es tat, um gehört zu werden.

Und er mußte gehört werden.

Wer mochte übrigens wissen, ob nicht für alle die Feinen und Gebildeten, die sich Kulturmenschen nannten, noch schärfere Lauge vonnöten war?

Zuerst hatten sie nur dagesessen und die Mäuler aufgerissen. Sie verstanden nichts. Einige lachten und spotteten über die schlimmsten Worte und Bilder. Sie gingen von Mund zu Mund, und die Leute dachten darüber nach, was sie bedeuten sollten. Am nächsten Predigttag waren noch mehr zur Kirche geströmt. Was würde der Pfarrer heute für seltsame Dinge bieten? Noch nie war der Kirchenbesuch in Karesuando so groß gewesen wie im letzten Winter.

Dann aber begann es nachzulassen. Von Predigt zu Predigt wurden es weniger. Die Zuhörerschaft wurde dürftig.

Er hatte gewußt, woher das kam. Die Leute waren verärgert. Anständige Menschen konnten nicht zugeben, daß sie solche Predigten gehört hatten. Es ging der Ehre der Sorglosen zu nahe, so viel Häßliches zu hören. Er aber wußte, was ihre Tugend im Dunkeln wert war, wenn sie sich unbeobachtet glaubten.

Manchmal hatte er hart mit sich gekämpft. Vielleicht befand er sich auf falschem Wege. Immer wieder hatte er auf den Knien gelegen und Gott um ein Zeichen gebeten. Je mehr er aber in sich selbst drang, um so sicherer wurde er, daß dies der Weg war, den er zu gehen hatte.

So gab er sich seiner Verkündigung mit noch größerer Kraft hin. Die Kirche um ihn schien zu verschwinden. Er stand im öden Hochland, und um ihn her tappten die Menschen in der Finsternis umher und wälzten sich im Schlamm des Höllenabgrunds. Er kämpfte gegen die Finsternis, um das Licht, das sie ihr eigenes Elend sehen ließe.

Nichts soll so verborgen sein, daß es nicht auf den Marktplätzen und von den Dächern gerufen werden könnte.

Nein, er hatte nichts verborgen. Und er hatte so gesprochen, daß sie ihn verstanden.

In letzter Zeit begann das Volk wieder in die Kirche zu kommen. Heute war es ganz voll gewesen. Sie lachten nicht mehr über seine Predigten.

Er fühlte sich so sicher. Er nahm die Jacke ab und wollte sich zur Ruhe begeben.

Da hörte er Schritte im Gang. Die Tür ging auf, und eine Lappenfrau trat leise ein. Sie hieß Ellen und war mit einem Berglappen verheiratet. Sonst wußte er nicht viel über sie – nur daß sie strebsam war und ein ordentlicher Mensch.

„Ist etwas nicht in Ordnung?" fragte er.

„Nein, das nicht."

„Setz dich!" Er dachte, sie wolle etwas leihen und komme nun, wo Brita sich doch schon hingelegt hatte. – „Wolltest du vielleicht mit Brita sprechen?"

„Nein, nicht Brita", stammelte sie und schüttelte den Kopf.

Dann wurde es still. Er saß und dachte nach, wie er sie zum Sprechen bringen könne. Da sagte sie: „Ich habe solche Angst!"

Er fuhr auf.

„Du hast Angst? Ist daheim etwas in Unordnung? Ist jemand krank?"

Wieder schüttelte sie den Kopf. Nein, zu Hause war alles in Ordnung. Niemand war krank.

„Weshalb hast du Angst?"

„Weiß nicht." Sie saß eine Zeitlang da. Dann kam es: „Es ist heute in der Kirche über mich gekommen. Ich bekam Angst. Es lief mir kalt den Rücken hinab. Das Herz tat mir so weh."

Sie machte eine Pause.

„Ich habe es schon vorher gefühlt, wenn ich in der Kirche war. Aber jetzt ist es schlimmer. Ich glaubte, auch diesmal würde es vorübergehen."

Sie schwieg.

„Aber es ist nicht vorübergegangen heute?"

„Es ist nur schlimmer geworden."

„Und du weißt nicht, weshalb du Angst hast?"

„Ich bin nicht erlöst. Vielleicht sterbe ich bald. Dann gehe ich verloren."

Sie stieß die Worte hervor, als fürchte sie sich, sie auszusprechen. Dann barg sie das Gesicht im Tuch, um die Tränen zu verbergen.

Er saß da und dachte über ihre Frage nach. Hatten seine Rufe wirklich ein Ziel erreicht? Er konnte es kaum glauben. Aber auf der Bank saß die Frau und schluchzte vor Angst.

„Du bist nicht erlöst?"

„Nein, nein, ich gehe verloren. Ich weiß nicht aus noch ein. Ich wage nicht mehr zu leben. So kam ich her."

Endlich war es geschehen, was in seiner Pfarrerzeit zu Karesuando noch niemals geschehen war; und auch sonst war es wohl kaum irgendwo geschehen, daß jemand zum Pfarrhof kam, um Hilfe und Trost zu suchen. Sie war die erste.

Plötzlich fühlte er sich unendlich hilflos. Was sollte er ihr sagen. Er konnte ihr doch nicht die Angst nehmen. Hatte er ein Recht, in das Werk des Geistes einzugreifen, welches in ihr begonnen hatte?

Aber er konnte sie nicht wieder allein in Angst und Finsternis hinausschicken. Er mußte ihr zu helfen und sie zu trösten versuchen, damit sie die schweren Tage ertragen konnte, die kommen mußten, ehe sie nach der Erlösung zu greifen vermochte.

Es war auch nicht so leicht, ihr zu erklären, was mit ihr vorging. Von dem armseligen Katechismus, den sie gelernt hatte, war wohl nicht mehr viel in der Erinnerung, und sie hatte vielleicht nicht einmal ein Neues Testament.

So sprach er zu ihr, wie man zu einem kranken Kind spricht. Über Angst und Reue, Vergebung und Glauben. Er sagte ihr, daß es nicht in seiner Macht stünde, Angst und Not von ihr zu nehmen. Und er würde es auch nicht tun, wenn er es könnte. Sie müsse es selbst erleben und erleiden. Denn nur auf diese Weise könne sie zur Erlösung gelangen. Deshalb würde die Stunde der Angst, die sie durchlebte, sie näher und näher zum Heiland führen, der für uns alle gelitten hatte und gestorben war. Sie solle nur nicht verzweifeln.

*Das zerstoßene Rohr wird er nicht zerbrechen, und den glimmenden Docht wird er nicht auslöschen.*

Kannte sie das Bibelwort?

Sie schüttelte den Kopf.

So mußte er ihr von dem Halm erzählen, der einen Knick hatte und den Gott nicht brechen wollte, so daß er verwelkte und stürbe. Von dem Talglicht bei den Jägern in der Einöde, das zu verlöschen begann, so daß nur noch ein wenig Rauch übrig war. Solch ein geknickter Strohhalm, solch ein erlöschendes Licht sei der Mensch in Seelennot.

Sie sprach das Bibelwort nach und glaubte, es behalten zu können. Dann könne sie es vor sich hin sprechen, wenn die schlimmsten Augenblicke über sie kämen. Es würde ihr Trost geben und Kraft, auszuhalten.

„Kannst du es behalten?"

„Ich weiß nicht."

So sprach er es ihr vor, und sie sprach es Wort für Wort nach, bis sie es aufsagen konnte.

Es war spät, als sie aufstand und gehen wollte.

„Geht es dir jetzt etwas besser?"

„Ja, etwas besser. Wenn ich aber das Wort vergesse?"

Er nahm ein Stück Papier und schrieb es auf. Vorsichtig, als sei es ein großer Geldschein, faltete sie es und barg es an der Brust.

„Kannst du lesen?"

„Nein, ich kann nicht lesen. Aber die kleine Inger ist zu Johan in die Schule gegangen. Sie kann gut lesen. Dann kann sie es mir vorlesen."

Und sie ging.

Mit einem Male fand Lars das Zimmer zu eng. Es konnte seine Freude und den Dank, der ihn erfüllte, nicht fassen.

Er trat auf die Treppe hinaus. Es hatte sich aufgeklärt. Er blieb stehen und sah zum frostblauen, sternenübersäten Gewölbe hinauf.

Der Herr hatte ihm ein Zeichen gegeben. Er hatte eine Seele zu ihm geschickt.

## 24.

Am nächsten Tag fühlte er sich von neuer Hoffnung erfüllt. Vielleicht würden auch andere aus gleichem Grund den Weg zum Pfarrhof finden. Ohne es selbst zu wissen, wartete er und hielt Ausschau. Die Tage vergingen. Aber niemand kam. Auch Ellen ließ sich nicht wieder sehen.

Der alte Zweifel und die alte Schwermut begannen ihn wieder zu ergreifen. Vielleicht hatte er in Unverstand und Unkenntnis den Lebenskeim zerstört, der in ihrer Seele zu sprießen begonnen hatte. Es wäre ja nicht so verwunderlich. Er hatte es ja noch nie versucht, Seelsorger zu sein.

Doch die Schwermut gewann keine Macht über ihn. Nur kleine Schatten glitten über ihn hin. Hinterher fühlte er nur mit um so stärkerer Gewißheit, daß er auf dem rechten Wege sei. Und der Herr würde ihm Weisheit schenken, wenn er sich nur seinem Willen beugte. Er wußte, daß er menschliche Gaben und Kenntnisse in reichem Ausmaß erhalten hatte. Ihm war auch das Licht des Geistes geschenkt. Und dies alles war ihm gegeben worden, damit er immer größere Klarheit zu finden suche über den eigentlichen Sinn des menschlichen Daseins.

Tag um Tag saß er über der Bibel und suchte die heilige Wahrheit der Worte, die er las, in sich aufzunehmen. Oft war es ihm, als sinke sie wie eine Offenbarung über ihn und würde zu einem Stück seiner selbst.

Und dann kam es ihm vor, als sei er dem Ziel, das er nur ganz von ferne ahnte, ein Stück näher gekommen.

Zu anderen Zeiten war es wieder, als seien ihm die Worte verschlossen. Finster und kalt wurde es in ihm. Aber er erinnerte sich des Spruchs:

*Nicht, daß ich's schon ergriffen habe, ich jage ihm aber nach.*

Der Mann, der diese Worte geschrieben hatte, hatte wohl oft das gleiche empfunden. Es bestand kein Grund für ihn, verzagt zu sein.

Eines Abends saß er mit Brita und den Kindern in der Stube, als Per Jonsa eintrat. Lars forderte ihn zum Sitzen auf.

Nein, Per wollte nicht sitzen. Draußen sei jemand, der mit dem Pfarrer sprechen wolle. Lars stand auf und ging mit. Da standen Henrik und Jon.

„So, seid ihr zurückgekommen?"

„Wir sind heute abend gekommen", sagte Per.

„Da habe ich also eure Schellen gehört, als ich von der Jagd heimkam", sagte Lars. Er ging in sein Zimmer voraus. Er fragte sich, was sie wollten. Es sah nicht so aus, als hätten sie Branntwein getrunken. Sonst war der Branntweinhändler immer der erste, den Henrik und Jon besuchten, wenn sie

Gelegenheit dazu hatten. Mit Per war es eine andere Sache. Er hielt sein Gelübde.

Lars holte einen Span und zündete die Talgkerze an. Die zwei setzten sich auf die Bank.

„Wie steht es mit Marja, Jon?"

„Es geht jetzt besser."

„Das ist gut. Ist etwas Besonderes geschehen, daß es ihr nun besser geht?"

„Wir haben im Sommer ein kleines Mädchen bekommen. Seitdem ist es besser geworden."

Lars wollte sagen, daß sie nun auf das Kind besser achten sollten als auf die kleine Kari. Aber er konnte Jon nicht weh tun.

„Wie ist es diesmal mit dem Kalben gegangen?" fragte er statt dessen.

Doch, es sei richtig gut gegangen in diesem Frühjahr. Henrik hätte wirklich ein Mordsglück gehabt.

„Vielleicht schaffst du dir wieder eine kleine Herde an?"

Ja, es sehe jetzt nicht übel aus, gab Henrik zu.

Lars dachte daran, daß er noch vor kurzem ein ganz armer Schlucker gewesen war.

„Kommt drauf an, wieviel der Küster zu bekommen hat", sagte Lars unwillkürlich.

„Ein Schlachtrentier", sagte Henrik. „Das bin ich ihm schuldig, und das soll er bekommen. Dann aber kriegt er keinen Fetzen mehr von mir."

„Und von mir soll er zwei haben", mischte sich Jon ein. „Damit aber ist es auch Schluß."

Es wurde still. Lars verstand nichts. Ihm kam die Ahnung, daß sie vielleicht mit dem Trinken aufhören wollten, aber er gab den Gedanken als sinnlos auf.

„Der Küster schenkt euch nichts", sagte er wie zu sich selbst. – „Ihr werdet schon auspacken müssen."

„Wir haben nicht die Absicht, etwas von ihm zu kaufen", sagte Henrik. „Wir wollen mit seinem Branntwein nichts mehr zu tun haben.“ – Er sprach stolz wie einst, als er der Besitzer einer großen Herde war.

„Ja, so ist es“, bestätigte Jon.

Lars wußte nicht, ob er recht gehört hatte. Hatten sie wirklich vor, mit dem Trinken aufzuhören?

„Wir haben im Sommer darüber gesprochen“, ertönte die ruhigere Stimme Pers. – „Wir lagen im gleichen Bezirk. Dann haben wir uns geeinigt, daß Henrik und Jon sich in das Papier, das der Pfarrer hat, eintragen lassen und keinen Branntwein mehr trinken wollen.“

Er schwieg.

„Und so kamen wir gleich nach der Ankunft her, um es zu erledigen, ehe wir jemand träfen.“

Lars merkte, daß es ihr Ernst war. Sie hatten sich entschlossen, den Kampf aufzunehmen. Es war kein Gelübde, das sie sich nach einem Rausch oder in einer Aufwallung gegeben hatten. Während langer einsamer Tage und Nächte in der Einöde hatten sie es durchdacht. Sommer für Sommer hatten sie es sich wohl selbst gelobt, daß es im nächsten Herbst anders werden sollte. Aber wenn sich der Zug dem Kirchplatz genähert hatte, waren sie mehr und mehr von der Begierde erfaßt worden. Sie war wie ein Sog in ihren Leibern; wie eine teuflische Macht legte sie sich über ihre Gedanken und Träume. Und wenn sie dann schließlich da waren, war von den Gelübden nicht mehr viel übrig.

Niemand kannte ihre Ohnmacht besser als sie selbst. Deshalb waren sie hierher gekommen, ehe jemand die Gelegenheit hatte, sie zu versuchen. Lars fühlte tiefstes Mitleid mit ihnen. Sie waren hilfloser als Kinder. Und morgen und später würde die Versuchung sie umgeben, wo sie gingen und standen. Sie würde sich in ihre Seelen schleichen und ihnen die Kraft nehmen. Mit allen Sinnen würden sie das verfluchte Gift spüren. Sie würden Branntwein sehen, Branntwein riechen, ja Branntwein hören. Es war nicht zu erwarten, daß sie es allein schafften. Und den, der ihnen zu helfen vermochte, kannten sie nicht.

Es würde schwer für sie werden, sagte er und seufzte.

„Ja, es wird schwer“, sagte Jon. Die Stimme klang nicht mehr so sicher.

„Vielleicht nützt es nichts“, sagte Henrik.

Jetzt aber wurde dem Pfarrer klar, daß er drauf und dran war, ihnen den Mut zu nehmen. Mehr gehörte dazu nicht.

„Gewiß nützt es“, beeilte er sich zu sagen. – „Seht doch den Per an! Er hat es jetzt über zwei Jahre durchgehalten, und ganz allein! Jetzt werdet ihr drei sein. Und eure Frauen trinken doch wohl auch nicht mehr?“

„Marja hat keinen Branntwein mehr in den Mund genommen seither“, sagte Jon.

„Ane trinkt auch nicht“, sagte Henrik. – „Sie freut sich darauf, daß wir wieder viele Tiere haben werden.“

Und sie gelobten, nie wieder Branntwein zu trinken oder auszuschenken. Lars suchte das Papier hervor und schrieb ihre Namen unter den von Pers.

Es lag etwas Trotziges über ihren Rücken, fand er, als sie gingen. Er blickte auf die Liste. Über zwei Jahre lang war es nur ein Name gewesen. Jetzt waren es drei. Und ein Mensch war zu ihm gekommen und hatte Trost gesucht. Es war eine magere Ernte. Ehe der Tag verging, würden die beiden vielleicht sinnlos betrunken sein. Und Ellen kam vielleicht nie wieder.

Trotzdem fühlte er sich von Freude und Hoffnung erfüllt. Er glaubte, daß es die ersten Lichtblicke seien. Viel mehr würden noch kommen, wenn er nur rief.

Und er würde rufen. Noch lauter und stärker als früher. Er spürte seine Kräfte wachsen. Gedanken und Gesichter strömten auf ihn ein. Sie erfüllten seinen Sinn. Wenn er jetzt gleich auf die Kanzel gehen könnte ... Er fühlte die Kraft in sich, ihre unsterblichen Seelen mit bloßen Händen aus der brennenden Hölle zu reißen.

Aber er empfand keinen Kummer darüber, daß es Nacht war und die Kirche dunkel und leer. Gesichter und Gedanken sanken wie ein Reichtum in seine Seele. Einmal, wenn er eine Predigt schriebe oder vor der Gemeinde stünde, würde es noch klarer und stärker über ihn kommen.

Es war spät geworden. Aber er war wach und klar. Obwohl er den ganzen Tag auf Jagd gewesen war, fühlte er sich nicht müde. Sollte er die Sonntagspredigt in Angriff nehmen? Nein, lieber etwas lesen. Als er die Bibel in die Hand nahm, kam Brita.

Er fühlte, wie sie alle seine Gedanken fing. Sie fragte, was die beiden gewollt hätten. Er erzählte es.

„Sie werden es wohl nicht lange durchhalten", sagte er.

„Das sollst du nicht sagen. Es ist gut möglich, daß sie es schaffen."

Er saß und sah sie ohne Antwort an. Sie stand am Tisch und spielte mit seinem Messer, das da lag. So braun und frisch sah sie heute aus. Er sah sie vor sich, wie sie bei ihrer ersten Begegnung gewesen war. Gott weiß, ob sie jetzt nicht noch schöner war. Und er saß und fühlte es als ein großes Glück, daß er sie noch viel lieber hatte, als je zuvor.

„Brita!" Er nahm ihre Hand.

Sie blickte auf und lächelte.

Er zog sie auf seinen Schoß. Legte die Arme um sie und drückte sie an sich.

„Liebe, liebe Brita", sagte er.

Sie strich ihm übers Haar und küßte seine Stirn.

Er fühlte das Begehren. Es zitterte in seinem Leib wie in seiner Jugend. Die irdische Liebe brannte immer noch. Und auf seinem Schoß hielt er Brita. Sie war in seinen Armen. Er spürte ihren Körper an dem seinen. Es war ein größeres Glück, als jemand zu fassen vermochte.

Aber was er jetzt fühlte, war so unendlich viel mehr als nur die Begierde nach ihrem Körper. Er sah, wie sie in all den grauen Werktagen, in all den angstvollen Nächten gewesen war, von der ersten endlosen Wanderung über die Hochebene bis zum heutigen Abend. Er dachte an die gesegnete Sicherheit und Ruhe, die er fühlte, wenn sie nur im Hause war. Alles, was sie erlebt hatten, schien sich zu sammeln und der Flamme Nahrung zu geben, die durch Körper und Seele wogte.

Und jetzt lag keine Angst und kein Zweifel wie ein schwarzer, schreckender Schatten in seiner Seele. Er wußte, daß auch die irdische Liebe eine Gabe Gottes für die Menschen ist.

Sie legte ihm die Arme um den Hals.

„Willst du bei mir sein?" flüsterte er.

„Ja, ich will bei dir sein."

*

Sie lag an seiner Seite und schlief ruhig und schwer. Noch hielt er ihre Hand in der seinen. Er war hellwach. Die Gedanken waren so klar. Und das Glück, das ihn erfüllte, war so lebendig und nahe, daß es ihn fast ängstlich machte. Er fühlte sich frei und stark.

Gesichter und Gedanken drangen mit neuer Stärke auf ihn ein. Er konnte sie nicht von sich gehen lassen.

Vorsichtig breitete er die Decke über sie. Dann machte er Licht, kleidete sich an, setzte sich an den Tisch und nahm Feder und Papier. Das Licht war dünn und schwach, und die Tinte, die er selbst gemischt hatte, war auf dem schlechten Papier gerade noch zu sehen. Er strengte die Augen an, daß sie brannten. Aber er merkte es nicht. Der Geist war über ihm. Die Gedanken strömten. Fragen, über die er gegrübelt hatte, standen leuchtend klar vor ihm. Er vergaß alles um sich und schrieb und schrieb.

Als Brita am Morgen erwachte, saß er noch am Tisch.

## 25.

Die Berglappen kamen von den Sommerweiden. Tag um Tag erklangen die Schellen über dem Hochland, und Hundegebell und das Getrappel der Tausende von Rentieren war weithin zu hören.

Scharenweise kamen die Lappen zum Pfarrhof und bezahlten den Zehnt. Brita und die Kinder empfingen sie. Auch Lars stand manchmal eine Weile dabei und sah zu. Es gab einen Gottessegen an Nahrung. Und es kam gut zustatten. Das Jahr war lang, und viele Münder waren zu sättigen. Wären es nur die eigenen gewesen, so hätte es gut gereicht. Man hatte aber mit so vielen anderen zu teilen.

Jetzt hatten alle reichlich. Der Sommer war gut gewesen. Und sie hatten weit entfernt von jedem Handel gewohnt. Jetzt aber waren sie zum Markt gekommen. So viele Versuchungen gab es. Nützliche Dinge, die sie dringend benötigten. Aber auch viel Flitter und Kram. Und die Leute kauften. Womit sollten sie sich sonst schmücken auf dem Markt der Eitelkeit? Und überall gab es Branntwein.

So reichte es nicht lange, was sie zum Verkaufen hatten. Eines Abends würde die erste arme Frau mit ihrem Ranzen in die Pfarrhofküche kommen.

Brita würde fragen, was am meisten fehle. Dann würde sie den Ranzen nehmen und hineintun, was vonnöten war, um die Not fernzuhalten. Und so würden sie den ganzen Winter kommen, eine nach der anderen, solange Brita etwas abzugeben hatte. Deshalb machte es ihn immer froh, wenn der Zehnt reichlich einströmte. Im Winter würde es so viele kleine Münder geben, die satt gemacht werden müßten. Oft erinnerte er sich der zwei kleinen Jungen und der Mutter, die in dem kleinen Haus in Arjeplog hungrig zu Bett gehen mußten.

Es kam die Marktzeit. Die Kaufleute kamen mit den Waren, handelten und tauschten. Und das Gericht trat zusammen und hielt Sitzung ab. Tag für Tag verhörten sie Zeugen und sprachen Urteile, wegen Rentierdiebstahl, Überfall und Körperverletzung, wegen Trunksucht und Meineid. Aber die Branntweinhändler gingen frei aus.

Auch der Bezirksarzt kam auf Inspektion. Er tobte gegen Läuse, Schmutz und Aberglauben, wusch faulige Wunden und braute Medizinen, bis er nicht mehr konnte.

Am Tag vor Buß- und Bettag machte Lars einen Spaziergang zum Marktplatz. Er brauchte Tinte, Papier und Munition. Ein Kaufmann aus Haparanda pflegte es für ihn mitzubringen.

Überall staute sich das Volk. Hier und da hatte sich eine Schar um ein Fäßchen versammelt. Anderswo standen ein paar und schwatzten, während die Taschenflaschen herumgingen. Einige johlten und sangen.

Noch war von Trunkenheit keine Rede. Aber es war noch nicht Abend und Nacht. Es graute ihm davor, wenn er daran dachte. Während er zwischen Läden und Zelten umherging, schien ihm das Elend hier noch nie so klar gewesen zu sein wie jetzt. Und wieder kam etwas wie Angst über ihn, daß er das Volk wecken müsse, ehe es zu spät sei.

Morgen war Buß- und Bettag. Viele Leute würden kommen. Er mußte rufen wie nie zuvor. Er kaufte Tinte und Papier und eilte heimwärts. Er heizte an und setzte sich an die Arbeit. Ab und zu drang der Lärm vom Marktplatz und das Gebrüll Betrunkener, die vorbeizogen, bis in sein Zimmer hinein. Da sah er wieder das Leben draußen vor sich. Und er fühlte sich klein und machtlos. Was besagten seine armseligen Worte gegen das Heer der Teufel, das die Menschen da draußen beherrschte? Seine einsamen Warnungsrufe würden in diesem brüllenden Chor der Hölle ertrinken. Er fühlte seine Armut wie eine Not in seiner Seele.

Er ließ den Kopf auf die gefalteten Hände sinken. Er brauchte keine Worte. Er wußte, daß seine ganze Seele sich im Gebet zu Gott sammelte. Und aus seinen innersten Gedanken drang eine Antwort zu ihm:

„Rode den Weg des Herrn in der Ödmark!"

Er richtete sich auf. Und jetzt fand er Worte. Laut und deutlich sprach er sein Dankgebet. Dann setzte er sich und schrieb seine Markttagspredigt.

*

Das Volk strömte in die Kirche. Er stand am Fenster und sah es vorbeiziehen. Es waren nicht nur Berglappen und Bauern, sondern auch Kaufleute und zugereiste Mitglieder der Behörde, die noch nie in seiner Kirche gewesen waren.

Er wußte, daß sie nicht wegen des Gottesdienstes kamen. Sie hatten wohl von seinen krassen Predigten gehört und wollten sehen, ob es wahr sei. Vielleicht kam irgendein Ausdruck, über den sie lachen konnten. Oder ein rohes Wort, an dem sie heiliges Ärgernis nehmen konnten.

Ja, ja, sie sollten nur kommen. Dann konnte er sie wenigstens mit seinen Worten erreichen. Jetzt war es Zeit. Er nahm die Bücher und ging.

In kleinen und großen Scharen sammelten sich die Leute auf dem Kirchenhügel. Wie eine schwarze Katze schlüpfte der Küster zwischen den Gruppen umher, redete leise und schenkte aus der Taschenflasche ein. Als Lars in die Nähe kam, wurde es still. Sie antworteten nur kurz. Bald danach gingen sie ihres Weges, und er blieb wieder allein.

Er wußte, woher das kam. Der Küster wiegelte das Volk gegen ihn auf. Er hatte es schon seit langem versucht. Aber es hatte nichts genützt. In letzter Zeit schien er mehr Glück zu haben. Er ging jetzt von Mann zu Mann und nahm an den schändlichen Predigten des Pfarrers Anstoß. Und selbstverständlich mußten alle Tugendhaften einig sein mit ihm.

Sie sollten nur reden. Er konnte nicht anders sprechen.

Per, Henrik und Jon standen für sich. Lars trat auf sie zu. Er war gespannt.

„Steht es gut?" fragte er.

Ja, es stand gut.

„Wie ist es denn gestern gegangen?" fragte er geradezu.

„Wir haben nichts getrunken", sagte Henrik. „Und der Küster hat das Seine bekommen."

„Was hat er gesagt?"

Er wurde fuchsteufelswild und sagte, daß der Pfarrer abgesetzt werden würde. Es wird wohl nicht leicht sein, hiernach noch Pfarrer zu sein.

„Kommt Zeit, kommt Rat", sagte Lars und lächelte. „Für mich ist es nicht gefährlich."

Die Glocken läuteten. Er ging in die Kirche. Es wurde totenstill, als er eintrat. Er fühlte, wie die Augen ihn anstarrten. Er spürte die Spannung wie einen Luftzug.

Einen kurzen Augenblick durchfuhr es ihn wie Angst. Der große Augenblick war nahe. Wenn er nicht ausreichte …

Da hörte er wieder die Worte von gestern:

„Rode den Weg des Herrn in der Ödmark!"

Mit aller Kraft, die ihm zu Gebote stand, warf er sich in den Altardienst. Er vergaß alles um sich her. Er gab sich ganz dem Gebet und dem Gesang hin. Jeden Ton und jedes Wort suchte er mit dem gleichen Geist zu erfüllen, der ihn beseelte.

Als er vor der Predigt in die Sakristei kam, tropfte ihm der Schweiß von der Stirn. Er keuchte und zitterte wie nach eiligem Lauf. Deutlich hörte er seine Herzschläge.

Wie im Fieber griff er nach dem Manuskript. Hatte er es in der Nacht so gefühlt? Bis zum frühen Morgen hatte er gesessen und jeden Satz abgewogen. War es so richtig? Er überflog die letzte Seite.

Ja, jetzt sah er es vor sich. Das war es, was er zu sagen hatte.

Er hörte, daß das Lied dem Ende zuging. Er nahm die Bücher und ging auf die Kanzel.

„Die Gesunden bedürfen des Arztes nicht, wohl aber die Kranken." Ruhig und klar kamen die Worte.

„Jesus war auf die Welt gekommen, um die Sünder zu erlösen. Deshalb hielt er sich zu den Zöllnern und zu den Sündern und saß mit ihnen zu Tisch. Wie aber soll Gottes Sohn mit den Pharisäern essen, die ehrbare, tugendhafte, sündenfreie Menschen sind? Nein, Gottes Sohn hat nichts mit ihnen zu tun, denn sie sind gesund und bedürfen des Arztes nicht. Die armen Blinden aber, die Lahmen, die Irren, die Geistesschwachen, die bedürfen des Arztes. Das sind die Kranken, denen zu helfen Gottes Sohn gekommen ist.

Bei den Gastgelagen der Pharisäer gibt es keine Kranken. Nur gesunde Leute gibt es da mit guter Eßlust und großen Bäuchen, die viele leckere Speisen vertragen. Sie wissen, gut zu reden und mit Rum aufzuwarten, mit Punsch und Branntwein." Die Stimme stieg.

„In den Gastgelagen der Pharisäer gibt es auch christliche Mehlhändler, die ihre Liebe zu den Nächsten zeigen, indem sie höhere Preise nehmen, je größer die Not ist."

Er beugte sich über die Kanzel hinab. Dort dicht unter sich hatte er sie.

„Diese christlichen Mehlhändler hoffen wohl darauf, am Tag des Gerichts zu hören: ‚Liebe Christen, ich bin hungrig gewesen und ihr habt mich gespeist, ich bin durstig gewesen und ihr habt mich getränkt, ich bin nackt gewesen und ihr habt mich bekleidet, ich bin krank und gefangen gewesen und ihr seid zu mir gekommen'."

Er ließ den Blick umhergehen. Dieses sein armes Volk, welches die Priester und Schriftgelehrten und alle die christlichen Mehlhändler irregeleitet hatten und welches die feinen Herren der Welt ausgesaugt und verachtet hatten. Jetzt saßen sie verschüchtert und unterjocht an der Tür und in den Winkeln.

Einen Augenblick dachte er nur daran. Und es war, als läge die ganze Sorge und der ganze Gram, die er über Not und Elend empfand, in seiner Stimme, als er sie bat und anflehte aufzustehen und zu dem großen Arzt zu kommen. Er könne ihre kranken Seelen heilen, so daß sie sich gesund und frei fühlten! Er würde sie von der großen Todesangst befreien! Er würde ihnen auch helfen, alle die Teufel auszutreiben, die in ihren Seelen gehaust hatten, so daß sie das Sklavenjoch abzuwerfen vermöchten und wie Menschen, nicht wie Tiere lebten. Eine schwere Wanderung würde es werden, ehe sie mit all den anderen Blinden, Lahmen und Aussätzigen das Ziel erreichten. Aber der große Arzt würde selbst ihre wunden Füße waschen und mit ihnen wandern, wenn Nacht und Finsternis einbrächen.

„Denn der schmale Weg ist schwer, und es sind nicht viele, die auf ihm wandern."

Einen Augenblick hielt er an. Wieder beugte er sich über den Rand der Kanzel vor und blickte zu den ersten Bänken hinab, wo die Mitglieder der Behörde und die Kaufleute saßen. Er fühlte, wie der Harm aus seiner tiefsten Seele aufquoll. In der Vergangenheit und in den alten Geschehnissen fand er seine Nahrung. Und seine Stimme wurde voll davon, als er das Urteil über sie herniederdonnerte.

„Aber auf dem breiten Weg wandert ein unzählbarer Haufe. Dort laufen diejenigen, die den Namen des Teufels tragen, um die Wette der Hölle zu! Dort sitzen Herren und Halbherren in prächtigen Schlitten und fahren in voller Fahrt zur Hölle! Dort fahren die gnädigen Branntweinpatrone und Wirtshauswirte zur Hölle! Dort fahren die christlichen Mehlhändler, die Überpreise nehmen, zur Hölle! Dort fahren die sorglosen Priester und zeigen dem blinden Volk den Weg zur Hölle!

Dort fahren die treuen Kartenspieler zur Hölle! Dort fahren die Spieler und Tänzer zur Hölle!

Dort fahren die Pharisäer und Schriftgelehrten zur

Hölle! Dort fahren alle die feinen Herren der Welt zur Hölle!“

Zur Hölle! Zur Hölle! Wie ein Fluch schlug das Wort über die Gemeinde.

„Weh aber denen, die jetzt lachen! Einmal werden sie weinen. Einmal werden sie den sehen, den sie durchbohrt haben, wenn die kostbare Gnadenzeit ihr Ende nimmt und wenn das Blut des unschuldigen Gotteslammes, das sie mit Füßen getreten haben, in ihrem Gewissen zu brennen beginnt. Dieweil ihr nicht in der Gnadenzeit so stark zu Gott ruft, daß es vom Höllenabgrund hörbar wird bis in den Himmel.

Rufet! Rufet, damit ihr nicht diese furchtbaren Worte des gerechten Richters zu hören bekommt:

‚Gehet hin von mir, ihr Verfluchten, in das ewige Feuer, das bereitet ist dem Teufel und seinen Engeln!‘

Dort werdet ihr mit den Teufeln tanzen! Dort werdet ihr im Feuersee schwimmen, wo die Schlangen niemals sterben und das Feuer nie erlöscht. Gibt es hier aber auch nur einen Armen, der krank ist, so möge er zu ihm gehen, dem großen Arzt Israels, der alle Seuchen und alle Krankheiten heilt, wie er in dem heiligen Text des Tages von sich selber bezeugt:

‚Die Blinden sehen, die Lahmen gehen, die Aussätzigen werden rein, die Tauben hören, die Toten stehen auf, und den Armen wird das Evangelium gepredigt.‘

Betet zu dem großen Kreuzträger, auf daß er sich euch offenbart und euch den Weg zeigt zur Ewigkeit!

Sei bei uns, gnädiger Herr Jesus, ehe es Abend und Tag wird! Amen.“ –

Einen Augenblick war es still, als er von der Kanzel stieg. Sie saßen da und lauschten, als klängen die Worte noch in der Luft. Sie zuckten fast zusammen, als der Küster mit seiner Säuferstimme das Lied anstimmte.

Als Lars hinauskam, standen noch zahlreiche Menschen

auf dem Hügel. In kleinen Gruppen standen die Kaufleute und Branntweinhändler zusammen und redeten laut und bitter. Einige schienen rücksichtsvoll sein zu wollen und dämpften die Stimme, als Lars vorbeikam, andere aber waren so böse, daß sie sich um nichts kümmerten und aus Herzenslust riefen:

„Solch eine Schande! So etwas will Pfarrer sein! Abgesetzt werden müßte er."

„Das habe ich schon lange gesagt. So geht es nicht weiter. Er verdirbt die Jugend. Er predigt ja Verachtung gegen alle anständigen Menschen." Das war der Küster. Er redete laut und eifrig. – „Vor ein paar Tagen kamen zwei seiner Anhänger und gebrauchten ihr Schandmaul und sagten, daß sie nicht mehr trinken würden.

„Man müßte wohl eine Klage einreichen", sagte der abgesetzte Amtmann Bucht.

Lars blieb einen Augenblick stehen. Dann ging er auf sie zu.

Sie starrten ihn erbittert und rasend an. Niemand aber sagte etwas. Er sah sie an und lächelte.

Plötzlich ging der Küster seines Weges. Der abgesetzte Amtmann schlich hinterdrein. Einer nach dem anderen kroch in sich zusammen und ging. Schließlich war er allein.

Er wußte es ja. Sie waren zu feige. Sie wagten nicht einmal seinen Augen zu begegnen. Es war viel angenehmer für sie, sich in den Hinterhalt zu legen und ihn anzufallen, wenn er es am wenigsten erwartete. Sie haßten ihn, der Küster und der andere Branntweinhändler, mit ihrer ganzen schwarzen Seele. Und sie würden jede Gelegenheit benutzen, ihm zu schaden und ihm wehzutun. Aber das tat nichts. Er fühlte weder Unruhe noch Angst.

Und während er zum Pfarrhof hinabging, fühlte er es noch stärker als früher, daß er auf dem rechten Wege sei. Endlich hatte er das Werk angepackt, das der Herr ihm anvertraut hatte.

Am Abend kam Ellen wieder. Sie saß auf der Bank und schwankte hin und her und jammerte leise vor sich hin. Jetzt lag die Angst schlimmer als je über ihr. Er bekam aus ihr heraus, daß es etwas besser gewesen war, nachdem sie ihn besucht hatte. Sie hatte an seine Worte zu glauben versucht, daß es Gottes Wille sei, sie diese Angst fühlen zu lassen, ehe sie ans Ziel käme. In den Nächten hatte sie das Bibelwort vor sich hin geflüstert, das er sie gelehrt hatte. Dann aber konnte sie es fast doch nicht mehr glauben. Und die Angst kam wieder.

„Du hättest herkommen sollen. Ich habe dich erwartet."

Sie saß da und schwieg.

„Ich schämte mich zu kommen", sagte sie still.

„Du schämtest dich?"

„Ich fürchtete, die anderen würden es erfahren und mich auslachen. Vielleicht würden sie mich für verdreht halten, daß ich zum Pfarrer gehe."

Lars wartete. Er fühlte, daß sie noch mehr auf dem Herzen hatte.

„Als ich das letztemal heimkam, erzählte ich Ola und den Kindern, wo ich gewesen war. Ich sagte, daß ich selig werden würde. Ola sah mich so seltsam an, daß ich es mit der Furcht bekam. Er verbot den Kindern, darüber zu sprechen, wie es um mich stände und daß ich hier gewesen sei. Ich war dabei und hörte es selbst. Es tat so weh. Und seitdem ist es gerade so, als hätten sie Angst vor mir."

Sie preßte ihre Hände.

„Was soll ich nur machen?" klagte sie. – „Es tut so weh, so weh. Oft habe ich mir gewünscht, daß ich nicht erweckt worden wäre. Dann aber wage ich es nicht, so zu werden, wie ich früher gewesen bin, denn dann komme ich doch in die Hölle. – So mußte ich gehen. Ich habe mich weggeschlichen von zu Hause. Ola wird böse werden und mich schlagen. Er war angetrunken."

Lars ließ sie sprechen. Als sie fertig war, begann er sie zu trösten. Er versicherte ihr, daß sie den Weg zu Erlösung und Frieden finden würde. Und alles würde dann so viel besser werden, als es jemals früher gewesen war. Dann erzählte er ihr so viel von seinem eigenen Seelenkampf, wie sie nur verstehen konnte. Er erzählte ihr auch von seiner Begegnung mit Maria.

„Aber es ist so schlimm mit Ola und den Kindern. Es ist ganz so, als wollten sie nichts mehr von mir wissen."

Er sagte, daß er sie verstehe. Aber sie müsse sie im Guten gewinnen. Sie solle freundlicher und liebevoller zu ihnen sein als früher und gut für sie sorgen. Und sie solle nicht böse werden oder antworten, wenn Ola betrunken und brutal wäre.

„Vielleicht kommt Ola einmal in die gleiche Angst und Not wie du", sagte Lars. „Dann hast du vielleicht den Frieden gefunden und kannst ihm helfen und ihn trösten."

Es leuchtete in ihrem Gesicht auf.

„Wenn das möglich wäre?" flüsterte sie.

„Du mußt zu Gott beten, daß er uns hilft. Sprich mit Gott, wie du mit mir sprichst. Und dann mußt du geduldig sein. Es ist vielleicht noch lange bis dahin."

Sie stand in der Tür und wollte gehen.

„Ich werde für Ola und die Kinder beten", sagte sie. „Ich habe neuen Mut bekommen."

*

Es war einige Tage später. Alle im Haus hatten sich hingelegt. Nur Lars saß über einem neuen Buch, das er bekommen hatte.

Es raschelte im Gang. Vorsichtig öffnete sich die Tür, und eine Lappenfrau glitt hinein.

„Komm nur herein. Ich schlafe noch nicht." Erst als sie ins Licht gekommen war, sah er, daß es Marja war, Jons Frau.

„Ach, du bist es?"

„Es war Licht in deinem Fenster. So trat ich ein."

Sie sah zu Boden. Ihr Gesicht war bleich und verheert. Die Züge waren wie in Sorge erstarrt.

„Wie steht es jetzt mit dir?"

Sie sah kurz auf. Ihre Augen starrten offen und ängstlich. Dann begannen sie zu flackern, und sie sah wieder zu Boden.

„Es geht wieder schlechter."

Er saß und wartete, doch sie sagte nichts mehr.

„Jon sagte, es ginge jetzt gut", versuchte er.

„Ach ja, ich habe eine neue kleine Kari bekommen."

Mehr brachte sie nicht heraus. Die Erinnerung brach über sie herein, so daß sie zusammenzusinken drohte. Er mußte eine gute Weile warten, ehe sie wieder etwas sagen konnte. Und nach und nach brachte sie in abgerissenen Worten und halben Sätzen heraus, was ihr auf dem Herzen lag.

Lange noch, nachdem das Furchtbare mit dem Kind geschehen war, glaubte sie den Verstand zu verlieren. Aber als sie merkte, daß sie ein neues Kind bekommen würde, wurde es besser. Sie hatte sich ein Mädchen gewünscht. Sie wollte das als ein Zeichen auffassen. Daher wurde sie froh, als das Kind kam. Gott hatte sie nicht gestraft, denn das Mädchen war wohlbeschaffen und hübsch. Sie waren ja auch so lange fort gewesen. Aber als sie zurückkamen, wurde es wieder schlimmer. Er wußte es, ohne daß sie es aussprach. Sie hatte wieder das kleine Grab zu besuchen begonnen. Sie kam jetzt von dort.

Und jetzt erschien ihr ihre Missetat schlimmer noch als früher. Gott konnte ihr nie vergeben. Vielleicht würde er sie strafen, indem er ihr den Verstand nahm, so daß es ihrem Kind schwerer ginge. Oder er würde es ihr nehmen.

„Ich komme in die Hölle!" Wie ein Stöhnen kam es. – „Und dann werde ich Klein-Kari nicht wiedersehen ..."

Lars schien es, daß sie wirklich am Rande des Abgrunds stehe. Sie war zu Tode ermattet und hielt es nicht mehr aus.

Er sah sie über dem kleinen Grab stehen. Eine Erinnerung überkam ihn.

Er war nicht mehr Seelsorger und Pfarrer. Er war nur ein Mensch, der es einmal ebenso schwer gehabt hatte. Als er zu ihr zu reden begann, erschienen ihm seine Worte so leer und armselig. Sie enthielten so wenig von dem Trost, den er so gern geben wollte. Er fühlte so deutlich den Schmerz darüber, daß er nur so wenig zu helfen vermochte.

Aber er konnte es nicht aufgeben. Es ging um ihr Leben. Ließ er sie jetzt von sich, so wie sie war, so könnte sie der Wahnsinn überkommen, ehe der Tag anbrach. Und er redete. Wie wenn er mit den Mächten der Finsternis um ihre Seele ränge.

Schließlich erhob er sich, ging auf sie zu und strich ihr über das Haar.

„Weißt du noch, Marja, wie du bei mir lerntest? Du warst so lieb und gut. Ich glaube, du bist es noch. Und der himmlische Erbarmer sieht, wie schwer du es jetzt hast. Er wird dir Kraft geben, es durchzuhalten."

Sie sank auf der Bank zusammen und weinte.

Das Licht war herabgebrannt. Es war halbdunkel im Raum durch die mondklare Nacht. Er blickte zum Fenster und hörte, wie ihr Weinen nachließ und sie ruhiger wurde.

Bald danach erhob sie sich.

„Gute Nacht!" Sie schluchzte noch.

„Du mußt jetzt heim zu Jon und den Mädchen. Bist lange fort gewesen. Vielleicht weint das Kleine nach der Mutter."

„Ja, ja, ich muß gehen." Sie eilte hinaus.

Die Arme. Ein wundes Lächeln trat in sein Gesicht. Jetzt dachte er wieder an die Lebenden. Diesmal war das Schlimmste überstanden.

# 26.

Lars ging westwärts über das Hochland. Eine dünne Lage Schnee hatte sich gebildet, so daß man schon eben die Schneeschuhe gebrauchen konnte. Es war kühl und klar. Gewehr und Jagdtasche trug er am Riemen über der Schulter. Das Land hob sich schwach dem Bergrücken zu. Wenn er oben wäre, würde er wohl die Zelte sehen.

Der Tag war im Sinken. Er holte ordentlich mit dem langen Stab aus und lief mit langen, gleichmäßigen Schritten.

Nach einer Weile befand er sich auf dem Gipfel des Höhenzuges. Vor ihm lag das Tal wie eine schwache Senkung in der Landschaft. Hier und dort auf dem Grunde blinkte der vereiste Fluß. Es war dies der obere Teil von Lainio.

Er blieb stehen und spähte aus. Weit im Norden hörte er Schellen und Hundegebell im Tal. Dort ungefähr müßte es sein, hatte er gedacht. Er blickte scharf hin, ob er die Zelte schon sehen könnte. Aber es war nichts zu entdecken. Sie standen wohl in einem Gehölz, dachte er, und wollte es aufgeben. Da bemerkte er eine Rauchfahne nördlich am Horizont. Es war noch ein gutes Stück bis dorthin.

Er fegte den Schnee von einem Stein und setzte sich. Mit dem Jackenärmel trocknete er den Schweiß vom Gesicht. Dann holte er Brot und ein Stück Dörrfleisch aus der Jagdtasche. Mit dem Messer schnitt er kleine Streifen Fleisch ab und kaute Brot dazu.

Er war auf dem Weg zu Nilas und Susanna. Sie lagen mit ihrer Herde dort drüben im Tal. Gestern war er in einem südlicheren Lappenlager gewesen. Als er heimkam, lag da der Bescheid mit der Bitte, ob er kommen könne. Sie würden so gern mit ihm reden. Susanna könne nicht zu ihm kommen, weil das Brustkind krank sei. So könne er es gleich taufen. Ehe es hell war, hatte er sich auf den Weg gemacht. Und noch hatte er ein gutes Stück vor sich.

Er hatte viele solche Botschaften in den letzten Wochen bekommen. Und nicht nur Ellen und Marja waren in den Pfarrhof gekommen. Ola und Jon waren dagewesen und viele, viele andere, die über die Unruhe und Angst klagten, die sie überkommen hätte. Zuerst kamen sie allein und abends, nachdem sich die Leute hingelegt hatten. Oft war er aufgeblieben, damit sie das Licht in seinem Fenster sehen könnten, falls der eine oder andere einsame Wanderer draußen sein sollte, dem die Angst keine Ruhe ließ.

Wenn sie von Angst und Not gepeinigt zu ihm kamen, hatte er oft gedacht, er solle sie vielleicht der Gnade Gottes versichern und ihnen die Vergebung der Sünden zusprechen. Das würde ihnen vielleicht Frieden und Gewißheit schenken.

Aber dann hatte er nicht den Mut dazu gehabt. Er fühlte sich unwürdig. Hatte er das Recht, in das Werk des Heiligen Geistes einzugreifen, das in ihren Seelen vorging? Wollte er ihnen in seiner Unkenntnis die Erlösung bringen, ehe das neue Leben vollendet war?

Bis jetzt hatte er es nicht gewagt, ihnen zu versichern, daß er, der sein Werk in ihnen begonnen hatte, es auch vollenden würde. Und wenn die Reue echt und das Gebet aufrichtig war, würde er ihnen die Gewißheit schenken, wenn die Zeit gekommen wäre.

Dann aber mußten sie mit ihrem Leben beweisen, daß es aus der Tiefe ihres Herzens kam, was sie mit ihrem Munde bekannten. Er hatte sie ermahnt, sich von allen bösen Geistern loszureißen und ihm, dem großen Kreuzträger, zu folgen. Immer wieder hatte er ihnen eingeprägt, daß keine Mutter sich in Trunkenheit wälzen dürfe, wenn ihr Kind auf dem kalten Fußboden lag und umkam. Niemand solle todtrunken im Zelt liegen, während der Wolf die Herde angriff. Niemand solle das Rentier dem anderen stehlen. Niemand solle seinen Bruder vors Gericht bringen, sondern er solle gehen und sich mit ihm versöhnen. Niemand solle im Zorn seine Kinder schlagen, sondern er solle sie in Liebe ermahnen. Niemand solle seine Arbeit versäumen. Niemand solle auch nur ein Maß Branntwein trinken. Niemand solle in seinem Unverstand sein Eigentum vergeuden, so daß die unschuldigen Kinder Hunger und Not litten.

Alles Unrecht müsse wiedergutgemacht werden. Zoll solle bezahlt werden für geschmuggelte Ware, und Diebesgut solle zurückgebracht werden.

Bald war es herausgekommen, wer im Pfarrhof gewesen war. In ihrer Not schlossen sie sich zusammen und kamen jetzt am hellichten Tag und gemeinsam.

Gestern abend waren es so viele gewesen, daß sie in die Ofenstube hatten gehen müssen, um genügend Platz zu haben. Er hatte ihnen eine Andacht gehalten, und dann hatten sie bis tief in die Nacht miteinander gesprochen.

Aber nur wenige hatten die Gelegenheit, zur Ofenstube in den Pfarrhof zu gehen. Viele Erweckte mußten in einem Winkel des Kirchspiels auf ihrem Berghof sein, allein mit ihrer Angst. Oder im Zelt auf der Hochebene. Wie Susanna und Nilas. Am vorigen Sonntag waren sie nach der Predigt zu ihm gekommen. Dann hatten sie sich nicht mehr losmachen können. Und gestern war der Bescheid zu ihm gelangt.

Er steckte die Pfeife in die Tasche und stand auf. Jetzt mußte er gehen. Vielleicht ging es dem Kind schlecht, und sie warteten auf ihn, bis es zu spät war mit der Taufe. Vor Gott war da kein Unterschied, aber die Mutter würde es nie vergessen.

In voller Fahrt lief er den Hang hinab. Die Hunde bellten, und Nilas kam heraus. Sie begrüßten sich.

„Du kommst also?"

„Ihr habt doch nach mir geschickt. Sollte ich nicht kommen?"

„Doch, aber wir dachten, daß du vielleicht doch nicht kämst. Es ist so weit."

„Ich bin gestern nicht weit gegangen. Und es geht sich gut jetzt. Wie steht es?"

„Ach, ich weiß nicht." Er sprach leise. – „Das Kind ist sehr krank. Susanna kann nicht schlafen. Tritt ein!"

Er zog den Zeltvorhang zur Seite und kroch voran.

„Es ist Lasse", sagte er.

Susanna saß am Feuer und hielt das Kind in den Armen. Ihr vergrämtes Gesicht erhellte sich etwas, als sie Lars sah.

„Gott sei gelobt, daß du kommst!" brach es aus ihr heraus.

Er legte sich neben dem Kind auf die Knie und begann es zu untersuchen.

„Er ist so schwach, der Ärmste", sagte die Mutter. Sie weinte. „Ich glaubte, er würde nicht so lange leben, bis du kämst."

Das kleine Antlitz war bleich, und der Schweiß rann in großen Tropfen herab. Es lag mit geschlossenen Augen, als schliefe es. Ab und zu schlug es die Augen auf und wimmerte. Dann hatte es keine Kräfte mehr und versank.

Lars griff nach dem kleinen Handgelenk und zählte die Pulsschläge. Das Fieber war hoch, aber der Puls ruhiger, als er gedacht hatte.

„Er hustet nicht mehr so viel", sagte die Mutter. – „Hat wohl nicht mehr die Kraft dazu, der Arme ..."

Lars ließ sie die Tücher abnehmen. Er legte dem Kind das Ohr auf die Brust und lauschte. Es bestand kein Zweifel. Es war Lungenentzündung. Aber es klang, als wäre das Schlimmste jetzt überstanden. Er war kein Arzt und konnte dem Kleinen nicht helfen. Aber ein wenig hatte er in diesen Jahren in der Einöde von Krankheit und Hilfe lernen müssen. Vielleicht konnte er einen Rat geben.

Er richtete sich auf den Knien auf.

„Stirbt er?" fragte die Mutter und heftete ihre Augen auf ihn.

„Ich glaube, daß es Lungenentzündung ist", sagte er und

umging ihre Frage. – „Aber ich glaube, daß es ihm jetzt besser geht."

„Wird er gesund?"

„Es ist gut möglich, daß er es übersteht. Du mußt ihn warm und trocken halten."

„Ja", sagte sie und begann das Kind zu versorgen.

Lars setzte sich ans Feuer. Ein Kessel mit Fleisch hing über der Flamme. In einem anderen lag Schnee zum Schmelzen. An der einen Wand saßen vier Kinder und sahen verschüchtert aus. Dann lag eine alte Frau da. Es war Nilas' Mutter. Sie war halb blind und schwerhörig.

„Wer ist gekommen?" fragte sie.

„Es ist Lasse, der Pfarrer, Mutter!" schrie Nilas. Er achtete auf den Fleischkessel.

„Was will der Pfarrer hier?"

„Er soll den kleinen Anders taufen."

„Ach so, soll er das?" Sie murmelte vor sich hin. – „Das ist gut. Dann wird er bald gesund. Das habe ich doch gesagt. Ihr hättet ihn früher taufen lassen sollen und nicht so lange warten."

„Wirst du es jetzt tun?" Susanna hatte gefragt. Sie war mit dem Kind fertig.

„Ja", sagte Lars und holte die Bibel aus der Jagdtasche. Susanna brachte Wasser in einer Holzschüssel. Sie konnten im Zelt nicht aufrecht stehen. So legten sie sich neben dem Feuer auf einem Rentierfell auf die Knie, die Eltern und er. Er sang das Tauflied und betete für das Kind. Dann nahm er Wasser aus der Holzschüssel, die Nilas hielt, und taufte das Kind. Wieder betete er und sang, wie die Agende es vorschrieb. Damit war die heilige Handlung beendet.

Susanna legte das Kind in die Wiege und begann, sich um das Essen zu kümmern. Lars kroch zu der Alten hin und sprach mit ihr.

Das Essen war bald fertig, und er aß mit ihnen. Erzählte Neuigkeiten aus der Nachbarschaft und von den Kirchorten.

Die Alte und die Kinder schliefen. Lars aber saß am Feuer und sprach mit Nilas und Susanna über den großen Kreuzträger, der die Not und den Schmerz aller Welt litt. Er fühlte, wie sich der Friede über das kleine Heim in der Ödmark senkte. Sorge und Angst waren nicht mehr so hoffnungslos.

Es ging auf Mitternacht zu. Vielleicht konnte Susanna jetzt Schlaf finden, dachte er und machte sich zum Gehen bereit. Nein, er sollte nicht heute nacht gehen. Es sei viel Platz im Zelt.

Ja, das sehe er schon. Aber die Nacht sei hell, und es sei gut zu gehen.

Susanna verschwand und sah nach dem Kind.

„Er schläft jetzt", sagte sie. Das Gesicht strahlte in neuer Hoffnung auf.

Auch Lars sah nach ihm. Das Kind schlief wirklich ruhig.

„Wir wollen glauben, daß er es übersteht", sagte er und kroch aus dem Zelt.

Nilas und Susanna kamen nach. Sie dankten ihm, daß er gekommen war.

Es sei nichts zu danken, sagte er. Dann wünschte er Gottes Frieden und ging.

Es war heller Tag, als er heimkam. Er war todmüde. Aber er hatte keine Zeit zum Schlafen, meinte er. Seine Arbeit war so gewaltig und der Tag so kurz. Er wollte sich nur für einen Augenblick hinlegen, nachdem er gegessen hatte.

Als Brita etwas später hineinsah, lag er angezogen auf der Decke und schlief. Sie holte eine andere Decke und breitete sie über ihn. Es war zwar Botschaft gekommen, daß ihn jemand erwartete. Aber da half nichts. Jetzt sollte er schlafen.

# 27.

Lars hatte begonnen, mit der Jugend zu lernen. Eines Tages fehlte Mats, der Sohn des Küsters. Lars fragte die anderen, ob ihm etwas fehle.

Nein, das glaubten sie nicht.

Wie eine Ahnung stieg es in Lars auf. Aber er schlug es in den Wind. Mats hatte wohl heute zu tun. Er würde das nächste Mal kommen.

Aber Mats kam auch das nächste Mal nicht. Und auch später nicht. Ihm fehlte nichts. Lars schickte einen Boten, daß Mats in die Schule kommen müsse.

Am Abend kam der Vater. Er grüßte kaum und setzte sich auch nicht, als Lars ihn dazu aufforderte.

„Mats kommt nicht in die Schule!" Er zischte die Worte hervor, obwohl er sich zu beherrschen versuchte.

Lars saß eine Weile da. Dann fragte er ruhig:

„Warum kommt Mats nicht in die Schule?"

„Weil er nicht darf. Ich nehme ihn aus der Schule heraus."

„Warum tust du das?"

Der Küster machte einen Schritt auf den Tisch zu.

„Glaubst du, ich will mir mein Kind verderben lassen?"

„Verderben?" Lars zuckte förmlich zusammen. Es war so unerwartet gekommen.

„Jawohl, verderben! Glaubst du, wir wissen nicht, was du die Kinder und die Jugend lehrst? Doch, doch, wir wissen es ganz gut. Du redest von Hurerei und anderen Schweinereien. Glaubst du, daß es sich für einen Pfarrer ziemt, so mit Knaben und Mädchen zu sprechen?"

Er war eifrig und zornig, und die Worte strömten geradezu durch die gelben Zahnstümpfe.

„Und mich und andere anständige Leute, die ihr gesetzliches Brot verdienen, beschimpfst du als die Handlanger des Satans und die Blutsauger der Hölle. Der Teufel soll uns in der ewigen Hölle braten, sagst du. Und unseren eigenen

Kindern redest du das ein. Sie hören wohl nicht gerade viel darüber, daß sie Vater und Mutter ehren sollen. Glaubst du, daß wir uns darein finden?

Und dann machst du die Kirche herunter und die Obrigkeit."

„Mach ich Kirche und Obrigkeit herunter?"

„Sagst du denn nicht, daß die Priester irrgläubig sind und dem Volk den Weg in die Hölle weisen? Hast es doch vor kurzem in der Kirche gesagt! Sagst du nicht, daß die Obrigkeit bei den reichen Branntweinhändlern durch die Finger sieht? Du verscheuchst die arme Jugend so sehr mit dem Satan und der Hölle, daß sie völlig außer sich sind und stundenlang weinen, wenn sie heimkommen."

Er hielt unvermittelt an, als habe er den Faden verloren. Dann schrie er heraus:

„Ist das etwa nicht wahr?"

Lars blieb sitzen. Sollte er dem Küster antworten? Es würde nichts nützen, ihm zu erklären, was er meinte. Der Küster würde es nicht begreifen. Es hatte zwar nicht so viel zu bedeuten, was der Küster sagte. Aber er war nicht allein. Durch ihn redete der Unglaube der Welt. So sah sein Werk von daher gesehen aus.

Eine innere Stimme sagte ihm, daß er vorsichtig sein müsse. Der Küster hatte ein mächtiges Gefolge. Man mußte seine Worte wägen.

„Nun, kannst du ableugnen, daß du es gesagt hast?" Es schien eine böse Freude in die Stimme des Küsters gekommen zu sein.

Lars zuckte zusammen. Es war, als erwache er. War nicht der Küster, so wie er dastand, der offenbare Satan? Der Branntweingestank schlug Lars entgegen, daß es ihm den Atem verschlug. Einen Augenblick glaubte er ihn wie einen gelben Odem aus seinem Mund dringen zu sehen.

Und dann sollte er seine Worte wägen! Der Zorn überkam ihn wie ein Strom. Wenn er nur all die schwefelriechenden Handlanger des Satans auf einmal vor sich hätte! Er würde seine Worte gewiß nicht wägen.

„Doch, ich habe es gesagt." Seine Stimme bebte vor Zorn. Er erhob sich.

„Und ich werde dir noch mehr sagen." Er machte einen Schritt vorwärts. – „Ich werde alle Kinder lehren, alle Eltern wie dich und deinesgleichen zu verachten. Soweit meine Stimme reicht, werde ich sie ermahnen, alle eure Taten und euer Unwesen zu verabscheuen wie den Bösen selbst. Ich werde sie vor den falschen Pfarrern der Staatskirche warnen und vor aller gottlosen Obrigkeit, die aus der Kasse stiehlt und das Recht um Geld verkauft."

Lars hielt an. Der Küster hatte sich zur Tür zurückgezogen. Jetzt huschte er hinaus.

Der Zorn durchbebte ihn. Einen kurzen Augenblick blieb er stehen und sammelte seine Gedanken. Dann setzte er sich schwer an den Tisch.

Nein, es war nicht nur die Stimme des Küsters gewesen, dachte er. Wort für Wort wiederholte er sich die Anklage, die ihm der Küster ins Gesicht geschleudert hatte. Ausnahmsweise hatten der Küster und der Branntweinhändler Johannes Grape die Wahrheit gesprochen. Er hatte das alles gesagt. Er war der Ehre der Pharisäer und Schriftgelehrten zu nahe getreten. Und jetzt waren sie rasend geworden und schrien.

„Er verdirbt unsere Kinder!"

Wir werden uns nicht darein finden, hatte der Küster gesagt. Er hatte es gewußt. Es mußte zum Kampf kommen. Zwischen Licht und Finsternis. Zwischen Gott und Satan! Kampf in den Sinnen und unter den Menschen.

Er fühlte es klar. Gott hatte ihn dazu berufen, diesen Kampf in der Ödmark zu entfesseln. Daher würden ihn die Pharisäer und Schriftgelehrten hassen und verfolgen, wie sie es mit dem Heiland getan hatten und jedem seiner Jünger. Aber er hatte keine Furcht. Er fühlte, wie seine

Kräfte wuchsen. Solange er eine Stimme zum Rufen besaß, solange ihn der Fuß zu einer einsamen Seele zu tragen vermochte, würde er gegen die Finsternis kämpfen.

## 28.

Es war Weihnacht. Lars fuhr nordwärts den Muniofluß entlang. Er hatte in einer südlichen Siedlung im Tal Hausverhör gehalten und war auf dem Heimweg. Die Luft war schneeschwer und grau. Der letzte Lichtstreifen des Tages war schon vor einer guten Weile verschwunden, obschon es erst früher Nachmittag war.

Die Fahrbahn war gut. Vielerorts nur blankes Eis. Und das kleine zottige Pferd trabte in einer Art trotzigen Eifers vorwärts. Lars freute sich, daß er nach Hause kommen würde, ehe sich die Seinen hingelegt hätten.

In einer Kurve bekam er einen Mann zu Gesicht, der den gleichen Weg hatte. Bald hatte er ihn erreicht. Lars brachte das Pferd zum Stehen.

„Guten Abend!" Es war der Lehrer Johan.

„Guten Abend, bist du draußen unterwegs!" sagte Lars. Er wurde so froh, Johan getroffen zu haben, daß er es tief in der Brust spürte. – „Willst du nordwärts?"

Ja, Johan wollte zum Kirchplatz. Er hatte für ein paar Tage Arbeit bei einem Mann da oben. Und hatte auch sonst etwas zu tun.

Lars forderte ihn auf, einzusteigen, und machte ihm im Schlitten Platz. Das Pferd trabte weiter. Eine Weile war es still.

„Ich habe dich so lange nicht gesehen", sagte Lars. Es kam

ganz unwillkürlich. – „Du warst wohl in einer anderen Gegend?“

Nein, das war er nicht. Er hatte sich vielmehr diesen Herbst meist in der Heimatgegend aufgehalten. Es klang so verzagt. Es war nicht das alte Leben in seiner Stimme.

„Geht es dir gut? Du bist doch gesund?“

„Doch, es geht gut. Ich bin gesund. Weshalb fragst du?“

„Du hörtest dich so niedergeschlagen an.“

Johan antwortete nicht.

„Also du bist diesen Herbst in der Heimatgegend gewesen?“ Lars sprach wie zu sich selbst. – „Aber ich habe dich so lange nicht in der Kirche gesehen. Du warst auch gestern abend nicht in der Versammlung in Naalisvaara. Das ist doch nicht so weit von deinem Haus entfernt.“

„Es war nicht so, daß ich gehen konnte“, sagte Johan.

„Weshalb war es nicht so?“

„Nein, es war nicht so.“ Johan schob ihn mit seiner Antwort weg.

Lars fragte nicht weiter. Statt dessen begann er ihn auszufragen, wie es in letzter Zeit mit der Arbeit gegangen wäre. Und wie es in seinem Haus ausschaute. Johan sagte, er könne nicht klagen. Er war umhergewandert und hatte im südlichen Teil des Kirchspiels im Herbst Schule gehalten. Er hatte mit Arbeit etwas verdient. Es war gut gegangen. In der Zwischenzeit habe er Gelegenheit gehabt, sein Haus etwas zu verbessern. Und alle seien sie gesund gewesen.

Lars sagte, es freue ihn, dies zu hören.

Dann sprachen sie eine Weile beide nicht. Lars hatte Lust zu fragen, wie es jetzt um das Trinken stünde. Er hatte in letzter Zeit keine Klage darüber gehört. Dann stand es wohl gut, dachte er. Er hatte ja sogar an seinem Haus gearbeitet.

Johan hatte über das Eis hinausgeblickt. Plötzlich wandte er sich Lars zu.

„Und du bist jetzt ganz gesund?“

Die Frage kam für Lars so unerwartet, daß seine Gedanken für einen Augenblick stillstanden. Dann lächelte er.

„Ja, ich bin jetzt ganz gesund, Johan", sagte er. Und dann fragte er: „Du hast wohl auch geglaubt, daß ich verrückt werden würde?"

„Nein, das habe ich nicht geglaubt, obwohl es viele behaupteten. Ich wußte die ganze Zeit, daß deinem Verstand nichts fehlte."

„Du hast wohl an die Brustkrankheit gedacht?"

„Nein, auch daran nicht. – Ich merkte, daß du mit etwas anderem zu kämpfen hattest. Und als ich dich einige Male in der Kirche hörte, glaubte ich dich zu verstehen."

Sie schwiegen eine Weile.

„Und das ist wieder völlig gut geworden?" fragte Johan wieder.

„Ja, völlig gut. Ich habe schließlich durchgefunden."

Wieder wurde es still.

Lars dachte über Johan nach. Ihm fiel ein, daß er nie jemanden getroffen hatte, der ihn besser verstanden hätte. So war es vom ersten Augenblick an gewesen. Johan war in einem der ersten Jahre seiner hiesigen Tätigkeit konfirmiert worden. Er sah das hübsche Knabengesicht mit den klaren scharfen Augen deutlich vor sich. Johan hatte ebenso geringe Kenntnisse gehabt wie die anderen, als er kam. Aber er hatte glänzende Fähigkeiten und sog das Wissen in sich auf wie ein Schwamm. Oft hatte er es wie eine Erquickung empfunden, mit ihm zu reden. Es war eine Art Freundschaft zwischen ihnen entstanden, derer sich beide bewußt waren, über die sie aber nicht sprachen. Als Lars den Schulunterricht ordnen mußte, hatte er ihn als Lehrer angenommen. Und er hatte die Fähigkeit dazu wie kein anderer. Dann aber kam die Trunksucht. Immer wieder.

In der letzten Zeit hatten sie sich voneinander entfernt. Nur einige Worte über alltägliche Dinge fielen, wenn sie sich einmal trafen.

Lars hatte es wie einen Verlust empfunden. Er hatte in der Kirche nach Johan ausgeblickt, und es hatte ihm weh getan, daß er nicht da war. Manchmal hatte er gedacht, daß er vielleicht auch einmal am Abend in den Pfarrhof kommen würde. Aber Johan war nicht gekommen.

Und jetzt hatte er ihn an seiner Seite im Schlitten. Es drängte ihn plötzlich, über sich selbst zu erzählen. Erst war es, als graue es ihm davor. Dann sagte er:

„Nein, mit meinem Verstand war alles in Ordnung."

Und dann erzählte er alles, von der ersten Angstnacht an, als er zu sterben glaubte, bis zu dem Tag in Åsele, wo das Licht in der Sakristei über ihn gekommen war. Und jetzt sehe ich nur die Finsternis, die um mich herum herrscht. In mir selbst ist es hell. Die letzten Worte kamen leise. Es wurde still.

Blitzartig sah Lars all die Scharen wie ein schwarzgraues Heer vorüberziehen, die seine Stimme nicht erreichte und aus denen kein einziger Schrei der Angst zu hören war.

„Und jetzt brennt nur ein einziger Wunsch in mir: Gottes Licht in der Abgrundfinsternis zu entzünden, die uns umgibt."

Sie schwiegen.

„Es soll jetzt viele Erweckte geben, hörte ich", sagte Johan.

„So viele sind es nicht, im Vergleich zu denen, die noch abseits stehen. Aber die Schar wächst mit jedem Tag. Und keiner von ihnen trinkt mehr Branntwein. Schon das ist ja so viel wert."

„Ja, das ist es", sagte Johan. Er seufzte.

Aber es sei so schwer, sagte Lars. Er könne nicht alle erreichen. Viele könnten nicht lesen, besonders nicht die Älteren. Und wer es könne, habe keine Bücher. Da sehe er keine Abhilfe. Die Konfirmanden wüßten in diesem Jahr nicht mehr als früher.

„Nein, das bleibt sich wohl gleich", sagte Johan und lächelte. „Sie haben lange Bärte und buchstabieren immer noch im ABC-Buch herum.“

„Du mußt kommen und mir auch in diesem Jahr helfen“, sagte Lars. „Ich sehe keinen anderen Weg.“

„Ich weiß nicht.“

„Spricht etwas Besonderes dagegen?“

„Nein, das gerade nicht.“

„Also mußt du kommen. Ich hätte schon eher nach dir geschickt. Aber dann wartete ich darauf, daß du selbst kommen würdest – in die Kirche.“ Er schwieg. – „Ja, ich dachte mir, daß du vielleicht einmal kommen und auch Trost suchen würdest.“

„Damit ich dann mit dem Trinken aufhöre und dir keine Schande mehr mache?“ warf Johan ein. Die Stimme klang bitter.

„Ja, ich habe auch an das Trinken gedacht. Aber nicht um meinetwillen. Damit bin ich fertig, mich anderer zu schämen. Ich habe mich gerade genug über mich selbst zu schämen. Ich weiß es. Du bist mir in der letzten Zeit aus dem Weg gegangen. Aber das sollst du nicht, Johan. Ich wünsche dir nur Gutes. Und ich kann dich nicht entbehren. Du mußt jetzt kommen und mir bei den Konfirmanden helfen.“

„Wenn ich mich aber betrinke?“ Es sollte ein Scherz sein, aber Lars hörte den schmerzvollen Unterton.

„Darauf wollen wir es ankommen lassen. Dann wollen wir an den Abenden miteinander reden. Und wenn die Erweckten kommen und wir uns in der Ofenstube versammeln, sollst du Vorsänger sein.“

„Nein, ich kann bestimmt nicht kommen.“

„Du kommst gleich nach Neujahr“, sagte Lars, als ob er nicht gehört hätte.

Er hatte es die ganze Zeit gemerkt. Johan fühlte sich angezogen. Deshalb hatte er Furcht und hielt sich fern. Kam er zu nahe, würde es ihn übermannen. Aber er sollte ihm nicht entgehen. Welch ein Arbeiter im Weingarten des

Herrn könnte er werden! Aber er durfte jetzt nicht weiter in ihn eindringen. Statt dessen begann er wieder über die Schule zu sprechen. Mehr als alles andere war das die Lebensaufgabe Johans.

„So geht es nicht mehr weiter. Wir müssen feste Schulen bekommen. Müssen alle Kinder zu bestimmten Zeiten auf einmal sammeln."

„Ja, wenn man es soweit bringen könnte", sagte Johan. – Aber das würde teuer werden.

Dagegen sei nichts zu machen, meinte Lars. Es werde gehen. Es mußte gehen. Noch nie habe er so klar begriffen, wie nötig es sei.

Und jetzt habe er einen Vorschlag an die Behörde geschickt und einen Beitrag beantragt, um die Unkosten decken zu können. Und er würde keine Ruhe geben, bis es ihm gelungen wäre.

Sie sprachen darüber. Johan war fast noch eifriger als Lars. Sie konnten die Schule in eine der größten Siedlungen legen. Dort konnten sie ein Haus mieten, und die Kinder sollten bei den Leuten rundherum wohnen. Sie würden sie schon aufnehmen, wenn sie etwas dafür bekämen.

Dann könne man am Tag Schule abhalten und sie an den Abenden bei sich versammeln – mit ihnen singen und ihnen vorlesen, sagte Johan. Das würde eine nette Schule werden.

„Und du könntest Lehrer sein", sagte Lars.

„Das würde ich kaum können", kam es hoffnungslos.

„Gerade du wirst es werden", sagte Lars fest.

Jetzt sahen sie die Lichter von Karesuando. Und bald hatten sie die ersten Hütten erreicht.

Vor dem Hause des Henrik Niva hatte sich eine ganze Schar versammelt. Als sie vorbeifuhren, hörte man Geschrei und Geheul von drinnen.

„Ist er wieder betrunken?" fragte Lars.

„Nein, sie sind sich wohl nur nicht ganz einig", grinste einer.

Im gleichen Augenblick hörte man das Klatschen schlagender Hände. Eine Frau schrie auf.

„Jetzt gibt er ihr ordentlich Prügel!" Sie johlten und lachten.

Lars überlegte einen Augenblick, ob er hineingehen solle. Dann fuhr er weiter. Er war schon so oft dort gewesen. Und nicht im geringsten hatte er helfen können. Auch jetzt würde es nicht helfen. All die Jahre hatte zwischen Henrik Niva, seiner Frau und seinen Kindern Feindschaft und Haß geherrscht. Beide Teile waren wohl schuld daran. Keiner wollte sich beugen. Schon hier auf Erden hatten sie sich eine schöne Hölle eingerichtet.

Sie kamen am Haus der Greta Memmi vorbei. Es war verschlossen und dunkel.

„Sie ist jetzt tot, die Greta", sagte Johan.

„Ja, sie starb vor einiger Zeit."

„Hat wohl viel Geld hinterlassen?"

„Ja, man fand mehrere Lederbeutel mit Silbertalern."

Beide kannten sie Greta und wußten, daß man sich über ihren Reichtum nicht zu wundern brauchte. Viele Jahre lang hatte sie Branntweinhandel betrieben. Und so geizig war sie, daß sie sich kaum das Essen gönnte. Ihr Geld versteckte sie in Lederbeuteln, auf denen sie schlief. An den Abenden saß sie am Feuer, zählte die Taler und schaute sie sich an. Niemals half sie einem Menschen.

„Hast du gehört, was sie den Verwandten sagte, die nach ihr sehen wollten, als es mit ihr zu Ende ging?" fragte Lars.

Nein, Johan hatte es nicht gehört.

„‚Ihr kommt wohl, um zu erben?' – So wenig dachte sie an die Erlösung ihrer Seele, als sie in die Ewigkeit eingehen sollte."

Sie waren beim Pfarrhof angekommen, und Johan stieg aus.

„Du mußt mitkommen und etwas essen", sagte Lars.

Nein, Johan wollte gehen. Es sei spät. Die Leute, zu denen er solle, würden wohl bald schlafen gehen.

„Also du kommst nach Neujahr?" sagte Lars.

Er würde sehen, sagte Johan. Er war schon unterwegs. Jetzt hat er wieder Furcht, dachte Lars. Im Pfarrhof saßen vielleicht einige von den Erweckten und warteten.

## 29.

Bald nach Neujahr kam Johan. Sie hielten den Konfirmandenunterricht in der Kirche ab. Alle, die nicht fließend lesen konnten, versammelte Johan an der Tür. Geduldig wie eine Mutter saß er Stunde um Stunde bei ihnen und buchstabierte. Wenn sie einigermaßen lesen konnten, wurden sie in den Chor zu Lars geschickt. Dort hatte er diejenigen um sich versammelt, die ihm folgen konnten.

Hier und da, wenn die Erweckten sich bei Lars versammelten, kam auch Johan, setzte sich in einen Winkel und hörte zu. Er sang mit, beteiligte sich aber nicht an den Gesprächen.

Wenn Lars ihn fragte, was er zu der einen oder anderen Frage meinte, wich er aus und sagte, er habe darüber nicht nachgedacht. Sonst sprach Lars nicht viel mit ihm. Er hatte gehört, daß Johan viel allein sei.

Einmal fragte er ihn, was er an den Abenden tue, an denen er nicht im Pfarrhof sei. Nichts Besonderes, sagte Johan. Er beschäftige sich mit ein paar Kleinigkeiten. Ab und zu lese er auch.

Lars begriff es nicht ganz. Das sah Johan so unähnlich. Er wurde unruhig um seinetwillen. Den Erweckten schien er sich nicht anschließen zu wollen. Lange tröstete sich Lars damit, daß es noch dazu kommen könne. Wenn er nur nicht wieder dem Branntwein verfiel ... Bis jetzt hatte er sich gehalten.

Als sie eines Tages mit dem Unterricht fertig waren, konnte Lars nicht an sich halten.

„Wirst du nicht bald kommen und zu uns gehören, Johan?"

Johan blieb etwas stehen und schien nachzudenken.

„Wohl kaum", sagte er. Dann nahm er seine Bücher und ging.

*

An diesem Abend kam Per Andersa. Er war auf einer Versammlung in der Weihnachtszeit erweckt worden. Jetzt hatte er am Kirchplatz zu tun und wollte die Gelegenheit nutzen, mit Lars zu reden.

Es war nicht schwer, mit Per zu sprechen. Er war klug. Er las und schrieb gut und hatte immer als ein rechtschaffener Mann gegolten.

Sie blieben lange sitzen. Endlich stand Per auf und wollte gehen. An der Tür aber blieb er stehen und sah zu Boden. Dann nahm er sich zusammen und blickte auf.

„Nein, ich halte es nicht länger aus", sagte er, trat vor und setzte sich wieder. Er saß da, als wolle er Mut sammeln. Und dann kam es: „Ich habe den Staat um Zoll betrogen."

Nachdem er einmal den Anfang gemacht hatte, ging es leichter. Viele Jahre lang hatte er Waren über die Grenze geschmuggelt. Er hatte gewußt, daß es Unrecht war. Er hatte sich aber früher nicht darum gekümmert. Jetzt ließ es ihm keine Ruhe mehr.

„Ich weiß nicht aus noch ein. Es quält mich Tag und Nacht."

„Weißt du, wieviel es war?"
„Ja. Ich mußte es nachrechnen."
„Ist es viel?"
„Viel mehr, als ich geglaubt hätte."
Sie schwiegen.
„Es ist doch nicht mein Geld", sagte Per leise.
„Hast du es denn?"
„Ja, ich habe es bei mir. – Ich dachte mir, daß du es vielleicht für die Armen brauchen könntest."
Lars lächelte.
„Du willst dir Ablaß kaufen? Das war also deine Absicht. Glaubst du, daß du Frieden in deinem Gewissen bekommst, wenn du das Diebesgut den Armen gibst? So wäre es eine leichte Sache, freigebig gegen die Armen zu werden."
„Nein, ich wußte es nicht recht."
„Natürlich weißt du es. Du sollst das Geld denen geben, denen es gehört."
„Soll ich das Geld dem Zöllner geben? Dann werde ich doch bestraft!" Er starrte Lars an.
„Und wenn du die Strafe verdient hast?" sagte Lars. Die Worte kamen mild und ruhig.
Per sank wieder auf die Bank. Er stützte den Kopf auf die Hände.
„Nein, nein, das kann ich nicht", stöhnte er.
„Ich kann dir keinen anderen Weg zeigen", sagte Lars fest. – „Aber du kannst dir ja selbst überlegen, ob es vielleicht einen anderen gibt."
Nach einer Weile stand Per auf und ging zur Tür. Auch Lars nahm seine Mütze. Als sie hinauskamen, hörten sie Geschrei in Aslaks Haus. Einige Betrunkene waren in eine Schlägerei geraten.
„Kommt nur heran! Ich werde es euch zeigen!"
Beide blieben sie stehen. Sie kannten die Stimme nur allzu gut. Es war Johan.
Lars fühlte, wie es ihm durchs Herz schnitt.

„Nein, nein“, sagte er und begann hinunterzulaufen. Plötzlich hielt er an. Was sollte er dort? Mit einem Mann, der wahnsinnig war vor Branntwein und Wut, konnte er doch nicht reden. Er sah sich nach Per um. Aber der war schon gegangen. Vielleicht schaffte auch er den schweren Weg nicht und gab auf. Und gerade auf diese beiden hatte er so große Hoffnungen gesetzt.

Er spürte den Schmerz und die Enttäuschung wie eine Bürde, als er zum Pfarrhof hinaufging.

*

Am nächsten Tag war er mit den Konfirmanden allein. Johan kam nicht. Auch Per hatte er nicht mehr gesehen. Er ging umher, sorgte sich und mußte immer wieder an sie denken. Auch mit dem Unterricht ging es nicht gut. Es fiel ihm schwer, zu fragen und zu lehren. Ehe er sich besonnen hatte, sprach er davon, wie schwer es sei, mit anzusehen, daß gerade die Besten in Sünde und Elend zugrunde gingen.

Er schloß zeitig ab. Als er hinauskam, stand Per mit seinen Rentieren draußen.

„Ich habe getan, wie du es sagtest.“

„Hast du es wirklich getan, Per?“

„Ich habe alles erzählt.“

„Das wirst du niemals bereuen.“

„Ich bin froh, daß es geschehen ist. Kommt Strafe, so kommt Strafe.“

Er trat auf Lars zu, legte ihm den Arm um die Schulter und sagte Lebewohl.

„Du sollst Dank haben, Lasse.“

Dann warf er sich in den Schlitten und fuhr los. Lars sah ihm nach. Per hatte wohl eine lange Nacht erlebt. Und der Weg zum Zöllner war schwer gewesen. Aber er hatte es geschafft. Er fühlte, wie der Mißmut von ihm glitt. Die Saat, die er gesät hatte, begann zu sprießen und zu wachsen. Um ihn herum leuchtete es auf. Wenn nur auch Johan durchfinden würde. Wie mochte es ihm jetzt gehen ...?

*

Erst am dritten Tag kam er. Es war spät. Er kam ohne Gruß herein und setzte sich auf die Bank. Er ging schwer, als sei er krank. Das Gesicht war bleich und müde.

„So, du kommst jetzt? Ich habe lang auf dich gewartet."

Johan antwortete nicht. Saß nur, hatte die Ellenbogen auf den Knien liegen und blickte zu Boden. Er tat Lars so leid.

„Ist es wieder schiefgegangen?" fragte er. Die Stimme war traurig und milde.

„Ja. Und jetzt hat es keinen Zweck mehr. Es ist vorbei. Ich kann aufgeben." Er brachte die Worte kaum hervor. – „Nie wieder werde ich zum Menschen!" Wie eine Klage kam es. Und dann war es, als könne er sich nicht mehr aufrecht halten. Er saß da und quälte sich im Halbdunkel des Raums.

„Du hast geglaubt, daß du es diesmal durchhalten würdest?"

„Ich war beinahe sicher."

„Und daß du es allein durchhalten würdest?"

„Mir schien, daß es so sein müsse."

„Wolltest du deshalb nicht zu uns gehören?"

„Ich wollte warten, bis ich ganz sicher wäre."

„Und dann ging es so. – Und was nun?"

Johan schüttelte nur den Kopf.

„Nein, nun kann ich nicht mehr. Es nützt nichts, Gott kann mir niemals vergeben."

Lars fühlte, daß er froh wurde. Endlich war Johan an den Kreuzweg gekommen.

„Es kann nichts nützen, jetzt zu kommen, nachdem ich nicht eher gekommen bin. Ich wollte dich nur sehen, ehe ich abfahre."

„Du willst fahren?"

„Ich will heute nacht heimgehen. Hier habe ich nichts mehr auszurichten."

„Du hast hier nichts auszurichten? Du sollst morgen kommen und mir bei den Konfirmanden helfen. Du hast wirklich lange genug gefehlt. Ich komme nicht weiter."

„Nein, nein, ich kann nicht." Wie ein Notruf klang es. – „Ich kann in keine Schule mehr gehen." Er stand auf und wollte fort.

Da stand auch Lars auf. Er ging zu Johan und nahm ihn beim Arm.

„Setz dich, Johan. Heute nacht wollen wir miteinander reden."

Und Lars sprach. Stunde um Stunde spannte er seine Gedanken bis zum Äußersten an, um die rechten Worte zu finden. Aber es war, als nützten sie nichts. Johan war in die tiefste Finsternis geraten, wo es keinen Schimmer von Hoffnung gab, wo ihn kein Wort des Trostes mehr zu erreichen vermochte. Er saß auf der Bank wie vorher. Mehrmals stand er auf und wollte gehen.

„Laß mich nur gehen, Lasse! Es nützt nichts."

Aber Lars konnte ihn nicht gehen lassen. Er nahm ihn beim Arm und drückte ihn wieder auf die Bank hinab.

„Du darfst nicht gehen, ehe du mir versprichst, daß du morgen kommen wirst, mir zu helfen. Später wird uns die Zeit helfen."

So mußte er es schließlich versprechen.

Als Lars am nächsten Morgen in die Kirche kam, war Johan schon da.

## 30.

Lars konnte nicht länger im Zweifel sein. Die Worte, die er gesät hatte, begannen aufzugehen. Mehr und mehr Menschen suchten den Pfarrhof auf, um Hilfe und Trost zu finden. Von den einsamsten Berghöfen und von den Zelten draußen auf der Hochebene kamen Botschaften.

Oft saß er bis in den hellen Morgen bei ihnen und sprach mit ihnen. Bei jedem Wetter und bei jedem Boden mühte er sich damit ab, die zu besuchen, die nach ihm geschickt hatten. Es bedeutete ja mehr als das Leben für sie, daß er sie erreichte. In den Nächten saß er in Zelten und Erdhütten und sprach mit ihnen. Wenn der Tag graute, begab er sich zu den nächsten.

Am Sonntag aber stand er auf der Kanzel in Karesuando und donnerte gnadenloser denn je Gesetz und Urteil über die Gemeinde.

Er fühlte, daß Mut und Kräfte von Tag zu Tag größer wurden. Als erfülle ihn ein mächtiger Geist und trage ihn über die endlose Einöde und durch die langen Nächte. Er konnte sich fast keine Ruhe und keinen Schlaf mehr gönnen. So viele riefen nach ihm. Niemand durfte vergebens rufen.

Aber es kamen immer mehr, und immer mehr schickten nach ihm. Schließlich mußte er sich eingestehen, daß er sie nicht alle erreichen konnte. Das war ja auch nicht zu erwarten. Sein Kirchspiel betrug ja zwanzig Meilen im Durchmesser.

Er dachte darüber nach, als er eines Tages heimwärts ging. Es tat ihm so weh, daß er nicht zu allen konnte. Vielleicht konnte er einen der Erweckten hinschicken? Dann waren sie mit ihrer Not nicht allein. Jedenfalls konnten sie Gottes Wort zusammen lesen.

Als sie am Abend zusammensaßen, erzählte er ihnen das Gleichnis von den Dienern, welche die ungleichen Pfunde zu verwalten hatten. Das eigentliche Pfund, welches die Menschen erhalten hätten, sei die Erlösung. Daher sei es die Pflicht aller Christen, Seelen für das Reich Gottes zu gewinnen, jeder nach seiner Fähigkeit und in seinem Kreis.

Wie sie wüßten, könne er nicht alle erreichen, die in Gewissensnot seien. Und jetzt wolle er sie bitten, nach Kräften zu trösten und zu helfen. Sie sollten keine Furcht haben, sondern fleißig das Wort Gottes lesen und beten. Dann würde Gott sie auf den rechten Weg führen. Sie sollten auch alle Sorglosen ermahnen, daß sie umkehrten, solange es noch Zeit wäre.

Zunächst sah es nicht so aus, als würde er viel Hilfe bekommen. Die Erweckten waren zaghaft und schienen sich nicht hinauswagen zu wollen. Nacheinander kamen sie zu ihm und sagten, daß sie nicht könnten. Kleinglaube und Zweifel quälten sie noch. Und er mußte sie trösten. Nach und nach bekamen sie größeren Mut.

Bald versammelten sie sich nicht nur in Kirche und Pfarrhof um Gottes Wort. Überall, wo es in Hütten und Zelten einen oder zwei Erweckte gab, wurde gebetet und gesungen. Seine geschriebenen Predigten gingen von Hand zu Hand. Sie lasen sie, lernten sie auswendig und schrieben sie ab.

Sobald die Gelegenheit da war, suchten sie auf Nachbarn und Hausgenossen einzuwirken. Zu zweien trafen sie vor dem Haus des Branntweinhändlers und vor dem Wirtshaus zusammen und ermahnten die Leute, mit dem Gift des Satans Schluß zu machen. Das Volk sammelte sich um sie. Man lachte und hielt sie zum Narren. Andere wurden rasend und gingen mit den Fäusten auf sie los, bis Blut floß. Sie aber ließen sich schlagen und rührten keine Hand zur Verteidigung. Sie riefen ihre Ermahnungen nur noch lauter als vorher.

Aber es geschah, daß sich an solchen Abenden dieser und jener davonschlich, ohne Branntwein zu kaufen. Und einige Tage später fand er auch den Weg zum Pfarrhof.

Lars vergaß die Tage. Er sah nur, daß die Erweckung wuchs. Immer noch war es nur ein kleines Feuer, dachte er. Es mußte zu einer gewaltigen Flamme wachsen, die ihren Schein über den ganzen Norden warf. Tage voll bitterer Enttäuschung und voller Widerstand kamen. Augenblicke, in denen er völlig machtlos war.

Da war die Sache mit Johan. Nach jener Nacht war er in die Versammlung gekommen. Und Lars hatte sich so gefreut und gemeint, daß Johan jetzt gerettet wäre. Eines schönen Tages aber war Johan wieder betrunken. Nachher hatte er jede Hoffnung aufgegeben. Es geschah immer wieder. Und mit jedem Mal sank er tiefer in das Elend hinab. Aber Lars gab nicht auf. Er wußte so gut, daß Johan einmal hindurchfinden würde. Er war zu seinem besten Helfer bestimmt. Schon jetzt war er es ja, in seinen lichten Augenblicken. Und die Tage vergingen. Es wurde Frühling, und die Wanderungen nach dem Westen setzten ein. Wie eine Flamme strahlte ein kurzer Sommer über dem Hochland.

Lars wanderte, wie er es in all den Jahren getan hatte. Er hörte die Vögel, die am Wege zwitscherten und sangen. Er sah die Blumen der Hochebene. Und er freute sich darüber wie nie zuvor. Fand er eine seltene Pflanze, so setzte er sich zu Boden und untersuchte sie, nahm sie mit nach Hause und legte sie in die Presse. Aber er stellte nicht mehr den Pflanzen und Tieren nach, sondern den Menschen.

*

Es war wieder Herbst geworden. Lars saß in seinem Zimmer. Am anderen Tischende saß der Impfarzt. Er hatte Impfung abgehalten, und jetzt saß er bei Lars, und sie kontrollierten, ob alle erfaßt waren. Es war noch Tag.

Plötzlich lief ein Zittern durch das Haus. Sie fuhren beide auf.

Die Wände bebten, daß sie es sehen konnten, und sie spürten, wie sich der Boden unter ihnen bewegte. Es krachte und knallte in Wänden und Dach. Sie warteten darauf, daß das Haus über ihnen zusammenstürzen würde.

Doch es währte nur einen kurzen Augenblick. Dann schien das Haus still geworden zu sein. Sie hörten nur noch, wie es in den alten Ritzen knackte. Sie liefen zur Tür. Brita kam mit den Kindern herbeigestürzt. Die Kleinsten klammerten sich an die Mutter und weinten.

„Erdbeben", sagte Lars und sah den Impfarzt an.

„Ja, das war wirklich ein Erdbeben", antwortete er.

Sie blieben eine Weile auf der Hauswiese stehen. Die größten Kinder kamen in wilder Angst angelaufen. Sie waren am Fluß gewesen und hatten gespielt.

„Was war das? Die Erde hat unter uns gezittert!"

„Es war ein kleines Erdbeben", erklärte der Vater. Sie seien sehr selten in dieser Gegend und meist so schwach, daß man sie nicht bemerke und dauerten nur einen Augenblick. Dieses aber sei sehr deutlich gewesen. Angst brauche man nicht davor zu haben. Es würde nicht wiederkommen.

Die Kinder hängten sich an die Mutter und gingen mit ihr in die Küche. Lars und der Arzt traten wieder ins Zimmer.

„Das war wirklich unheimlich", sagte der Arzt. „Ich habe so etwas noch nie erlebt."

„Ich auch nicht", sagte Lars.

Nachdem das Grauen sie verlassen hatte, begannen sie darüber zu reden. Ob es sich wohl weit hingezogen habe, und ob es anderswo stärker gewesen sei. Lars sagte, es würde ihn interessieren, Näheres darüber zu erfahren.

Der Impfarzt war fertig und ging. Lars holte das Tagebuch, das er über das Wetter führte, hervor und notierte das Erdbeben. Er bemühte sich, es genau so wiederzugeben, wie es vor sich gegangen war. Wenn er weiteres darüber erfahren sollte, wollte er darüber schreiben. Er ließ einen freien Raum dafür. Dann ging er zu Brita und den Kindern.

In den nächsten Tagen zog Lars Erkundigungen über das Erdbeben ein. Es war in einem Umkreis von zehn Meilen spürbar gewesen. Er schrieb dies genau und ausführlich nieder.

An einem der nächsten Abende kamen Ellen und Ola. Ihr Winterlager lag ein Stück entfernt im Hochland. Jetzt hat wohl die Schwermut Ellen wieder gepackt, dachte Lars.

„Wie steht es?" fragte er.

„Jetzt steht es richtig gut", antwortete Ellen. Ein neuer frischer Ton lag in ihrer Stimme.

„Ja, es steht jetzt gut", sagte auch Ola.

Ob etwas Besonderes geschehen sei, fragte Lars.

„Ich weiß nicht recht", sagte Ellen. – „Du mußt es erzählen, Ola."

Es sei vor einigen Tagen gewesen, sagte Ola. Per Andersa wäre bei ihnen vorbeigekommen. Er und Ellen seien daheim gewesen. Auch einige andere waren da. Dann hätte Per eine kleine Versammlung abgehalten. Es war gutes Wetter, und sie hatten auf dem Feld um das Feuer gesessen. Per las ihnen eine Predigt vor und sang. Dann sprach er über den Heiland mit der Dornenkrone.

Da war Ellen aufgeregt geworden. Sie hatte sich zu Boden geworfen, hatte geweint und gejammert. Plötzlich hörte sie auf. Sie stand auf. Und dann begann sie zu rufen. „Ich bin erlöst! Ich bin erlöst!" Sie sprang und tanzte herum und klatschte in die Hände. Immer wieder rief sie, wie froh sie sei. Sie sei erlöst.

„Und in diesem Augenblick bebte die Erde unter uns, daß das Zelt zitterte."

Er hielt ein wenig inne.

„Wir glaubten, der Jüngste Tag sei gekommen. Aber Ellen hatte es nicht gemerkt. Bald hörte sie mit dem Tanzen und Springen auf und wurde ruhig."

„Ich war so froh geworden", sagte Ellen still. – „Ich

konnte mich nicht beherrschen. Als ich auf dem Boden lag und weinte, war ich so voll von Sorge und Angst, daß ich glaubte, nicht weiterleben zu können. Ich bettelte und bat in meinem Herzen, daß Gott mir Gnade und Frieden schenken möge. Ich hörte, wie Per Andersa über den Heiland sprach. Da schien es mir, er käme zu mir. Er stand so deutlich vor mir, daß ich die Wundmale an seinen Händen sehen konnte. Und weiter kann ich es nicht erklären. Ich war nicht mehr traurig. Ich hatte keine Furcht. Ich war nur so schrecklich froh. Alles verschwand um mich, und ich wußte nicht, was ich tat."

Sie saßen und schwiegen.

„Und als du wieder ruhig wurdest?" fragte Lars.

„Da war ich ein anderer Mensch. Wirklich! Ich war es. Und ich bin es seither."

Plötzlich stand sie auf.

„Ach, Lasse, ich bin so froh, so froh." Sie kam, legte ihm die Arme um den Hals und drückte sich an ihn. Sie weinte, daß ihr Leib bebte. Und immer wieder sagte sie: „Ich bin so froh. Ich bin erlöst."

Sie ließ Lars los, trat auf ihren Mann zu und umarmte ihn. Und die ganze Zeit wiederholte sie die Worte: „Ich bin so froh. Ich bin erlöst."

Die beiden Männer saßen unbeweglich da und sahen zu. Niemand sprach ein Wort. Es dauerte eine kurze Weile. Dann sank es wie ein Traum von ihr. Sie setzte sich auf die Bank und trocknete die Tränen ab. Ein paarmal schluchzte sie auf. Dann war sie wieder ruhig.

„War es jetzt so wie damals?"

„Ja, aber da war ich noch froher."

„Und du bist jetzt glücklich?"

„Ich bin glücklich jetzt. Niemand kann so glücklich sein."

„Ist es nachher noch öfter so gewesen? Vor diesem Augenblick?"

„Nein. Aber als ich dich sah, erinnerte ich mich, wie viele

Nächte du mich getröstet hast, und da fühlte ich solche Dankbarkeit. Da kam es wieder über mich."

Sie schwiegen.

„Vielleicht ist es nicht recht?" sagte sie still, wie in Angst.

„Per meinte, wir sollten es dir erzählen", sagte Ola. Die beiden auf der Bank sahen Lars gespannt an. Vielleicht war es nicht recht? Er nahm die Frage in sich hinein. Was wußte er. Er sah Ellen vor sich, wie sie soeben gewesen war.

Plötzlich war er in der Sakristei von Åsele und sah Maria vor sich. Ihr Antlitz leuchtete vor Glück. – „In diesem Augenblick war ich erlöst." Es war derselbe Blick in ihren Augen. Dasselbe überirdische Glück über ihrem Gesicht. Und jetzt wußte er es. Er selbst hatte damals am Abend in Åsele nichts anderes erlebt.

„Nein, es ist nicht unrecht, Ellen. Du hast ein Zeichen von Gott erhalten. Es ist sein Geist, der in deiner Seele bezeugt, daß du ein Kind Gottes bist. Du bist der erste Mensch in dieser Einöde Gottes, der ein Zeichen erhalten hat."

„Wir fanden es so seltsam, daß die Erde im gleichen Augenblick zu beben begann", sagte Ola.

Sie waren geradewegs vom Hochland gekommen und hatten noch nichts über das Erdbeben gehört. Lars erklärte es ihnen, so gut er es vermochte.

„Aber es ist seltsam, daß es gerade in jenem Augenblick geschah."

Lars dachte nach.

„Ja, es ist seltsam. Und das gleiche ist schon früher geschehen in der Geschichte des Geistes. Als der Erlöser starb, bebte die Erde, und die Felsen spalteten sich. Als er auferstand, bebte die Erde wieder. Und am Pfingsttag bebte das Haus, in dem seine Jünger waren."

„Wir haben später darüber geredet", sagte Ellen, „ob es ein Zeichen war. Aber wir wußten es nicht."

„Nein, das wissen wir nicht", sagte Lars. – „Die damaligen Christen haben es auch nicht gewußt. Aber sie hielten es für ein Zeichen. Weshalb sollen wir es nicht auch glauben? Vielleicht hat Gott uns zeigen wollen, daß wir auf dem rechten Weg sind, und uns mahnen wollen auszuharren."

Als Ellen und Ola zu Brita gegangen waren, um zu essen, holte er das Tagebuch über das Wetter hervor und las, was er über das Erdbeben geschrieben hatte. Es war auf den fünften Dezember achtzehnhundertfünfundvierzig datiert.

*

Die Erzählung von Ellen, die während des Erdbebens begnadet worden war, ging von Mund zu Mund über das ganze Hochland. Die Klugen und Sorglosen sagten, es sei Aberglaube und Irrsinn. Sie lachten oder nahmen Anstoß daran. Aber es gab auch welche, die aufzumerken schienen. Sie fühlten eine seltsame Angst, von der sie sich nicht befreien konnten. Vielleicht war es doch ein Zeichen gewesen.

Die Erweckten erzählten es sich in Andacht und Ehrfurcht. Sie sprachen davon wie von einem Gnadenwunder. Gott hatte ihnen ein Zeichen gegeben. Dasselbe zu erleben wie Ellen, war das Ziel, das sie zu erreichen suchten. Erst dann würde Gott ihnen vergeben und sie als seine Kinder aufgenommen haben.

In gesammelter Schar zogen sie zum Pfarrhof hinauf und fragten, ob es nicht so sei. Und Lars dachte an Maria. Er dachte an das, was er selbst erlebt hatte. Dasselbe war Ellen geschehen. So mußte er ihnen antworten:

„Ja, es sei so." Alle, die den bitteren Kampf durchkämpften, würden schließlich die Gewißheit der Gnade Gottes in ihren Seelen spüren. Und erst dann, wenn der Mensch diese Gewißheit wie ein Licht in seiner Seele fühle, sei er erlöst.

Und sie warfen sich in den Seelenkampf, um den großen Augenblick zu erreichen. Sie suchten sich selbst und einander bis auf den Grund ihrer Seelen aufzurütteln. In wahnsinnigster Seelenangst peitschten sie sich auf. Des Sonntags strömten sie in die Kirche von Karesuando. Zu Hochmesse und Abendandacht füllten sie die Kirche. Und an den Abenden sammelten sie sich im Pfarrhof.

*

Es war Nacht. Die Ofenstube des Pfarrhauses war dicht gefüllt mit Menschen. Eng aneinander gedrängt saßen sie auf dem Boden, den Bänken und auf dem Tisch. In der offenen Tür und weit draußen standen noch mehr. Der Dampf stieg wie ein Schatten zu dem niedrigen Dach hinauf und zur Tür hinaus.

Hinter dem Langtisch saß Lars und sprach zu ihnen. Ellen saß am Ofen. Manchmal sahen sie zu ihr hinüber, wie wenn sie erwarteten, sie würde etwas sagen.

Plötzlich durchschnitt es wie wildes Geheul die Luft. Henrik Jonsa stand an der Tür und wiegte den Leib vor und zurück. Seine Schreie klangen wie eine Mischung von Jammer und Weinen.

Alle waren aufgesprungen und starrten ihn an. Lars hielt einen Augenblick an. Dann sprach er noch glühender als vorher. Plötzlich wurde Henrik Jonsa still. Er starrte, als habe er ein Gesicht. Und dann brach es aus ihm hervor:

„Meine Sünden sind vergeben. Ich bin erlöst!"

„Hosianna! Halleluja!" Das war Ellen. Sie klatschte in die Hände und arbeitete sich zu Henrik vor. Sie fielen einander um den Hals und schluchzten.

Die anderen starrten und bemerkten Marja, Jons Weib, nicht eher, als bis sie bei den beiden anderen war. Auch sie schrie und weinte und warf sich ihnen um den Hals. So standen sie da und taumelten in ihrem herzzerreißenden Jammer. Über die Schreie und über die Unruhe derer, die vordrängten und sehen wollten, aber erklang die Stimme von Lars.

Einen Augenblick standen die drei so da. Dann setzte sich Ellen wieder an den Ofen und weinte leise vor sich hin. Auch Henrik und Marja gingen an ihre Plätze zurück. Man setzte sich. Nach und nach wurde es ruhiger. Da beendete Lars seine Rede.

Und jetzt mußten Henrik und Marja von dem Wunder erzählen, das ihnen geschehen war. Und Lars ermahnte alle auszuhalten. Wieder habe Gott ihnen ein Zeichen gegeben.

Und sie knieten nieder im Gebet und dankten. Von neuem ging die Erzählung von dem neuen Gnadenwunder, das geschehen war, über das Hochland. Und es geschah wieder. In den Versammlungen, in dem Pfarrhof, in Erdhütten und Zelten und um die Feuer auf der Einöde, wo die Hirten des Nachts Wache hielten über ihre Herden.

## 31.

Einige Jahre waren vergangen. Lars war auf dem Weg nach Süden. Das Winterwetter war gut. Der Tag war im Sinken, aber es blieb noch lange hell. Er wollte in die Schule von Lainio.

Endlich hatten sie auf ihn gehört. Im Herbst hatte er den Bescheid erhalten, daß er Geld bekommen solle, um Missionsschulen in seinem Kirchspiel einzurichten. Gleich war er nach Lainio gegangen und hatte gefragt, ob nicht die Leute einige Lappenkinder für den Winter aufnehmen wollten. Sie würden entsprechende Bezahlung für die Mühe bekommen. Und es war nicht schwer gewesen, für die Kinder ein Obdach zu finden. Die Leute wollten gern einen Schilling verdienen.

Johan war als Lehrer angestellt worden. Lars hatte ihn vorgeschlagen. Und er konnte es jetzt mit gutem Gewissen tun. Johan hatte lange gekämpft. Aber er hatte durchgefunden.

Kurz nach Neujahr war er mit achtzehn Lappenkindern nach Lainio gezogen. Und an den Abenden sollte er für die Bewohner der Siedlung Versammlungen abhalten. Da konnten sie ihm nicht so leicht an den Kragen, denn auch das war ja eine Art Schule. Die Pfarrer hätten es niemals geduldet, wenn er ihn ausgesandt hätte, Gottes Wort vor den Leuten zu predigen. Da wären sie wohl bald mit ihren Gesetzen gekommen.

Lars ging und dachte über die letzten Jahre nach. Wie ein Frühlingstauwetter hatte sich die Erweckung über das ganze Lappland verbreitet. Und die Erweckten hatten es auch in die Nachbarländer getragen. Das Gerücht hatte von ihnen erzählt, und von weither war das Volk gekommen, zu hören und zu sehen.

Manch bitterer Kampf hatte die Sinne gepeinigt. Es war schwer, die Rentiere zurückzugeben, die man gestohlen hatte. Es war mühevoll, zu seinem schlimmsten Feinde zu gehen, ihn um Vergebung zu bitten und sich mit ihm zu versöhnen. Und wie viele hatten jahrelang gekämpft, um die Lust nach dem Branntwein zu unterdrücken ... Einige hatten es nicht geschafft und aufgegeben. Aber die meisten hatten den Kampf bis zu Ende geführt. Johan war einer von diesen.

Ach ja, es begann heller zu werden.

Es war Abend, als er sein Ziel erreichte. Johan saß am Tisch und las. Sie hatten eine kleine leere Ofenstube für die Schule gemietet. An dem einen Fenster der Längswand standen Tisch und Bänke. In der Ofenecke hatte Johan auf dem Fußboden sein Lager. Etwas Birkengezweig, ein Rentierfell und ein Lammfell. Da stand auch der Ranzen mit der Wegzehrung.

Johans Gesicht erhellte sich, als er sah, wer kam. Sie begrüßten sich.

„Schön, daß du kommst", sagte Johan. – „Ich habe so auf dich gewartet."

„Ich wäre früher gekommen, konnte es aber nicht einrichten", sagte Lars. – „Wie steht es?"

Johan überlegte etwas.

„Ich finde, es geht gut. Das Volk beginnt zu erwachen. Aber ich weiß nicht recht. Es ist schwer. Vielleicht habe ich es nicht richtig angefangen."

„Daran brauchst du wirklich nicht zu zweifeln", lächelte Lars.

„Doch, ich zweifle. Deshalb bin ich so froh, daß du da bist. Darüber können wir aber später sprechen. Jetzt müssen wir erst etwas essen."

Er hängte den Kaffeekessel über das Feuer und stellte Brot, Dörrfleisch und Fisch auf den Tisch.

„Hältst du heute abend eine Versammlung ab?"

„Nein, ich habe nichts bestimmt. Aber vielleicht kommen ein paar und wollen etwas schwatzen."

Bald darauf kamen zwei. Johan fragte, ob sie etwas Besonderes wollten. Nein, sie hätten nur gedacht, daß man auch heute singen und lesen würde.

„Heute abend werde ich mit Johan über die Schule sprechen", sagte Lars. – „Morgen aber werde ich mir die Kinder anhören, und danach wollen wir eine Versammlung abhalten. Dann könnt ihr kommen."

Sie sollten das auch den anderen mitteilen, sagte Johan. Die beiden gingen.

Nach einer Weile ging die Tür auf, und ein alter Lappe trat ein. Johan sagte ihm dasselbe wie den anderen. Aber der Mann blieb an der Tür stehen und ging nicht.

„Wolltest du etwas?"

Er stand und kaute an etwas herum. „Kann ich mit der Schule anfangen?" brachte er endlich heraus.

Lars und Johan sahen sich an. Der Mann war doch viel zu alt!

„Du willst mit der Schule beginnen?"

„Ja. Ich habe ein Buch." Er war stolz wie ein Kind, als er ein Buch hervorholte, das er in einen roten Lappen gewickelt hatte, und es Johan reichte.

Johan wickelte es aus. Es war ein ABC-Buch.

„Ich habe es gekauft", sagte er. „Und ich werde mir ein Testament kaufen, wenn ich genug gespart habe. Ich möchte Gottes Wort selbst lesen."

„Willst du denn zusammen mit den Kindern in die Schule gehen?" fragte Johan.

„Ich hatte es mir so gedacht. Geht das?"

„Ja, natürlich geht es. Dann sollst du also kommen."

Das alte Gesicht strahlte.

„Gito – gito!" Er trat heran und legte Johan beide Arme um die Schultern. Dann eilte er der Tür zu. Dort fiel ihm ein, daß er Lars vergessen hatte. Er kam zurück und umarmte auch ihn.

„Gito – gito!"

Sie sahen sich an, als er gegangen war.

„Glaubst du, daß er lesen lernt?" fragte Lars.

„Ja, das glaube ich. Er hat hier lange im Winkel gesessen und zugehört. Ich werde tun, was ich kann."

„Es wäre schade, wenn er es nicht schaffen würde", sagte Lars. Er hatte gegessen. Jetzt setzte er sich vors Feuer und zündete sich die Pfeife an. Johan legte im Ofen auf. Und dann erzählte er von seiner Arbeit.

Zunächst war er sehr vorsichtig vorgegangen, um die Leute nicht zu verscheuchen. Er hatte die Kinder Lesen und Schreiben gelehrt und ihnen das Christentum erklärt, wie er es von Lars bei dem Konfirmandenunterricht in Karesuando gelernt hatte.

An den Abenden versammelten sich die Leute gern in der Schulstube. Sie wollten schwatzen und nach Neuigkeiten fragen. Wenn Johan fand, daß genügend gekommen waren, sang er ein Lied und hielt eine Gebetsstunde ab. Darauf las er ihnen eine der geschriebenen Predigten von Lars vor, die er bei sich hatte. Einige Zuhörer wurden böse und gingen ihres Weges. Aber immer waren einige dageblieben. Mit diesen saß Johan und sprach mit ihnen oft bis in die Nacht hinein.

Die Leute begannen rasch neugierig zu werden. Viele Lappen kamen und wollten die Schule sehen, in der die Kinder „verhext“ würden.

„Und es nahm sich in ihren Augen wohl wirklich so aus“, sagte Johan. – „Ich hatte ja, besonders bei den großen Kindern, das Gewissen zu wecken versucht. Wenn dann einige von ihnen sich in Gewissensqualen wanden, andere vor Freude über die Erlösung Luftsprünge machten und wieder andere so kraftlos wurden, daß sie nicht auf den Füßen zu stehen vermochten, sah es wohl so aus, als seien sie verhext worden. Das konnten sie doch nicht fassen, daß es das Werk des Geistes in den Kinderseelen sein sollte.

Ich habe auch gegen den Branntwein gesprochen. Und der Branntweinteufel schickte seine Schriftgelehrten her. Sie verteidigten den Branntwein mit Hilfe von Salomo und Sirach. Aber schließlich habe auch ich meine Bibel gelesen und konnte andere Bibelstellen anführen, die etwas anderes sagten.“

Lars sah das Ganze deutlich vor sich und freute sich. Ja, der Johan kannte schon seine Bibel.

„So ging das vier, fünf Wochen“, setzte Johan fort. – „Da begannen sie, sich erwecken zu lassen. Es waren viele, die in ihrer Not zu mir kamen. An einem Abend hielten wir eine Versammlung ab. Da wurde Isaak, der Branntweinhändler, selbst ergriffen. Er weinte und jammerte. Plötzlich stürzte er zur Tür. Einige wußten nicht, was sie davon halten sollten, und liefen ihm nach. Er sprang geradewegs nach Hause. Dort stand eine Tonne Branntwein, die er gerade bekommen hatte. Wie ein Irrsinniger packte er sie und rollte sie aufs Feld. Viele Leute hatten sich angesammelt, er schien es aber gar nicht zu merken. Dann nahm er die Axt. ‚Jetzt sollst du sterben, du Teufel!' schrie er. Und mit aller Kraft hieb er die Axt in den Tonnenboden, so daß es splitterte. Der Branntwein strömte übers Feld. Die Leute warfen sich über die Tonne. Sie suchten etwas in ihren Mützen zu retten. Sie warfen sich auf die Knie und saugten ihn aus dem Schnee auf. Da nahm aber Isaak den Schneeschuhstock und jagte sie davon.

Die Erweckten standen dabei, staunten und bekamen kein Wort heraus. Ich selbst war auch dabei und sah zu. Darauf gingen wir hierher und hielten eine Versammlung ab.

Ein paar andere Branntweinhändler sind auch in Seelennot gekommen und haben ihren Branntwein ausgeschüttet. Viele sind in Seelennot geraten. Sie haben hier auf dem Fußboden gelegen und haben sich gewunden wie die Würmer.

Ich habe ihnen das Heilswerk Christi erklärt. Aber es half nichts. Und irgendein Gnadenzeichen zeigte sich nicht. Es war wohl zu früh. Ich wurde ratlos und bekam Furcht. Ich wußte nicht aus noch ein, wie ich sie trösten sollte. Da saß ich einmal und las Luthers Predigt für den ersten Sonntag nach Ostern. Plötzlich stutzte ich. Da stand:

*Soll die Absolution wahr und kräftig sein, so muß sie vom Befehl Christi ausgehen und so lauten: Ich sage dir die Vergebung deiner Sünden zu, nicht in meinem Namen oder in dem eines Heiligen oder um irgendeines menschlichen Verdienstes willen, sondern im Namen Christi und kraft seines Befehles, so daß nicht ich es bin, sondern er es ist, der die Sünden durch meinen Mund selbst vergibt. Und du mußt dies entgegennehmen und fest und ganz daran glauben, nicht wie an ein Menschenwort, sondern als hättest du es aus seinem, des Herrn Christi eigenem Mund vernommen.*

Mir schien dies wie eine Antwort in all der Ratlosigkeit. Es war wie ein Befehl. Du sollst den Reuigen die Vergebung der Sünden zusprechen! Mehrere Tage wagte ich es nicht. Ich bat Gott um Weisheit, damit ich das Rechte täte. Und ich wünschte von Herzen, ich könnte dich erreichen und mich mit dir beraten. Aber ich konnte auch die Erweckten nicht verlassen. Not und Jammer um mich herum wurden schlimmer und schlimmer. Da packte es mich mit einer Macht, der ich nicht widerstehen konnte. Und ich tat es! Ich sprach ihnen die Vergebung ihrer Sünden zu. Ich gebrauchte Luthers eigene Worte."

Johan machte eine kurze Pause.

„Erst war es, als wollten sie es nicht glauben. Der Jammer hörte für eine Weile auf. Dann wiederholte ich die Worte. Und sie brachen in einen endlosen Jubel aus. Es war genau so wie damals, als einige aus eigener Kraft das Ziel erreicht hatten."

Es wurde still. Lars starrte ins Feuer. Seine Pfeife war erloschen. Erst jetzt glaubte er die ganze Wahrheit zu begreifen, die sich ihm an jenem Abend offenbart hatte. Viele Fragen, über die er jahrelang nachgegrübelt hatte, standen jetzt klar vor ihm. Nicht alle Erweckten hatten die große Gewißheit erleben können. Sie hatten jahrelang gekämpft und gestritten. Mit ihrem Leben hatten sie bezeugt, daß es ihr tiefster Ernst war. Aber das Zeichen war nicht gekommen. Dann hatten sie die Hoffnung aufgegeben. Sie hatten Trost in der Welt gesucht und ungehemmter gelebt denn je zuvor. Oft war es wie eine unklare Ahnung über ihn gekommen, daß hier etwas nicht richtig sei. Die Erlösung war nicht nur Urteil und Gesetz. Sie war auch das Evangelium. Die herrliche Botschaft von der Erlösung aller Sünder. Aber er hatte es nicht klar gesehen.

Und jetzt saß da Johan und trug ihm die Wahrheit vor. Er fühlte, daß er erst jetzt das Ziel völlig erreicht hatte. Es war, als habe sich der letzte Rest von etwas Schmerzhaftem und

Hartem, wovon er bisher nichts gewußt hatte, in ihm aufzulösen begonnen.

„Habe ich nicht recht getan, Lasse?"

„Nein, du hast nichts Unrechtes getan, Johan. Ich sitze hier und sehe, daß du mir eine Wahrheit offenbart hast. Aber wir müssen suchen, zu voller Klarheit zu kommen."

Stunde um Stunde saßen die beiden Freunde am Feuer und sprachen.

Mit Hilfe von Bibel- und Lutherworten suchten sie zum Ergebnis zu gelangen. Und je länger sie sprachen, um so klarer wurde es ihnen, daß Johan recht getan hatte. Mehr und mehr formte es sich zu einer Lehre über den Heilsweg: Erweckung zur Reue – Bekenntnis und Vergebung – Glaube und Erlösung.

„So muß es sein", sagte Johan.

„So ist es", sagte Lars.

Wieder war es still geworden.

„Also bin ich endlich hingelangt", sagte er wieder.

„Was meinst du?" fragte Johan. Er verstand nicht.

„Ich will dir beichten, Johan. Ich habe über meine Seelennot und Angst gesprochen. Ich habe über alle meine Sünden gesprochen. Ich habe über sie nachgedacht und damit gerechnet, daß Gott sie kannte. Ich habe auch gefühlt, daß er sie mir vergeben hat. Aber einem Menschen habe ich sie noch niemals bekannt. Wo findest du Gott ohne einen Bruder?"

Und er erzählte von seinem Leben, von der frühesten Kindheit an. Er hatte in der letzten Zeit so oft Rechenschaft abgelegt vor sich selbst, daß er nicht vieles wußte, dessen er sich hätte rühmen können. Als er sich aber jetzt zu einem anderen Menschen sprechen hörte, war es, als ginge es ihm zum erstenmal wirklich auf, wie erbärmlich alles war. Es war gnadenlos und unwiderruflich. Es gab kein Verbergen mehr. Immer wieder traf ihn der Gedanke, daß früher, selbst in den ehrlichsten Augenblicken, eine letzte Notwehr für ihn in dem Gefühl bestanden hatte, daß ja niemand etwas davon wußte.

Er ging seine ersten Jugendjahre durch. Plötzlich machte er halt. Als könne er es trotzdem nicht herausbringen. Die Gedanken suchten nach umschreibenden Worten für das, was jetzt kommen sollte. Als sei es allzu niedrig, Johan davon zu erzählen. Für einen kurzen Augenblick kam ihm der Gedanke, ob er es nicht doch übergehen solle.

Und jetzt wußte er es. Das war das Geschwür. Das böse Geheimnis, an dem er all die Jahre getragen hatte und von dem keine lebende Seele etwas wußte. Und er wußte auch, daß er in all den Jahren, nachdem es geschehen war, sich danach gesehnt hatte, seine Seele vor einem anderen Menschen zu öffnen und seine Not zu klagen.

Und er bekannte. Er fühlte, wie der letzte elende Fetzen der Lüge von ihm abfiel. Endlich war er fertig. Es gab nichts mehr zu sagen. Er schwieg. Und zum erstenmal in seinem Leben verstand er, was es bedeutete, seine Sünden vor Gott zu bekennen.

Er spürte, wie der Zweifel über ihn kam.

„Glaubst du, daß Gott mir vergeben hat, Johan?"

Johan antwortete nicht. Er begann nur von sich selbst zu erzählen. Lars saß und hörte zu. Auch Johan hatte nicht viel, dessen er sich zu rühmen vermochte. Und doch war das alles so klein und so offenkundig, verglichen mit dem, was er selbst getan hatte. Endlich war auch Johan fertig.

Wieder kam dieser Drang über ihn, einem anderen Menschen nahe zu sein. Er stand auf und ging auf Johan zu. Das Feuer war niedergebrannt. Der Mond warf einen bleichen Schimmer durch das kleine Fenster. Vor dem Ofen aber standen Johan und Lars, hielten sich umarmt und weinten.

Endlich bekam Lars soviel Macht über seine Stimme, daß er sprechen konnte.

Er legte die eine Hand Johan auf das Haupt, hielt ihn mit

der anderen umarmt und sprach die Vergebung nach Luthers Worten aus.

Dann tat Johan dasselbe mit ihm.

Einige Tage darauf zog Lars wieder nordwärts. Er fühlte sich so seltsam klein und armselig. Aber er war froh und zufrieden wie nie zuvor. Es gab keine bösen Geheimnisse mehr, die er bei sich trug. Er war frei. Und jetzt hatte er eine ganze Botschaft zu verkünden. Jetzt sollte es nicht nur Gesetz und Urteil geben. Gnade sollte sein und Vergebung.

## 32.

An einem Winterabend kam Per Andersa zu Lars. Sie sprachen von der Erweckungsbewegung, die sich weiter und weiter ausbreitete.

„Viele hassen dich aber", sagte Per.

„Ich habe keine Zeit, an sie zu denken", erwiderte Lars.

„Du wirst bald dazu gezwungen sein."

„Gezwungen? Wie meinst du das?"

„Hast du es nicht gehört?" – Per blickte auf. – „Sie haben dich beim Landeshauptmann verklagt."

Lars dachte nach.

„Ach so, sie haben mich verklagt."

„Hast du denn nichts davon gehört?"

„Nein. So sehr also hat sich der Küster angestrengt."

Per berichtete, was er wußte:

Adam Johansson hatte drei Erweckte verklagt. Es waren zwei Bauernburschen und ein Lappe, die eines Abends bei Adam gewesen waren. Man begann über das Christentum zu sprechen. Adam hatte die Erweckten angegriffen. Die drei Burschen hatten sie verteidigt und Adam dazu ermahnt, sich zu bekehren. Da war Adam wütend geworden und hatte sie aus dem Haus gejagt. Das wurde in der ganzen Siedlung erzählt. Eine Weile darauf war der Küster mit dem abgesetzten Amtmann Bucht zu Adam gekommen. Sie hatten eine Klage gegen die drei aufgesetzt, daß sie den Hausfrieden gestört hätten. Aber die Klage enthielt auch viele Anschuldigungen gegen die Leser und besonders gegen Lars. Er halte aufrührerische Predigten und sei geizig.

„Es gehen schwere Gerüchte um, daß du jetzt vor das weltliche und geistliche Gericht kommen und abgesetzt werden sollst."

Per schwieg.

„Viele von den Erweckten fürchten, daß man dir etwas Böses antun wird."

„Die Klage tut mir weh genug, Per. Aber nicht so sehr, daß sie mir etwas ausmachte."

„Viele denken, daß man dir vielleicht das Amt nehmen wird."

Lars war fast gerührt.

„Nein, davor brauchen sie sich nicht zu fürchten. Glaubst du wirklich, Per, daß ein gewissenloser Branntweinhändler, ein abgesetzter Amtmann und ein wütender Bauer mir mein Amt nehmen können? Nein, so schlecht, meine ich, ist weder die geistliche noch die weltliche Gerichtsbarkeit. Übrigens, wer kann es wissen. Die Macht des Teufels ist groß. Es ist nicht einmal so unglaubhaft, daß sie mehr auf diese Boten des Satans hören als auf uns, die wir Tag um Tag das Gesetz Gottes und des Königs zu halten suchen.

Ich habe es ja doch erwartet, Per. Ich wußte, daß es kommen mußte. Und jetzt grüße die Erweckten und sage ihnen, daß sie sich nicht fürchten sollen. Solange Gott mir die Stimme läßt, wird keine Macht der Welt meine Zunge zum Schweigen bringen."

Er dachte nach, als Per gegangen war. Daß sie ihn wegen der Predigten verklagt hatten, war nicht verwunderlich. Er würde es nicht ableugnen, daß er die Hölle so heiß ausgemalt hatte, wie er nur konnte.

Es wäre ja nur gut, wenn sie es dort so viel schöner finden würden, wenn sie erst da wären.

Aber Geiz? – Doch, er verstand auch das. Wenn die Leute vertrunken hatten, was sie besaßen, und keine Lebensmittel mehr hatten, kamen sie zum Pfarrhof hinauf. Da mußte er von dem nehmen, womit er den Kranken und Alten helfen sollte, und mußte das Leben der Säufer und ihrer Hausgenossen erhalten.

All die Jahre hatte ihn das gegrämt, und er hatte scharfe Worte gegen das Unwesen gebraucht, auf der Kanzel und bei sonstiger Gelegenheit. Solange es nichts genützt hatte und das Volk seinen Besitz zu den Branntweinhändlern brachte, hatte niemand daran gedacht, ihn wegen Geizes anzuklagen. Jetzt aber, wo der Branntweinverbrauch von Tag zu Tag geringer wurde, schickten sie dem Landeshauptmann die Klage zu.

Sie sollten nur kommen. Er würde antworten.

Etwas später erfuhr er, daß der Landeshauptmann die Klage ans Domkapitel weitergesandt habe, weil es im wesentlichen dessen Sache sei.

Per bekam recht. Er sollte von der weltlichen und von der geistlichen Gerichtsbarkeit gerichtet werden. Sie sollten nur richten. Der große Richter, der würde ihn freisprechen.

*

Es war lange die Rede davon gewesen, daß man Pajala zu einem selbständigen Kirchspiel machen wollte. Lars hatte oft daran gedacht, sich um die Stellung zu bewerben, wenn es soweit kommen sollte. Pajala lag ja etwa zehn, fünfzehn Meilen weiter südlich im Tornetal. Es war ein beträchtlich milderer Landstrich, hatte gute Landwirtschaft und große

Wälder. Dichter besiedelt war er und hatte größere Dörfer. Dort konnte er mehr Menschen erreichen …

Im Laufe des Winters war es soweit, und die Pfarre wurde ausgeschrieben.

Als er eines Abends bei Brita in der Küche saß, sagte er es ihr.

„Jetzt ist Pajala frei, Brita. Ich möchte mich im Ernst darum bewerben."

Sie gab keine Antwort.

„Was hältst du davon?"

„Darüber mußt du allein bestimmen. Wenn du Lust hast, solltest du es tun."

„Es wird schon merkwürdig sein, umzuziehen. Wir sind hier ja auf so mancherlei Weise festgewachsen in diesen Jahren. Auf der anderen Seite aber habe ich Lust, meine Kräfte an einer anderen Stelle zu versuchen, ehe es zu spät ist. Wir haben ja auch dort unten viele Freunde."

Sie schwiegen und gingen ihren Gedanken nach.

„Auch etwas geräumiger wird es dort werden", sagte er. „Es könnte doch schön sein, vom armen Hochland in den Wald zu kommen, Brita. Der Pfarrhof dort ist größer. Du könntest mehr Tiere haben."

„Ja, du weißt es. Nimm aber keine Rücksicht auf mich."

Am gleichen Tag schrieb er sein Gesuch. Bald darauf erhielt er einen Brief, daß das Domkapitel ihn als einen der drei Kandidaten ausersehen habe, unter denen sich die Pajala-Gemeinde ihren Pfarrer wählen konnte.

Am fünften Sonntag nach Dreifaltigkeit hielt er seine Wahlpredigt.

Es entstand ein bitterer Streit um die Wahl. Alle die Reichen und Mächtigen, mit der Obrigkeit und dem Patron von Kengis an der Spitze, suchten mit allen Mitteln seine Wahl zu verhindern. Aber auch die Erweckten ließen es an nichts fehlen. Und obschon es nur arme Lappen und Bauern waren, trugen sie den Sieg davon. Der Patron und seine

Helfer wurden rasend und schickten über die Wahl eine Klage an das Domkapitel. Jetzt kam es darauf an, wie hier entschieden wurde.

*

Am Michaelis-Sonntag saß Lars in seinem Zimmer. Am Vormittag hatte er Gottesdienst gehalten. Jetzt schrieb er an seinem Selbstbekenntnis. Seit der Nacht in Lainio war ihm oft der Gedanke gekommen, er müsse das tun. Was Johan wußte, war nicht genug. Er mußte seine Sünden vor seiner Gemeinde hinausrufen. Vielleicht konnte er damit diesen und jenen zum Nachdenken bringen. Oder das Gewissen einer ängstlichen Seele konnte Erleichterung erhalten.

In letzter Zeit hatte er mit der Niederschrift begonnen. Es war nicht nur ein Bekenntnis. Es wurde eine Art Analyse der Kräfte, die in Seele und Leib wirkten. Er mußte sehen, was daraus geworden war, wenn er am Ende war. Vielleicht würde er es einmal drucken lassen.

Plötzlich kam ein Knabe angelaufen. Sein Atem ging rasch.

„Ich soll dich bitten, sofort zu Per Niva hinunterzukommen."

„Ist etwas geschehen?"

„Ja, Sofia liegt, als wäre sie tot."

Per Niva wohnte ein Stück abwärts am Fluß. Sie liefen hinab.

„Hat sie sich etwas getan?"

„Nein, sie ist wohl nur umgefallen."

Die kleine Hütte war voll von Menschen. Sie umgaben Sofia, die leblos auf dem Fußboden lag. Man konnte kaum spüren, daß sie atmete. Aber das Herz schlug. Sie wechselte ihre Farbe.

„Hat sie lange so gelegen?" fragte Lars. – „Wie ist es geschehen?"

„Sie war gerade von der Kirche gekommen", erzählte der Vater. „Sie war zuerst still und nachdenklich. Plötzlich aber kam die Gnade über sie. Sie blickte um sich, als ob sie völlig von Sinnen wäre. Dann begann sie zu schwanken und sank hier zusammen. Wir wagten nicht, sie anzurühren. Und dann schickten wir nach dir."

Lars hatte das Gefühl, als ob etwas von draußen die Macht über ihn ergriffe. Er wußte, daß er sie jetzt mit kaltem Wasser bespritzen und ihre Kleider lösen müsse, damit sie zum Bewußtsein käme. Doch er tat es nicht.

Er saß nur an Sofias Seite und wartete. Die anderen standen erst eine Weile da und sahen ihn an. Dann setzten sie sich auf den Fußboden und warteten auch. Das Haus war voller Menschen. Und in der Tür standen andere, streckten die Hälse und wollten sehen. Niemand sagte etwas. Es war still wie in einem Leichenhaus. In atemloser Spannung blickten sie auf die Gestalt, die am Boden lag. Ob sie bald zu sich kommen würde? Aber ihr war kein Leben anzumerken. Nur das Gesicht wechselte die Farbe. Manchmal war es totenbleich. Dann wurde es wieder hellrot und frisch.

Die Zeit verstrich. Die Sonne ging unter. Der Abend kam heran. Sie lag immer noch da. Jetzt mußten schon Stunden vergangen sein. Vielleicht würde sie nie wieder erwachen ...

Plötzlich ging es wie ein Ruck durch die Menge. Sie hatten es gesehen – ihre Lider hatten sich bewegt. Und plötzlich schlug sie die Augen auf, als wäre sie aus tiefem Schlaf erwacht. Sie richtete sich auf, blieb sitzen und blickte verwundert um sich.

„Geht es dir schlecht, Sofia?" fragte Lars.

„Nein, es geht mir nicht schlecht." Sie schüttelte den Kopf.

„Bist du krank?"

„Nein, ich bin nicht krank." Plötzlich starrte sie wie in die Ferne. – „Jetzt sehe ich es wieder."

„Erzähl uns, was du gesehen hast", sagte Lars.

Einen Augenblick saß sie mit den Händen im Schoß und starrte vor sich hin. Dann erzählte sie:

„Als ich in der Kirche war, erbrannte mein Herz von der großen Liebe des Heilands. Als die himmlische Flamme sich in meinem Herzen entzündete, wurde ich krank von Liebe. Ich wurde trunken, und meine Kräfte schwanden. Mein Herz wurde stark im Geist, für alle die erlösten Seelen zu beten. Als ich fühlte, daß mein Herz so voll wurde, daß ich nicht atmen konnte, bat ich darum, für meine Mutter beten zu dürfen. Sie war so lange in der dunklen Höhle gewesen, in der kein Stern der Gnade geleuchtet hatte. Und ich bekam die Erlaubnis. Während ich betete, kam der Erlöser, nahm mich bei der Hand und forderte mich auf, ihm in das rechte Vaterland zu folgen. Er führte mich einen schmalen Weg entlang, auf dem viele Wanderer waren. Einige waren müde geworden und konnten sich nicht weiterschleppen, dann aber kamen andere und führten sie bei der Hand. Per hatte eine ganze Schar zu führen. Da sah ich einen, der rasch vorüberging. Ich rief ihm nach und bat ihn zu warten, aber er antwortete: ‚Ich habe keine Zeit. Ich muß denen folgen, die des Weges müde geworden sind.' Aber er war so weit entfernt, daß ich ihn nicht erkennen konnte.

Als ich weiterkam, sah ich unseren Lehrer. Er führte die Müden an das leuchtende Tor. Ich wurde an ihm vorbei hineingeführt. Es war so eng, daß ich kaum hindurchkommen konnte. Am Eingang mußte ich alle meine Kleider ablegen. Gleich aber, als ich durch das Tor gegangen war, war ich in strahlende Kleider gekleidet, und eine Krone wurde mir auf das Haupt gesetzt. Alles war wunderbar schön.

Er, der mit mir ging, führte mich in einen Raum. Da war eine ganze Schar Auserwählter. Sie sangen Dank- und Preislieder auf das Lamm. Eine große Schar Engel kam mir entgegen. Sie führten mich zu einer anderen Schar von Auserwählten. Diese war viel herrlicher als die vorige. Dort setzten mich die Engel in einen Stuhl. Sie erhoben mich und tanzten um mich herum. Sie tanzten im Kreise, aber der Kreis war an einer Stelle offen.

Nachdem sie mich niedergesetzt hatten, kamen sie mit einem Buch. Es war klarer als die Sonne, und nach diesem Buch sangen wir zusammen. Als wir gesungen hatten, kam jemand zu mir, den ich in dieser Welt gekannt hatte. Meine Schwester kam und begrüßte mich. Ich hatte sie nicht gesehen. Trotzdem erkannte sie mich und sagte, daß sie meine Schwester sei.

Dann wurde ich noch weiter geführt. Da waren nur kleine Kinder. Sie waren von noch größerer Herrlichkeit umgeben, als ich bisher gesehen hatte. Sie hielten einander umfaßt, tanzten paarweise, sangen, dankten und priesen Gott und den Heiland.

Ich bekam solch eine Herzenslust, dort in alle Ewigkeit zu bleiben. Aber der Heiland sprach: ‚Deine Zeit ist noch nicht gekommen. Du mußt gehen und in meinem Weinberg arbeiten. Sage den Christen, daß sie ihr Leben um meines Namens willen nicht schonen sollen. Sie sollen die Wahrheit verkünden und treu sein bis ans Ende. Dann werde ich allen Gläubigen die Krone des Lebens geben und werde sie in die gleichen Gewänder kleiden, wie sie alle diese hier tragen.'

Ich klagte und sagte, daß es so viele betrübte, müde und zweifelnde Menschen gebe. Ich dachte an die Mutter, die eine von diesen ist. Er aber antwortete: ‚Ich habe dein Gebet erhört, und ich werde ihr Hilfe schicken, wenn sie es braucht. Du sollst auch nicht um der anderen Sorgenvollen und Müden willen bekümmert sein. Ich habe einen treuen Diener, der sie leitet.' Und er pries diesen Diener. Auch ich bekam Lust, dem zu danken, der mich auf den Weg des Lebens geführt hatte, doch ich konnte nicht.

Er sprach viel mit mir, doch daran kann ich mich nicht mehr erinnern. Dann bat er mich, allen den betrübten und müden Wanderern zu sagen, daß die Zeit ihres Streites sehr kurz sein würde. Er würde bald kommen und sie holen. Aber sie sollten wachen und beten. Denn selig ist der Diener, den der Herr wachend findet.

Er erklärte mir auch, weshalb nicht alle im Himmel gleich herrlich sind. Nicht alle hätten gleich viel Leiden erduldet. Wer die größten Leiden erduldet hätte, sei in der größten Herrlichkeit.

Dann führte er mich zurück, und ich kam an den Rand des Abgrunds. Welch eine große Veränderung! Ich konnte nicht verstehen, wie man so schnell von dem einen Raum in den anderen kommen konnte. Ich wurde schrecklich ängstlich, als ich sah, wie furchtbar die Verdammten gepeinigt werden, und ich hörte, wie jämmerlich sie schrien und mit den Zähnen klapperten. Ich sah den verstorbenen Henrik Niva, wie schrecklich er sich gebärdete, und ich hörte, wie hemmungslos er seine Kinder verfluchte, die ihn dorthin gebracht hätten. Auch einige andere im Raum der Qualen erkannte ich. Memmis Greta mußte schreckliche Qualen erdulden. Ich sah, wie schwarze Geister sie auf ihrem Silbergeld brieten und auf all den Schätzen, die sie in ihrem Leben so geliebt hatte und an denen sie sich nicht hatte satt sehen können. Jetzt verzehrte sie brennendes Feuer. Wie zu Asche verbrannte sie auf den glühenden Kohlen und erhielt dann aufs neue menschliche Gestalt.

Als ich solches sah, bekam ich Furcht und glaubte, daß ich dort hinabfallen würde. Er aber, der mich führte, sagte: ‚Du fällst nicht dorthin. Aber du sollst alles sehen, wie es ist.'

Als ich das ganze unsägliche Elend gesehen hatte, das die Verdammten in alle Ewigkeit in der Hölle erwartet, wurde ich zurückgeführt und kam in den Raum, wo sich der Weg zum Himmel und der Weg zur Verdammnis scheiden.

Eine große Schar Menschen hatte der unreine Geist in brennende Halseisen gelegt, und an brennenden Ketten zog er sie in die Hölle. Auch eine andere Schar war dort, die mit einem Fuß auf dem Weg des Lebens, mit dem anderen auf dem der Verdammnis stand und nicht wußte, wohin sie sich begeben sollte.

Manche hatten schon einige Schritte auf dem Weg des Lebens gemacht, doch trugen sie solche Bürde, daß sie bald müde wurden. Aber nicht die Sündenlast war es, die so schwer war. Von ihrem Geiz und ihrer irdischen Liebe wollten sie sich nicht trennen, aber mag sein, daß sie sich doch noch davon trennen werden, solange es Zeit ist. In der Hölle geben sie Geiz und irdische Liebe auf, aber da ist es zu spät. Dort werden sie ewig auf ihren Schätzen Pein leiden müssen.

Wenn der unreine Geist sah, daß sie im Zweifel waren, kam er, schlug sie mit brennender Peitsche und jagte sie auf den Weg der Verdammnis. Niva Nikko wollte mich von dem Weg des Lebens zurückziehen. Wer aber kann uns aus der Hand reißen, die für uns ist.

Wieder wurde ich auf den schmalen Weg geführt. Viele Menschen waren da, und die hinteren riefen den vorderen zu, daß sie sich beeilen sollten. Doch ich wurde an ihnen vorbei an die Himmelspforte geführt. Dort standen viele, die sich mit Gewalt hineinzwängen wollten. Sie sagten: ‚Wir werden schon hineinkommen wie alle anderen.' Aber sie bekamen zur Antwort: ‚Geht von mir, ihr Gnadendiebe. Wahrlich, ich sage euch: Ich kenne euch nicht, denn wer nicht durch die Tür des Schafstalles hineingeht, ist ein Räuber und Dieb.'

Ich entsinne mich nicht, mit jemand von denen gesprochen zu haben, die an der Himmelspforte standen, außer mit Nivas Anna Liesa. Ich bat sie, umzukehren und durch die Tür zu gehen, sonst müßte sie in die Verdammnis fallen. Sie aber wollte nicht.

Noch einmal wurde ich in den Himmel geführt. Diesmal aber kam ich nur bis zum ersten Raum. Dann wurde ich zurückgeführt an den Rand des Abgrunds. Noch einmal sah ich den furchtbaren Raum. Lange war ich dort nicht.

Dann wurde ich auf die Erde zurückgeführt. Ich war betrübt, daß ich die weißen Kleider nicht behalten durfte, die mir so gefielen. Dann aber dachte ich, daß ich sie ja nur einen Augenblick entbehren würde. Später würde ich sie in alle Ewigkeit tragen. Deshalb konnte ich von Herzen das Opfer der Dankbarkeit dem Herrgott und dem Heiland darbringen, der mich von dem schrecklichen Raum der Qualen erlöst und mich zum Erben in seinem Reiche gemacht hat."

Die ganze Zeit hatte sie mit den Händen im Schoß auf dem Fußboden gesessen. Die Stimme war eintönig und leise gewesen. Jetzt erhob sie sich. Ihre Stimme wurde stark und würdevoll.

„Manche werden fragen, was das Himmelreich für ein Raum ist. Habt ihr nicht gehört, daß es kein Raum ist? Es ist eine unsägliche Klarheit, Freude und Friede im Heiligen Geist. Ich habe den Allerhöchsten herzlich gebeten, daß niemand mehr so unglücklich werden möge, daß es sein Schicksal würde, den Höllenraum zu erleben, denn darüber ist gesagt, daß es niemand wüßte, ehe er hinkäme.

So habe ich dieses alles gesehen und weiß, daß es gewiß ist und wahr. Alle Kinder der Gnade wissen, daß die Herrlichkeit des Himmels sie erwartet, wenn der Bräutigam kommt. Er wird sie in den Brautstaat kleiden, den ich gesehen habe.

Wegen meines großen Unglaubens hat er mir dieses gezeigt. Zu meiner Schande muß ich bekennen, daß ich ungläubiger gewesen bin als Thomas. Denn Thomas glaubte, als er die durchbohrten Hände und Füße des Heilands sah, und ich habe es nicht glauben wollen. Jetzt muß ich gegen meinen Willen glauben.

Niemand von euch, liebe Brüder und Schwestern, soll glauben, daß ich besser bin, weil der Heiland mir dieses Gesicht gezeigt hat. Er sagt: ‚Weil du mich gesehen hast, Thomas, glaubst du. Selig aber sind diejenigen, die nicht sehen und doch glauben.‘

Der sorglose Haufe glaubt nicht, daß es wahr ist, und ich kann nicht verlangen, daß sie glauben sollen. Denn der Heiland sagt: ‚Hören sie Mose und die Propheten nicht, so werden sie auch nicht glauben, wenn jemand von den Toten aufstände.' " –

Sie verstummte und blieb stehen. Dann ging sie still zum Feuer und setzte sich. Vor einem Augenblick noch hatte sie wie ein Prophet unter ihnen gestanden und mahnende Worte gesprochen. Jetzt war sie wieder nur das treuherzige Siedlermädchen Sofia Niva.

Es blieb ganz still.

Lars erhob sich.

„Laßt uns Gott für das Gesicht danken, das er uns offenbart hat."

Er sprach ein kurzes Gebet und sang ein Lied. Sie standen und warteten. Nichts aber geschah. Sofia saß verschlossen und still da wie zuvor. Da verließen sie einer nach dem anderen still das Haus. Schließlich waren nur Lars und die Hausbewohner übrig.

„Du fühlst dich nicht krank?" fragte Lars.

Nein, Sofia war nicht krank.

„Kannst du dich noch an das Gesicht erinnern?"

„Ja, ich sehe es wie in einem Traum vor mir."

Nein, ihr schien nichts zu fehlen, dachte Lars. Und er ging. Es war dunkel geworden.

Immer wieder suchte er zu erfassen, was in den letzten Stunden geschehen war. Aber seine Gedanken konnten es nicht bewältigen. Er stellte einige Tatsachen fest. Sofia war etwas über zwanzig. Etwas langsam und verschlossen war sie ihm beim Konfirmandenunterricht vorgekommen. Sonst aber wie eines von den anderen Mädchen. Sie war erweckt. Irgendwelcher besonderer Missetaten hatte sie sich nicht schuldig gemacht. Sie hatte auch keine Liebesgeschichte gehabt.

Und wie klar war ihre Erzählung gewesen. Nein, er verstand es nicht. Viele würden wohl sagen, es sei das Erzeugnis einer erhitzten Phantasie. Die Einbildung konnte stark sein. Er wußte das. Aber wüßten wir nur so viel über die Seele, daß wir die Grenze zwischen Einbildung und Wirklichkeit im Inneren des Menschen zu ziehen vermöchten. Aber es ging ja gar nicht um das Verstehen. Um den Glauben ging es.

So ging er heim und schrieb Sofias Bericht über die andere Welt nieder. (Er steht in seinen Schriften wortgetreu, wie er hier wiedergegeben wurde.)

Das Gerücht aber über das Geschehnis drang über ganz Nordskandinavien. Sofia war in der anderen Welt gewesen. Der Heiland selbst hatte sie geführt und ihr Himmel und Hölle gezeigt. Sie hatte Nivas Heikki gesehen und Memmis Greta, wie sie in der Hölle gepeinigt wurden. Es war wirklich wahr. Viele hatten es ja aus ihrem eigenen Munde gehört.

Die Erweckten dankten Gott und sangen Lobgesänge. Die Sorglosen aber spürten, wie die Angst in ihnen fror. Mehr und mehr kamen in die Kirche des Bergortes und suchten Frieden und Trost. Von Tag zu Tag wuchs die Schar.

## 33.

Im Laufe des Herbstes bekam Lars einen Brief, daß er als Pfarrer in der Pajala-Gemeinde angestellt sei. Das Domkapitel hatte auf die Klage keine Rücksicht genommen.

Mit dem Brief in der Hand blieb er sitzen und starrte vor sich hin. Er sollte also fortziehen. Hier hatte er die besten Jahre seiner Jugend und seines Mannesalters zugebracht. Hier hatte er Niederlagen und Sorgen erlebt und die lange

Nacht. Aber hier hatte er auch das große Licht erlebt, das die Finsternis in ihm und um ihn vertrieben hatte. Und das Hochland und die Menschen. Die Pflanzen und Tiere. Das Sonnenlicht und den langen Winter. Es war schwer, davonzuziehen.

Er stand auf und ging mit dem Brief in der Hand in die Herdstube zu Brita.

„Ich habe Pajala bekommen, Brita", sagte er. Sie blieb stehen und sah ihn an.

„Das ist ja gut", sagte sie still. – „Du wolltest doch gern hin."

„Freust du dich nicht?"

„Ach, nicht sehr. Es wird eigenartig werden, wegzugehen. Aber es wird Freude machen, es auch an anderer Stelle zu versuchen." Sie suchte sich aufzumuntern, hörte er heraus.

„Bist du selbst froh?" fragte sie.

„Ach, nicht gerade froh. Aber dankbar bin ich. Es hat mir immer vorgeschwebt, es auch an einer anderen Stelle zu versuchen, ehe ich sterbe. Ich habe darin ein Ziel meiner Kräfte gesehen. Und immer wieder habe ich mich bewerben wollen. Ich brachte es aber nicht fertig. Es war ganz so, als sei ich hier noch nicht fertig. Ich mußte hier erst etwas tun. Als Pajala in diesem Winter frei wurde, kam mir der Gedanke, daß ich jetzt reisefertig sei. Und als sie mir da unten entgegenzuarbeiten begannen, wußte ich, daß es schwer werden würde, falls es ihnen gelänge. Die ganze Zeit über tröstete ich mich damit, daß einer auf meiner Seite stehe, der stärker sei als alle Patrone und Amtmänner. Als ich unten war und meine Wahlpredigt halten sollte, traf ich einen Mann vor der Kirche. Ich kannte ihn nicht. Er war zornig und kam auf mich zu.

‚Wir stimmen nicht für dich', sagte er.

‚Darüber hast du nicht zu bestimmen', antwortete ich.

Erst später fiel mir ein, daß ich so fest daran glaubte, daß eine höhere Macht darüber bestimmte. Und deshalb wäre es mir wohl schwer geworden, wenn ich mich geirrt hätte.

Ach ja, ich bin froh, Brita. Es wird herrlich sein, seine Kräfte an anderen Gegnern zu messen. Ich bin ja noch nicht alt und recht stark. Vielleicht gelingt es mir, dort im Süden ein neues Feuer anzuzünden. Dann leuchtet es zusammen mit diesem hier auf. Und der Schein wird weit, weit zu sehen sein. Aber es wird schwer sein, Abschied zu nehmen."

Er dachte an ein kleines Grab auf dem Kirchhof.

„Wir werden uns sehr bemühen müssen, rechtzeitig fertig zu werden", sagte Brita vom Tisch her. – „Wann sollen wir ziehen?"

„Im Laufe des Winters", denke ich. „Da sind die Wege am besten."

Sie steht schon bereit und machte Pläne für den Umzug, dachte er, während er in sein Zimmer ging. Ja, es würde eine rechte Mühe werden. Sie waren ja alles in allem zwölf Menschen.

Er setzte sich an den Tisch und wollte arbeiten. Aber er konnte die Gedanken nicht sammeln. Hatte keine Ruhe dazu. Immer wieder dachte er: Es wird schwer sein, Abschied zu nehmen. Unten auf dem Platz ging der Markt vor sich. Er mußte sich ihn noch einmal ansehen, nahm die Mütze und ging.

Wie ein fernes Getöse erreichte ihn der Lärm des Marktplatzes; so war es immer gewesen. Schellenklang gab es und Hundegebell, Reden und Geschrei der Leute. Sie strömten hin und zurück, fuhren und gingen. In langen Reihen kamen sie von Süden und Norden den Fluß entlang. All die Jahre hatte er den gleichen Anblick gehabt. Und trotzdem: Es war nicht dasselbe. Ein neuer Ton klang in dem Geräusch auf. Bis zu ihm war er gedrungen.

Er eilte hinauf. Da traf er Bekannte. Er machte halt. Sie kamen, legten ihm den Arm um die Schulter und wünschten Gottes Frieden. Er sprach eine Zeitlang mit ihnen. Es war eine ganze Familie. Mann, Frau und Kinder. Sie hatten sich das Allernotwendigste an Lebensmitteln und Kleidung eingetauscht.

Hatten sie soviel zusammenbekommen, um einigermaßen über den Winter hinwegzukommen? Doch, ja, das glaubten sie schon. So sehr viel hätten sie ja nie gehabt, aber sie hätten es unglaublich strecken können.

Sie würden's schon schaffen, tröstete er. Dann sprach er ein paar Worte mit den Kindern und strich dem Kleinsten über den Kopf.

Er traf andere, die mit voller Last aus dem Hochland kamen. Etwas weiter unten kam er an der Hütte Jons vorbei. Zwei kleine Mädchen spielten vor der Tür. Die eine war schon recht groß, die andere nur zwei, drei Jahre alt.

„Was soll es denn werden?" fragte er, hockte sich daneben und sah zu.

„Das soll ein Zelt werden", sagte sie und versuchte einen alten Lederfetzen über ein paar Stöckchen zu ziehen, die sie in die Erde gesteckt hatte. Die Kleinere kam und hockte sich neben Lars nieder.

„Das kann ein Zelt werden", sagte sie. – Dann kann der Jon darin liegen.

„Wo ist der Jon jetzt?" fragte Lars.

„Er ist drinnen bei der Mutter", antwortete die Größere.

„Ist deine Mutter drinnen?"

Ja, sie war drinnen. Das Mädel war so eifrig, daß sie fast nicht die Zeit zum Antworten fand.

Er stand auf und ging in die Hütte. Er lauschte. Er hörte die Töne eines Kirchenliedes. Marja saß über ihrem Kind und sang ihm vor. Er sollte sie nicht stören, dachte er und ging weiter.

Ein anderer Abend fiel ihm ein. Es war noch nicht so lange her. Da war es ein anderes Bild gewesen … Und dann dachte er noch an einen Abend – später. Weiter unten traf er Jon. Der schleppte eine schwere Last.

„Du sorgst für das Haus?“ fragte Lars.

„Der Winter ist lang, weißt du.“ Jon eilte mit seiner Last weiter. Jetzt ging er zu den beiden heim, die vor der Tür spielten, und zu der Frau, die ihrem Kind vorsang.

Lars trat in Granströms Laden ein. Er war voller Leute. Die redeten, lachten und scherzten miteinander, machten Einkäufe und feilschten. Es brodelte wie in einer kochenden Schüssel.

„Nein, sieh, da haben wir ja den Lasse!“ sagte Granström.

Sie begrüßten sich.

Es wurde plötzlich still. Da kamen sie und umarmten ihn. So dicht standen sie um ihn herum, daß er immer zwei zugleich umarmen mußte.

„Gottes Frieden! Gottes Frieden!“

Dann begannen sie wieder Geschäfte zu machen, zu schwatzen und zu feilschen. Und bald brodelte es wieder wie zuvor. Und die Schillinge wanderten aus den Lederbeuteln in Granströms Kasse.

Granström war ein Kaufmann aus Haparanda. Lars hatte all die Jahre bei ihm eingekauft.

„Wie geht es?“ fragte Lars.

„Es geht gut. Die Leute haben mehr.“

„Mehr haben sie wohl nicht. Die Armut ist immer noch groß. Aber vielleicht verbrauchen sie das, was sie haben, auf andere Weise.“

„Das merke ich. Es ist ein anderes Volk geworden.“

„Aber das gefällt wohl nicht allen Kaufleuten gleich gut?“

„Wohl nicht. Aber wir Kaufleute sind ja nicht nur Teufel.“ Er lächelte. – „Von einem verarmten Volk kann ein Kaufmann nicht gerade fett werden. Und das werden wohl alle Kaufleute verstehen.“

Lars sagte, er sei gekommen, um Schreibsachen zu kaufen. Granström hätte sie wohl auch heute für ihn mit.

„Ja, gewiß!“ Granström hatte sie im Zimmer hinter dem Ladenraum. Lars könne mitkommen, um es sich anzusehen.

Granström suchte heraus. Es war das übliche: Papier, Tinte und Munition.

„Und dann noch das, weswegen du geschrieben hattest", sagte Granström.

Es waren Malerpinsel und Farben. – „Sind sie richtig?"

Lars prüfte sie mit der Hand. Dann nahm er die Farben und sah sich die Warenmarke an.

„Das sind feine Sachen", sagte er. – „Aber sie werden zu teuer sein."

Er stand wie ein Junge da, der ein paar Spielsachen vor sich hat, die er sich nicht kaufen kann.

„Nein, die sind nicht zu teuer, Lasse. Du sollst sie geschenkt bekommen: Pinsel, die Farben, das Papier und alles."

„Geschenkt bekommen soll ich sie?" Lars verstand nichts. – „Das geht aber nicht."

„Ich weiß, es gibt viele, die auf dich böse sind. Du hältst häßliche Predigten und schickst die Leute zur Hölle, sagen sie. Darauf pfeife ich. Ich bin nicht religiös. Aber seit über zwanzig Jahren bin ich auf diesem Markt, und ob du es mir glauben willst oder nicht, es hat mir weh getan, zu sehen, wie das Volk von Jahr zu Jahr ärmer und elender wurde. Und die drei letzten Jahre! Es ist nicht zu glauben. Ich habe nicht einen Betrunkenen gesehen. Die Leute kommen und bezahlen Schulden, die ich seit Jahren vergessen hatte. Leute, die mich betrogen haben, kommen und bringen alles in Ordnung. Und dann bitten sie mich um Verzeihung. Und der Teufel soll mich holen, ich schäme mich wie ein Hund."

„Das wird er schon tun, auch wenn du nicht so schrecklich fluchst", sagte Lars.

„Du sollst es nicht so genau damit nehmen, Lasse, wenn ein Krämer zur Hölle fährt." Er lachte. „Du hast ja genug andere erlöst. Aber willst du das nicht zum Geschenk nehmen?" – Es war etwas Demütiges in seine Stimme gekommen.

„Aber natürlich will ich das. Es wird ein Spaß sein, wieder Bilder zu malen. Ich habe so lange keine Zeit dazu gehabt. Im Herbst wollte ich es wieder ein wenig versuchen, aber da hatten die Kinder Farben und Pinsel zerstört. Und dir sei Dank gesagt!"

Sie gingen wieder hinaus. Lars sagte, Brita werde in diesen Tagen wohl einmal hinunterkommen. Es sei Verschiedenes zu besorgen.

Der Laden war immer noch voller Volk. Auf dem Tisch stand die offene Kasse.

„Das wagst du?" flüsterte Lars. – Er war entsetzt.

„Sie rühren es nicht an", flüsterte Granström zurück. „Und früher haben sie wie die Raben gestohlen. Es ist nicht zu fassen."

O doch, zu fassen ist es schon, dachte Lars, als er mit dem Paket unter dem Arm hinausging. Er, der gesagt hatte, an ihren Früchten sollt ihr sie erkennen, wußte, wovon er sprach. Ein lebendiger Glaube brachte immer Frucht. Der tote Glaube hatte nie welche gebracht. Er ging an Aslaks Laden vorüber. Der hatte einen kleinen Handel betrieben, nachdem er erweckt worden war und seinen Branntwein aufs Feld gegossen hatte. Bei ihm herrschte das gleiche Leben wie bei Granström.

Unten an den Kirchenhäusern brannte ein Holzstoß. Er ging hin. Die Leute hatten sich im Kreis darum versammelt, und mitten im Kreis saßen Johan und Per Andersa und hielten Versammlung ab.

Dicht daneben lag der Laden des Küsters. Dunkel und verschlossen.

Lars begrüßte jeden der Leute, die um das Feuer saßen. Dann setzte er sich zu den anderen in den Ring.

„Willst du nicht sprechen, Lasse?" fragte Per.

„Nein, jetzt will ich euch zuhören. Ich werde morgen sprechen und muß auch bald gehen."

Erst sangen sie ein Kirchenlied. Per und Johan waren die

Vorsänger. Lars saß da und freute sich an ihren klaren, reinen Stimmen. Die anderen stimmten ein. Das Lied erklang über die Hochebene. Und das Feuer verbreitete ein flackerndes Licht in dem dunklen Abend. Lars dachte an einen anderen Abend und an ein anderes Feuer.

Bald danach ging er zum Pfarrhof hinauf. An all die Gänge dachte er, die er hier gemacht und bei denen er das herzzerreißende Elend gesehen hatte. Und heute? Leben und Streben überall. Die Leute sorgten für Heim und Kinder und sammelten Vorräte für den Winter. Und er hatte keinen Betrunkenen gesehen.

Er sah mehr noch. Er sah Lainio, Vittangi, Jukkasjärvi und die anderen Bergsiedlungen. Auch dort war es nicht anders. Er sah die Familien in Hütten und Zelten im Hochland. Und er sah weiter, über die Grenzen Norwegens und Finnlands.

Er dachte an seinen alten Traum – die große Landwirtschaft in Lappland mit öffentlicher Unterstützung. Vierundzwanzig Jahre alt war er gewesen, als er diesen seinen großen Plan vorgelegt hatte. Jetzt begann er Wirklichkeit zu werden, wenn auch auf andere Weise, als er es sich gedacht hatte. Er hatte den umgekehrten Weg gehen müssen, um zum Ziel zu gelangen. Ihm schien, daß die Finsternis, die über der Zukunft lag, sich zerstreute. Wieder sah er Pflugscharen breite Furchen durch die Einöde ziehen. Wie gelbe und grüne Flecken im dunklen Wald breitete sich das bebaute Land aus. Die Flüsse waren im Frühling voller Baumstämme, und in den Bergen, wo das Erz ans Tageslicht gebracht wurde, krachte und knallte es. Neue Fahrstraßen wanden sich zwischen Siedlung und Ländern vorwärts. Und wo früher Branntweinkneipen gestanden hatten, wurden schöne Schulhäuser und Arbeitsstuben errichtet.

Kein Kind versteckte sich wie von Sinnen in den Winkeln oder lag auf dem kalten Erdboden und weinte. Der Traum, den all die hoffnungslosen Jahre ihm verschleiert hatten, war wieder lebendig und nahe.

# 34.

Von überallher strömte das Volk in die Kirche. Sie kamen zu Fuß gewandert oder in langen Reihen mit Rentier- und Pferdegespannen gefahren. Viele waren von weither gekommen und hatten mehrere Tage unterwegs zugebracht. Aus den fernen Bergsiedlungen Norwegens und aus dem tiefen Finnland kamen sie.

Und jetzt kamen sie nicht, um Neuigkeiten zu erfahren oder um hinter der Kirche zu stehen, mit Bekannten zu schwatzen und einen Zug aus der Flasche zu tun.

Um des Wortes willen kamen sie jetzt. Um des Wortes willen, das von dem Pfarrer so erklärt und gesprochen wurde, daß es sich im ganzen Norden herumgesprochen hatte.

Viele kamen, um neue Bestätigung der Erlösung zu erhalten, zu der sie sich durchgerungen hatten. Und viele kamen mit der kleinen Hoffnung, daß auch sie vielleicht den Frieden der Seele heimbringen würden, der den Nachbarn und Verwandten geschenkt worden war.

Die Kirche füllte sich. Im Augenblick war die Kirche bis auf den letzten Platz besetzt. Und immer noch strömte das Volk hinein. Dicht standen die Leute an den Wänden und im Mittelgang. Immer noch waren viele draußen. Man ließ sie in den Chor. Sie setzten sich mit gekreuzten Beinen auf den Boden bis dicht an den Altarring, so weit nur der Raum reichte.

Mit Mühe drängte sich Lars vom Altar zur Kanzel durch, und der Küster konnte nicht zu einer Pfeife und einem Schnaps hinaus, sondern mußte ruhig auf der Küsterbank sitzen und die Predigt anhören.

Draußen aber vor den halb offenen Türen stand eine dichte Menschenmenge und wartete auf eine Gelegenheit hineinzukommen.

Lars stand auf der Kanzel und blickte über die dichte

Volksmenge. Niemals schienen es ihm so viele gewesen zu sein wie heute. Viele Gesichter waren fremd. Die meisten aber waren die gleichen, die er Tag für Tag und Jahr für Jahr um sich gesehen hatte. Er hatte sie heranwachsen sehen und hatte sie konfirmiert. Er hatte ihnen den Segen der Kirche gegeben und hatte ihnen von ganzem Herzen alles Gute gewünscht, wenn zwei von ihnen den Entschluß gefaßt hatten, ihr Leben zusammen zu leben. Nach Kräften hatte er zu trösten versucht, wenn die Sorge diesen und jenen überkam, und die Not zu lindern, wenn sie anklopfte.

Und es war ihm vergönnt gewesen zu sehen, daß sie ein neues Leben zu leben begonnen hatten. Es sollte nicht zugrunde gehen, dieses ihm ans Herz gewachsene Volk. Es sollte sich frisch und frei an Seele und Leib zurechtwachsen. Es sollte lange und glücklich in diesem herrlichen Land leben, das Gott der Herr ihm zu Besitz gegeben hatte.

Wie einen Schmerz empfand er es, daß er dieses Volk so liebte. Und da er es endlich zu fassen bekommen hatte, hätte er es so gern den Weg weitergeführt, den zu gehen sie begonnen hatten. Aber jetzt mußte er es bald verlassen. Wehmut erfüllte ihn. Und sie erklang in seiner Stimme, als er zu sprechen begann.

Heute war er nicht so sehr der gestrenge Richter über Laster und Sünde. Er war mehr der gute Hirte, der des Nachts über die Einöde wandert und einzelne Schafe, die sich verirrt haben, zu locken sucht.

Tränen zitterten in seiner Stimme. Immer wieder wollten sie Macht über ihn bekommen. Es war totenstill. Die ganze dicht zusammengedrängte Volksmenge saß gespannt und lauschte. Kein Wort wollte sie sich entgehen lassen.

Plötzlich erklang ein Schluchzen. Es drang laut durch den Raum. Im Mittelgang saß eine Frau und verbarg das Gesicht im Tuch. Dann noch einige Schluchzer. Und dann brachen ihre Tränen los.

Das Volk saß still wie zuvor. Niemand rührte sich. Nur

die warme Stimme von der Kanzel herab und das Weinen der Frau waren zu hören.

Aber nur einen Augenblick. Ein paar andere begannen zu weinen. Und gleich wieder andere. Wieder einer. Wie eine Woge verbreitete es sich durch den Raum. Gleichsam als hätten sich die Gefühle, die sie niedergezwungen hatten, selbständig den Weg gebahnt. Mehr und mehr weinten, überall. Es sah aus, als erbebte die ganze dichte Volksmenge in lauten Tränen.

Dünne Frauenstimmen. Grobe Männerstimmen. Schmerzerfüllter Jammer und leises Schluchzen. In einer einzigen großen eintönigen Klage klang es zusammen, die durch Mark und Bein ging. Wie Wellen gegen das Ufer, stieg und sank es unter dem Gewölbe.

Durch alles Weinen und allen Jammer hindurch aber trug die starke, warme Stimme von der Kanzel her trostvolle Worte in die Seelen. Und alle saßen sie ruhig. Niemand rührte sich, solange die Predigt dauerte.

Während des Gesangs und des Gebets nahm die Erregung nach und nach ab. Schließlich war es völlig ruhig. Als man zum Altar zu gehen begann, war die Stille vollkommen. Das Abendmahlslied erklang, und die Altargäste knieten nieder.

Dies ist mein Leib! Wie eine Verheißung erklang es über dem Volk. Es war, als hielte alles den Atem an. Dann brachen die Altargäste zusammen. Einer nach dem anderen beugte sich über den Altarring und weinte. Eintönig und schmerzvoll war das Weinen, solange das Abendmahl währte. Endlich erhoben sich die letzten.

Lars kam in den Chor. Sie drängten sich um ihn, so viele nur konnten. Sie suchten ihn zu erreichen, wenn auch nur mit einer Hand oder einem Finger. Und er bemühte sich, sie alle mit seinen Armen zu erfassen.

Ohne Schonung schrien sie ihre Sünden hervor. Und er erteilte ihnen die Vergebung, wenn sie vor ihn traten. Dann warfen sie sich gegenseitig in die Arme und baten um Vergebung.

Nach und nach erwachten sie und kamen wieder zu sich. Sie nahmen Platz und trockneten die Tränen. Jammer und Tränen hatten nachgelassen. Nur eine arme Lappenfrau war es schließlich, die Lars umarmt hielt. Er sprach auch ihr die Vergebung zu. Und mit dem Gesicht in der Schürze ging sie fort und setzte sich.

Ein paar Schluchzer noch. Dann war es still. Lars trat vor den Altar. Und das Schlußlied stieg vom Altar voll tönender denn je zuvor.

Einige Tage später kam der Bezirksarzt und sah nach einem der kleinen Mädchen, dem es nicht gut ging. Es sei nichts Gefährliches, sagte er. Es würde bald gesund werden.

Brita bereitete das Essen, und hinterher saßen Lars und der Arzt, rauchten und schwatzten. Lars fragte, ob es viele Kranke gäbe jetzt?

„Nicht sehr viele", sagte der Arzt. – „Etwa so, wie gewöhnlich im Herbst." Er machte eine Pause. „Sonst aber ist ja der Zustand nicht wiederzuerkennen, nachdem die Leute mit dem Branntwein aufgehört haben."

„Finden Sie, daß man es am Gesundheitszustand merken kann?"

„Ich bin der Meinung. Der Branntwein ist ja das reine Gift für die Lappen. Und was er an Not, sozialem Elend und Unterernährung der Kinder mit sich gebracht hat, brauche ich Ihnen ja nicht zu erzählen."

Lars mußte lächeln.

„Nein, davon habe ich leider genug gesehen." Er wurde plötzlich ernst.

„Auf diesem Gebiet hat Ihre Bewegung reiche Früchte

getragen, das kann niemand ableugnen." Er schien nachdenklich zu werden.

„Hätte ich es nicht gesehen, so hätte ich es nicht geglaubt. Ich habe das Volk hier oben als streitlustige, fast halbwilde Menschen kennengelernt. Und jetzt bemühen sie sich, Gesetzesgehorsam, Sittlichkeit und Nächstenliebe zu zeigen. Der Branntweinhandel hat fast völlig aufgehört. Hier in Karesuando gibt es wohl kein Fäßchen mehr, und dasselbe war in Vittangi der Fall. Und was es an Branntweinvorräten gegeben hat, ist ja weggeschüttet worden. Bei den letzten Gerichtsverhandlungen lag keine einzige Klage gegen ein Glied der Gemeinde vor.

Das wissen Sie ja alles besser als ich. Sie wissen auch, daß Diebstähle und Verbrechen aufgehört haben und alte Feindschaften zur Versöhnung geführt haben. Aber Sie müssen entschuldigen, Herr Pfarrer, daß ich geradezu bin. Sie wissen wohl auch, daß die Erweckten friedliche Menschen mit wenig angebrachten Ermahnungen beunruhigen und daß in Familien, in denen nicht alle Glieder Anhänger sind, Streitigkeiten entstehen."

Lars lächelte wieder.

„Ja, wie sollte ich das nicht wissen. Ich habe es ihnen doch gesagt, daß sie auf Nachbarn und Hausgenossen einwirken sollen."

„Aber Sie sollten wissen, Herr Pfarrer, daß dies ein Fehler ist. Die Menschen müssen doch in Frieden gelassen werden."

„Aber es war doch der Unfrieden, der die Ergebnisse geschaffen hat, von denen Sie so liebenswürdig sprachen. So ist es eben. Wenn ein Erweckter mit Gottes Wort kommt, heißt es, daß er den Frieden stört. Wenn aber ein anderer mit der Branntweinflasche kommt und Betrunkenheit und Schlägerei entstehen – so macht das nichts."

„Ja, ja, es sind ja im Grunde Kleinigkeiten. – Aber am Sonntag war ich in der Kirche. Ich muß sagen, ich war erschüttert. Zum Schluß wußte ich nicht mehr, ob ich in einer Kirche oder in einem Irrenhaus sei."

„Ist Ihnen vielleicht Ihre Andacht gestört worden?"

„Bei vielen anderen wird dies wohl etwas zu bedeuten haben. Bei mir spielt das keine Rolle. Ich hatte verschiedene Gerüchte gehört und kam, um das Phänomen zu studieren. Und ich muß sagen, daß ich dann einfach Furcht bekam. Ich entschloß mich, diese Dinge abzulehnen. Ich gebe gern zu, daß es mir sehr weh tat. Sehr weh. Wie Sie verstehen, habe ich für die Bewegung viel übrig. Sie hat Spuren im Volksleben hinterlassen, die größere Bedeutung haben, als einer von uns ahnt. Und ich habe mich entschlossen, sie in meinen Rapporten ausführlich zu behandeln. Es soll nicht heißen, daß ich eine wichtige soziale Bewegung übersehe. Aber nachdem ich sie gesehen habe, bin ich auch gezwungen, ihre religiöse Seite zu behandeln.

Haben Sie Ihr Augenmerk darauf gelegt, Herr Pastor, daß der Zustand zweifellos pathologisch ist? Diese Menschen sind doch von einer akuten Sinnesverwirrung ergriffen. Darüber besteht kein Zweifel. Es ist religiöse Hysterie. Und auf dieses bedauerliche Faktum muß ich hinweisen."

Wieder lächelte Lars.

„Ich kann mir nicht helfen, aber ich finde es komisch, daß Sie einen Sinneszustand als Krankheit bezeichnen, der zu Resultaten geführt hat, die Sie nicht genug loben können. Ich schätze es, daß Sie ganz offen sprechen. Aber Sie erlauben wohl, daß ich desgleichen tue. Das, was am Sonntag in der Kirche geschah, ist doch nichts anderes, als was zu allen Zeiten in der Geschichte des Geistes geschehen ist. Wenn wir uns aber nun an das von uns Gesehene halten. Woher können Sie wissen, daß es eine Sinnesverwirrung ist?

Die ärztliche Wissenschaft ist weit gekommen. Trotzdem aber räumen doch die Ärzte immer wieder ein, daß es so vieles in unserem Körper gibt, wovon wir nichts wissen. Und was sollen wir da von der Seele sagen, die so viel weniger erforscht worden ist? Und von dem Zusammenspiel zwischen Seele und Leib? Ich glaube, Herr Doktor, wir müssen zugeben, daß wir hier noch viel weniger wissen."

„Wie wollen Sie es aber erklären?"

„Ich will überhaupt nichts erklären. Ich bin nur überzeugt, daß wir zu wenig wissen, um all die Dinge zu verstehen und zu erklären, die in einer Menschenseele vorgehen."

„Das kann aber doch nicht bedeuten, daß wir uns wie die Verrückten aufführen sollen, wenn wir bekehrt werden. Sie selbst benehmen sich doch nicht so!"

„Jetzt stehen wir vielleicht an einem Punkt, der eine gewisse Erklärung möglich macht. Und ich will gern zugeben, daß dies meine eigentliche Erklärung ist. Die Wiedergeburt, Doktor, ist ein so großes Gefühl, daß es nur von dem verstanden werden kann, der es erlebt hat. Es kann so stark sein, daß sogar Menschen, die ihre Gefühle zu beherrschen pflegen, nur unter Schwierigkeiten an sich zu halten vermögen. Wenn nun das Naturvolk dieses Gefühl wie einen Blitz – oder wie eine Freude oder eine Trauer – in der Seele spürt, so hat es nicht Gedankenkraft genug, sich zu beherrschen. Das Gefühl aber, das ihnen die Kraft nimmt, ist die Wirkung des Geistes auf die Seele. Und ohne diese Wirkung hätten wir niemals die Resultate erreicht, die Sie zuerst erwähnten."

„Es hat wohl keinen Zweck, länger darüber zu sprechen. Aber ich darf es in meinem Rapport erwähnen?"

„Tun Sie es, Doktor! Schreiben Sie ausführlich darüber. Und dann müssen wir es dem großen Richter überlassen, zu entscheiden, wer von uns sich geirrt hat."

„Und der Nachwelt." Der Arzt kam und reichte Lars die Hand.

„Ja, auch der Nachwelt", sagte Lars. „Ich fürchte mich auch vor diesem Urteil nicht."

Nein, er fürchtete das Urteil nicht, dachte Lars, als der Arzt gegangen war. Und er freute sich, daß der Arzt die

Bewegung in seinem Bericht behandeln wollte. Dieser würde von seinem Werk noch Zeugnis ablegen, wenn der Arzt und er selbst schon längst nicht mehr am Leben waren.

## 35.

Es ging auf den Frühling zu. Lars trat in sein Zimmer. Der Schrank, der Tisch und die anderen Gegenstände waren fort. Nur leere Wände waren übrig. In der Ecke, wo das Bett gestanden hatte, hatte er sich ein Lager von Rentierfellen und Birkenzweigen zurechtgemacht. Mitten auf dem Fußboden standen zwei große Ballen, in Fellen verpackt. Das waren seine Bücher, Papiere und Manuskripte.

Morgen wollten sie ziehen. Bald dreiundzwanzig Jahre war er hier gewesen. Und dies war die letzte Nacht. Die Erinnerungen strömten auf ihn ein. In kurzen Bildern sah er all die Stunden, die er hier durchlebt hatte. All die glücklichen Augenblicke und die Angstnächte.

Am Sonntag hatte er seine Abschiedspredigt gehalten. Weinend hatten sie sich an ihn geklammert wie Kinder, denen der Vater wegreist. Und morgen wollten ihm viele Freunde nach Süden folgen.

Er ging hinaus. Es war Abend geworden. Der Himmel war sternklar. Ein Nordlichtband stand am Nordhimmel und zitterte.

Auf dem Hügel vor dem Pfarrhof blieb er stehen. Dort auf der anderen Seite des Tales stand die Kirche. Sie zeichnete sich deutlich gegen den Himmel ab. Und plötzlich sah er etwas vor sich, was er erlebt hatte.

Es war der Weihnachtsabend vor zwei Jahren. Ein heller und sternklarer Himmel wie heute. Von allen Seiten strömte das Volk heran, so daß der Weg zur Kirche zu einem grauen Band geworden war, das über dem weißen Schnee wogte. Mit einemmal hatte er sich so klein und arm gefühlt. Und wie unwillkürlich hatte er sich gefragt: Soll ich Elender der Führer der Blinden zur Ewigkeit sein? Einen kurzen Augenblick hatte diese Frage in seinen Gedanken gezittert.

Und da war es gewesen, als fiele ein Lichtstrahl in seine Seele. Von hoch oben, von weit draußen schlug es in ihn ein wie ein Blitz. Es war das gleiche Licht, das er immer in sich trug, aber es war jetzt klarer als je zuvor.

Wie geblendet hatte er gestanden und vor sich hin gestarrt. Da gewahrte er die Kirche gegen den blauen Sternenhimmel. Vom Kirchdach strömte ein starkes Licht aus. Wie ein großer leuchtender Bogen wies es nach Süden. Nur einen Augenblick währte es. Dann war es fort. Und auch der Funke, der seine Seele getroffen hatte, war fort.

Er hatte gestanden und nachgedacht. Den ersten Funken hatte er in seiner Seele gefühlt. Vielleicht war es mit dem Lichtstreifen am Himmel nicht anders. Er hatte später oft darüber nachgedacht.

An diesem Abend hatte er ein so seltsames Gefühl. War es ein Zeichen gewesen? Hatten die Fähigkeiten seiner Seele, von denen er nichts gewußt hatte, in die Zukunft gesehen? War er das Licht, das nach Süden gehen sollte?

Er ging zur Kirche hinauf. Am Kirchhofpfad bog er ab. Bald stand er am kleinen Grab. Er wußte, daß das Grab für Klein-Levi nichts bedeutete. Es besagte nichts, ob der kleine Hügel ungepflegt und verlassen zurückblieb. Er wußte, daß es Sünde war, nur daran zu denken. Aber Gott mußte ihm vergeben. Er konnte nicht anders. Am schwersten war es, dieses kleine Grab zu verlassen. Er sank auf die Knie, legte den Kopf in die Hände und weinte.

„Gott habe Dank!" Jetzt konnte er es sagen. Er erhob sich. „Gott habe Dank!" wiederholte er.

Dann ging er zur Kirche hinauf. Die Tür war unverschlossen. Er trat ein. Der lichte Abend drang durch die Fenster. Er ging auf den Altar zu. Und dann kniete er auf der Kniebank nieder und betete.

Als er etwas später hinaustrat, bemerkte er eine Gestalt, die vom Kirchhof kam. Er wußte, wer es war, und wartete. Sie weinte. Er sagte nichts. Nahm sie nur bei der Hand.

Und am nächsten Tag, als die Sonne über das schneebedeckte Hochland flammte, zogen sie nach Süden.

*Für Liebhaber spannender Erzählungen*

**Robert Vittoz**

## Jenseits der Wälder

Das abenteuerliche Leben
des Indianermissionars
James Evans

224 Seiten
ABCteam-Taschenbuch
6. Auflage
Bestell-Nr. 3-7655-3946-5

Die Weite Kanadas, die extrem harten Winter und ebenso heißen Sommer dieses Landes prägen das Leben des „Indianermissionars“ James Evans. Nur zweimal im Jahr kann er seine Missionsstation verlassen. Im Sommer befährt er mit dem Kanu die reißenden Flüsse bis an ihre Quellen, im Winter durchquert er mit dem Hundeschlitten die Wälder bis an die Grenzen der Arktis. – Was ihn vorantreibt? Er will die Indianerstämme „jenseits der Wälder“ erreichen, will ihnen die christliche Botschaft bringen. Ein Vorhaben, das ihm gelingt. Er gewinnt die Liebe, die Achtung und Anerkennung der Indianer und kämpft schließlich Seite an Seite mit ihnen gegen die Machenschaften der scheinbar allgewaltigen Hudson-Bay-Company.

BRUNNEN
VERLAG GIESSEN · BASEL